JIAN SHEHUI KEXUEYUAN XUEZHE WENKU

福建社会科学院学者文库

转型期文化软实力探究

董承耕自选集

董承耕 著

江苏大学出版社
JIANGSU UNIVERSITY PRESS
镇江

图书在版编目(CIP)数据

转型期文化软实力探究：董承耕自选集/董承耕著
.—镇江：江苏大学出版社,2019.12
ISBN 978-7-5684-1160-8

Ⅰ.①转… Ⅱ.①董… Ⅲ.①文化事业－研究－中国
Ⅳ.①G12

中国版本图书馆 CIP 数据核字(2019)第 234650 号

转型期文化软实力探究：董承耕自选集
Zhuanxingqi Wenhua Ruanshili Tanjiu：Dong Chenggeng Zixuanji

著　　者/董承耕
责任编辑/张　冠　米小鸽
出版发行/江苏大学出版社
地　　址/江苏省镇江市梦溪园巷 30 号(邮编：212003)
电　　话/0511-84446464(传真)
网　　址/http：//press.ujs.edu.cn
排　　版/镇江文苑制版印刷有限责任公司
印　　刷/扬州皓宇图文印刷有限公司
开　　本/718 mm×1 000 mm　1/16
印　　张/17.75
字　　数/306 千字
版　　次/2019 年 12 月第 1 版　2019 年 12 月第 1 次印刷
书　　号/ISBN 978-7-5684-1160-8
定　　价/56.00 元

如有印装质量问题请与本社营销部联系(电话：0511-84440882)

一、学习毛泽东思想、中国特色社会主义理论

发挥正确的自觉能动性，以劣胜优是
毛泽东对马克思主义军事辩证法的重大贡献

在长期的革命战争实践中，毛泽东同志创立的关于发挥正确的自觉能动性，以劣胜优的理论，是毛泽东军事辩证法思想的一个显著特点。这个特点，像一根红线贯穿于毛泽东同志全部军事科学著作和领导革命战争的伟大实践中。它丰富和发展了马克思主义军事辩证法，是中国革命战争中人民军队克敌制胜的法宝。

一、科学论证发挥正确的自觉能动性，以劣胜优，
给革命人民以必胜的信心

毛泽东同志把唯物辩证法运用于指导战争的实践过程中，在分析了战争的一般规律基础上，还深入剖析了中国革命战争的特殊规律。他指出，战争如同其他事物一样，对立双方的力量不是均衡发展的。反动派掌握着庞大的国家机器，垄断了国家经济命脉，一般说来，在战争开始的时候，反动派的力量总是强大的，处于优势地位，而革命人民则是弱小的，处于劣势地位。在半殖民地半封建的中国，在封建势力和帝国主义势力相勾结的情况下进行革命战争，尤其如此。土地革命时期，我军是 4 万人，要对付的是几百万的国民党军队；抗日战争开始时，我军是 3 万人，面对的是几百万装备精良的日本侵略军；解放战争开始，我们分散在十几块根据地的部队不过 120 万人，装备的是"小米加步枪"，而面对的则是由美帝国主义支持的 430 万国民党军队，其装备的是"飞机加大炮"。

在敌我力量如此悬殊的情况下，中国的前途如何，人民能否赢得革命的胜利？这是当时人们极为关注的问题。国内外阶级敌人，由于其反动本

性决定，总是过高地估计自己，以为凭借雄厚的物质基础和优势的武器装备，就可以轻而易举地消灭革命武装力量；我们革命队伍中也有一些人信心不足，出现了"怀疑论"和"悲观论"。因此，如何正确地分析和认识这个问题，直接关系到我国民主革命的成败。为了正确回答这一问题，毛泽东同志在领导革命战争过程中以马克思主义为指导，做了深入的研究，提出了发挥正确的自觉能动性，以劣胜优的理论，给全国人民以必胜的信心。

什么是人的自觉能动性？毛泽东同志指出："思想等等是主观的东西，做或行动是主观见之于客观的东西，都是人类特殊的能动性。这种能动性，我们名之曰'自觉的能动性'。是人之所以区别于物的特点。"①

毛泽东同志认为，人的自觉能动性，有正确与错误之分，我们需要的是正确的自觉能动性。他说："一个人的思想，不根据和不符合于客观事实，是空想，是假道理，如果照了做去，就要失败，故须反对它。""一切根据和符合于客观事实的思想是正确的思想，一切根据于正确思想的做或行动是正确的行动。我们必须发扬这样的思想和行动，必须发扬这种自觉的能动性。"② 毛泽东同志对人的自觉能动性的这一阐述，对于战争指导来说，是很重要的，直接关系战争的成败问题。毛泽东同志强调，作为一个战争指导者，要充分发挥人在战争中的正确的自觉能动性，做一个在既定的客观物质基础之上的"勇敢明智的将军"，而不要成为离开客观条件的"乱撞乱碰的鲁莽家"。

毛泽东同志科学地阐明了发挥正确的自觉能动性对于将以劣胜优的可能变为现实具有的决定作用。他指出：战争的胜负，固然决定于双方军事、政治、经济、地理、战争性质、国际援助诸条件，然而不仅仅决定于这些；仅有这些还只是有了胜负的可能性，它本身还没有分出胜负。要分出胜负，还须加上主观的努力，这就是指导战争和实行战争，这就是战争中的自觉能动性。"这时候，主观作用是决定的了。"③ 而这种决定作用，主要表现为：

---

① 毛泽东：《论持久战》，《毛泽东选集》第2卷，人民出版社，1966年，第445页。
② 毛泽东：《论持久战》，《毛泽东选集》第2卷，人民出版社，1966年，第445页。
③ 毛泽东：《论持久战》，《毛泽东选集》第2卷，人民出版社，1966年，第445页。

第一，使以劣胜优的可能性变为现实。毛泽东同志指出：历史上的战争，只有正义的和非正义的两类。我们面对的敌人，虽然在战争初期很强大，但它进行的是反动的、侵略性的非正义战争，这种战争逆历史而动，与人民的愿望背道而驰，势必遭到人民大众的反对。所以，反动派的强是旧质的量，表面上看是"庞然大物"，样子"吓人"，本质上却非常虚弱。相反，我们进行的战争，是在中国共产党领导下的反对侵略和压迫、争取民族独立和解放的、革命的正义战争。这种战争是推动历史发展的动力，符合人民群众的根本利益，深得人民的拥护和支持。所以，我们的弱是新质的量，劣势是暂时的，它具有强大的生命力，最终是要胜利的。但是要把这种以弱胜强的可能性变为现实，必须经过主观的努力，充分发挥正确的自觉能动性，对战争发展的两种可能性做出正确的估量和处置。例如，解放战争时期的济南战役就是一个生动的典型。当时，中央军委正确估量了战役结局的三种情况和两种可能性。这三种情况是：在援敌距离尚远时攻克济南；在援敌距离较近时攻克济南；在援敌已近时尚未攻克济南。前两种情况就是胜利的可能性，第三种情况意味着我攻城部队将受到守敌和援敌的两面夹击，就有失败的可能。根据这样正确的估量，采取正确的处置，把我军参战兵力的百分之五十六用于打援，迫使敌援军畏歼而迟迟不敢靠近济南，从而夺取了济南战役的胜利。

第二，可以加速以劣胜优的可能性变为现实性的过程。对于战争来说，胜负两种可能性变为现实性都是一种质的飞跃。这种质的飞跃要经过一个复杂的从量变到质变的过程。发挥正确的自觉能动性，可以加速以劣胜优的可能性变为现实性的过程，特别是打好对全局有重大意义的战役、战斗，对迅速改变敌强我弱的形势、缩短战争进程，有很大意义。1947年3月，国民党开始从对解放区的全面进攻变为向陕北和山东两翼的重点进攻。中央军委正确估量了当时的形势，针对蒋介石向我进攻的"哑铃式"态势，实行南线诸军在战略上分散，打击中间敌军的薄弱环节，并于当年7月指挥刘、邓大军挺进中原。这一正确的认识和行动，不仅迅速瓦解了敌人的重点进攻，而且把战争引向了"蒋管区"，使全局发生了有利于我的战略性转变。

第三，促成以劣胜优的抽象可能性向现实可能性过渡。战争的胜负，在发展过程中有抽象和现实两种可能性之分。这种抽象的可能性是指它在现实中具有一定的客观根据，但还未成为事实，只有在以后的发展阶段才有实现的可能性。所谓现实可能性是指不仅具有实现的客观根据，而且必要的客观条件已基本具备，经过正确的努力，在现阶段就可以转化为现实。在我党领导的土地革命战争初期，毛泽东同志就指出："星星之火，可以燎原。"这里所讲的"燎原"，是抽象的可能性，因为它虽然有客观根据，但这种根据在当时还没有充分展开。从现实上看，当时的革命力量还是"星星之火"，敌强我弱，力量悬殊，但只要我们发挥正确的自觉能动性，实行正确的战争指导，多打胜仗，少犯错误，经过长期量变的积累，最终就"可以燎原"取得革命战争的胜利。这当中我们党经过二十八年的新民主主义革命艰苦奋斗，经过长期武装斗争，建立了较为强大的人民武装力量，建立了一批革命根据地，掌握了克敌制胜的三大法宝，这样就具备了一系列使抽象可能转化为现实可能的必要的客观条件。最终打倒一个又一个强大的敌人，推翻压在中国人民头上的三座大山成立了新中国就是有力的证明。

在革命的关键时刻，毛泽东同志以革命家的胆略和气魄，创立了发挥正确的自觉能动性，以劣胜优的理论，科学地解决了在敌强我弱形势下如何打败敌人的问题，为我国人民解除思想包袱，增强必胜信心，奠定了坚实的思想基础。

二、发挥正确的自觉能动性，
以劣胜优是我军克敌制胜的法宝

毛泽东同志关于发挥正确的自觉能动性，以劣胜优的思想，不仅为革命人民树立了必胜的信心，而且从理论和实践上解决了我军如何战胜强敌的战略战术问题。毛泽东军事思想关于这方面的内容是极其丰富的。主要有以下几个方面：

第一，集中兵力打歼灭战，是发挥正确的自觉能动性、改变敌优我劣形势的一个基本原则。战争中的劣势和优势，首先表现在兵力上。只有集中优势兵力，在战略上"以一当十"，在战术上"以十当一"，造成许多战役战斗的局部优势和局部的主动，逐步改变敌我之间进退、攻守、内外线的形势，才能化劣为优，以劣胜优。毛泽东同志指出："集中兵力，看来容易，实行颇难。人人皆知以多胜少是最好的办法，然而很多人不能做，相反地每每分散兵力，原因就在于指导者缺乏战略头脑，为复杂的环境所迷惑，因而被环境所支配，失掉自主能力，采取了应付主义。"① 所以能否做到集中兵力，关键在于能否正确地发挥自觉能动性，在这方面，毛泽东同志为我们树立了光辉的榜样。他指挥我军采取许多巧妙的方法，如：在全局上分解敌军强的因素，暴露其弱的局部；在战略上以我军的小分散迫使敌军的大分散；在战争的指导方针上不以保守地方或夺取地盘为主要目标，而以消灭敌人有生力量为立足点，以及抓住对全局有决定性影响的战役战斗等，集中绝对优势兵力打歼灭战，从而逐步改变敌优我劣的形势，夺取革命战争的最终胜利。毛泽东同志亲自指挥的第二次反"围剿"，就是一个发挥正确的自觉能动性，集中兵力，转变敌优我劣形势的范例。1931 年 4 月，蒋介石出动兵力 20 万，向我中央革命根据地大举进攻。当时中央革命根据地的红军只有 3 万，武器装备也不如敌人。以 3 万对 20 万，敌优我劣，人数悬殊。但是，我军在毛泽东同志和老一辈军事家的正确指挥下，利用敌军分散在山川阻隔的广阔空间，尚未进到一定位置，各路不能互相支援等对我军有利条件，采取集中优势兵力，首先打敌第五路军中处于左翼突出暴露位置的第二十八师和第四十七师。对这两个师又不是一口吞下，而是采取再分割，拣最弱的打。这样，原来敌七倍于我，变为我三十倍于敌，从根本上扭转了敌优我劣的形势，在半个多月内打了 5 次大胜仗，歼敌 3 万余人，缴枪 2 万余支，有力地粉碎了敌人的第二次"围剿"。

第二，扬我之长，击敌之短，是发挥正确的自觉能动性，以劣胜优的重要策略。战争中的优势与劣势还表现在武器装备上。我军武器的数量没有敌人的多，质量没有敌人的好，这是客观事实。毛泽东同志正是基于这一客观事实，运用唯物辩证法，在分析武器装备长与短、优与劣的基础上，提出了发挥正确的自觉能动性，扬长击短的策略思想。

毛泽东同志认为，武器装备本身也是一分为二的。敌人武器装备虽优，但优中有劣；我军武器装备虽劣，但劣中有优。我们可以从武器装备

① 毛泽东：《中国革命战争的战略问题》，《毛泽东选集》第 1 卷，人民出版社，1966 年，第 206 页。

三个基本要素中充分说明这种优劣之间的辩证关系。

首先，在打击力上，是敌大我小。敌虽大，但大有大的难处。比如敌之重武器，对于擅长夜战、近战，以及分散隐蔽和钻洞子的对手效果就差，而且重武器装备消耗的弹药多，技术保障复杂，一旦补给不足，就会失去作用。我军武器打击力虽小，但小有小的好处，它体积小，轻便灵活，运用得当，可以发挥很大的威力。

其次，在机动性上，是敌快我慢。敌武器装备先进，机动快，但目标大，易暴露；对气象、地形、道路的依赖性大；容易造成一部突出冒进，易被分割围歼；战线长，不便指挥，一旦情况不利就会收缩困难等。我军机动较慢，但战术灵活，指挥简便，受气象、地形、道路条件的影响小。解放战争时期的鲁南战役，我军攻击国民党马励武的二十六师及快速纵队就是一例。时值隆冬，雪路难行，我步兵的两条腿赛过了敌人吃洋油的车轱辘，最后将其包围全歼，敌快速纵队成了"瓮中之鳖"，就很能说明问题。

再次，在防护力上，是敌强我弱。敌虽强，但装甲部队目标大，"走起来一大串，驻下来一大片"，容易暴露和遭到袭击；我军防护力虽弱，但我步兵的轻装备目标小、好伪装，不易暴露，还可以充分利用地形，进工事、钻洞子，避开敌人的火力。

因此，武器装备的优与劣也是相对的，敌人强中有弱，我军弱中有强。而且强弱、优劣在一定条件下是可以互相转化的，只要充分发挥正确的自觉能动性，以我之长击敌之短，就能以劣胜优，以弱胜强。正是因为如此，毛泽东同志曾多次对干部、战士讲过，"革命的小石头，可以打破帝国主义和蒋介石的大水缸"。

第三，利用敌人的弱点，有计划地造成敌人的错觉，出其不意的攻击，是发挥正确的自觉能动性，以劣胜优的重要方法。战争的优势和劣势还表现在作战准备上。毛泽东同志指出：优势而无准备，不是真正的优势，也没有主动。"错觉和不意，可以丧失优势和主动。因而，有计划地造成敌人的错觉，给以不意的攻击，是造成优势和夺取主动的方法，而且是重要的方法。"[①] 什么是错觉呢？"八公山上，草木皆兵"就是错觉之一

---

① 毛泽东：《论持久战》，《毛泽东选集》第 2 卷，人民出版社，1966 年，第 459 页。

例，而"声东击西"则是造成敌人错觉的方法之一，"兵不厌诈"说的就是这回事。什么是不意？就是无准备。劣势而有准备之军，可以对敌人实施不意的攻势，把优势者打败。在抗日战争中，日本侵略者是比较强的，但是，它存在着兵力不足、异国作战和指挥笨拙等不可克服的弱点。抗日游击战争就可以充分利用敌人的弱点，出其不意地打击敌人。敌人兵力不足，游击队就可以放手争取广大的敌后地区，广泛地开展游击战争；敌人是异族入侵，采取奸淫烧杀等极端野蛮的政策，游击队就可以放手宣传抗日民族统一战线政策，争取千百万人民群众的拥护和支持；敌人指挥笨拙，游击队就可以充分发挥自己的智慧，有计划地造成敌人的错觉，给敌人以出其不意的攻击。毛泽东同志指出："我们要把敌人的眼睛和耳朵尽可能地封住，使他们变成瞎子和聋子，要把他们的指挥员的心尽可能地弄得混乱些，使他们变成疯子，用以争取自己的胜利。"①

运动之敌之所以好打，也就是因为敌人往往处在不意即无准备之中。造成敌人错觉和给敌人以不意攻击，都是将战争的不确定性留给敌人，而给自己以尽可能的确定性，用以争取我之优势和主动。解放战争西北战场的沙家店战役就是这样打的。1947 年 8 月西北野战军为了配合陈赓兵团南渡黄河挺进豫西的作战，于上旬攻击榆林，调动了胡宗南主力向榆林增援。敌先头整编第三十六师经过六大行军进抵榆林后，不顾其部队严重减员的情况，第二天继续南下追击我军，妄图配合主力将我军歼灭在佳县以西，或将我军赶至黄河以东。西北野战军在毛泽东同志亲自指挥下，采取声东击西的战法，将敌主力 5 个旅引往佳县，集中我军主力 6 个旅，于 8 月 20 日在沙家店地区，一举将疲惫缺粮、孤军冒进的整编三十六师（欠一个旅）全部歼灭，从而扭转了我军的西北战局，创造了一个以劣胜优的光辉范例。

三、发挥正确的自觉能动性，以劣胜优，必须建立在实事求是和群众路线的基础上

在对待掌握战争的能动性问题上，历来存在着两种错误倾向：一是机

---

① 毛泽东：《论持久战》，《毛泽东选集》第 2 卷，人民出版社，1966 年，第 460 页。

械论，只强调客观条件，一味地主观努力；二是唯心论，不顾客观条件，一味地蛮干，其结果都只能把战争引向失败。毛泽东同志把辩证唯物论和历史唯物论运用于战争指导，对机械论和唯心论两种错误倾向进行了严厉地批评。他指出："战争指挥员活动的舞台，必须建立在客观条件的许可之上，然而他们凭借这个舞台，却可以导演出很多有声有色、威武雄壮的戏剧来。"① 毛泽东同志还认为，能否充分地发挥正确的自觉能动性，以劣胜优，必须取决于主观是否符合于客观，以及兵民发动的深度和广度。为此，就要做到以下几点：

第一，要遵循辩证唯物主义的认识路线，做到知己知彼，把主观和客观结合起来，依照战争的客观规律去指导战争。战争是敌我双方的武装对抗。敌我双方在战争中互相依存、互相制约、互相斗争、互相转化，构成多方面、多层次、错综复杂的对立统一整体。所以，作为战争指导者必须深入了解敌我双方各种情况，只有这样，才能取得指挥战争的主动权。我国春秋时期的著名军事家孙武曾用简洁的语言指明了熟知敌我情况与战争胜负之间的关系，揭示了指导战争的普遍规律。他说："知彼知己，百战不殆。"② 毛泽东同志赞扬孙武这话至今仍是科学的真理，他明确指出：要做智勇双全的将军，有两种方法是要学的，那就是熟知敌我双方的情况，找出其行动的规律，并且运用这些规律指导自己的行动。也就是说，作为一个好的指挥员，要正确把握敌我双方情况，既不能过高或过低地估计敌人，也不能过高或过低地估计自己，要把自己的思想认识建立在实事求是科学基础上，只有这样，才有可能以劣胜优，以弱胜强。

那么，怎样才能使自觉能动性建立在实事求是的基础上呢？毛泽东同志指出："指挥员的正确的部署来源于正确的决心，正确的决心来源于正确的判断，正确的判断来源于周到的和必要的侦察，和对于各种侦察材料的连贯起来的思索。指挥员使用一切可能的和必要的侦察手段，将侦察得来的敌方情况的各种材料加以去粗取精、去伪存真、由此及彼、由表及里的思索，然后将自己方面的情况加上去，研究双方的对比和相互的关系，因而构成判断，定下决心，做出计划——这是军事家在做出每一个战略、

---

① 毛泽东：《论持久战》，《毛泽东选集》第2卷，人民出版社，1966年，第446页。
② 孙武《孙子兵法·谋攻篇》。

战役或战斗的计划之前的一个整个的认识情况的过程。"① 而粗心大意和专凭热情的指挥员，不懂得战争计划产生的这一过程，则往往一厢情愿，招致失败。因此，只有遵循辩证唯物主义的认识论，把战争的主观指导建立在"知己知彼"、实事求是的基础上，才能以劣胜优，赢得战争的胜利。

第二，要发挥政治工作的作用，激发指战员的革命英雄主义精神，把指挥员和战士的积极性结合起来，充分发挥现有武器装备的作用。士兵是军队的基础，一切战争的胜利，最终取决于战场上士兵的表现。恩格斯指出：在战争中将帅是重要的，但士兵尤其重要。士兵在军队中的地位和作用，用毛泽东同志精辟概括的一句话来说，就是"军队的基础在士兵"。所以，在敌强我弱的情况下，特别要加强对士兵的教育，充分发挥政治工作的作用，因为士兵的勇敢精神是我军以劣胜优的政治基础。在人与武器的关系中，武器是战争的重要因素，但不是决定因素，决定因素是人不是物。力量对比不但是军力和经济力的对比，而且是人力和人心的对比，军力和经济力是靠人去掌握的。在刀光剑影、枪林弹雨之中，士兵和武器要结合紧密，技术和战术的作用要发挥得好，人的不怕艰难困苦、不怕流血牺牲的勇敢精神显得特别重要。要激发广大指战员的这种精神，就要靠我军强有力的政治工作。毛泽东同志指出："军队的基础在士兵，没有进步的政治精神贯注于军队之中，没有进步的政治工作去执行这种贯注，就不能达到真正的官长和士兵的一致，就不能激发官兵最大限度的抗战热忱，一切技术和战术就不能得着最好的基础去发挥它们应有的效力。"② 在我国长期的革命战争实践中，正是依靠了这种强有力的政治工作，才最大限度地发挥了指战员的积极性，才使得我军的劣势武器装备大显身手，从而战胜了一个又一个武器装备优势的敌人。

第三，要实行全民总动员，军民结合，大打人民战争。在革命战争中，发挥正确的自觉能动性，从根本上来说，就是要充分发挥广大人民群众的自觉能动性，依靠人民群众，大打人民战争。毛泽东同志指出："兵民是胜利之本。"③ "动员了全国的老百姓，就造成了陷敌于灭顶之灾的汪

---

① 毛泽东：《中国革命战争的战略问题》，《毛泽东选集》第1卷，人民出版社，1966年，第163—164页。

② 毛泽东：《论持久战》，《毛泽东选集》第2卷，人民出版社，1966年，第478页。

③ 毛泽东：《论持久战》，《毛泽东选集》第2卷，人民出版社，1966年，第476页。

洋大海，造成了弥补武器等等缺陷的补救条件，造成了克服一切战争困难的前提。"[1] 淮海战役大捷，其重要原因之一就是人民群众的大力支持。据资料统计，在这次战役中，华东、中原、华北三大解放区动员直接参加支前的群众达 225 万人，担架 73000 副，手推车 41 万辆，运上前线的军粮达 5 亿 7000 万斤。不仅如此，还由于广大人民群众为我军保密，使敌人晕头转向，真假难分，结果把决心建立在错误的判断上。例如：当时在江苏丰县与安徽的大沙河之间仅有我军一部分兵力，可刘峙从老百姓口中得到的却是我二野主力的情报。当二野主力 7 个纵队在涡阳、蒙城地区阻击黄维兵团时，刘峙得到这里是地方军的假情报，拼命催黄维兵团北上增援徐州。结果，黄维钻进了口袋还不知道，一再叫苦说受到了顽强阻击，无法向徐州靠拢。我军在解放战争中，能够用"小米加步枪"战胜了"飞机加大炮"的蒋介石反动派，正是由于有广大人民群众的衷心拥护和积极支持，实行主力兵团与地方兵团相结合，正规军与游击队、民兵相结合，武装群众与非武装群众相结合的人民战争的结果。所以，离开了实事求是和群众路线，就不能充分发挥正确的自觉能动性，以劣胜优也就只能是一句空话。

毛泽东同志关于发挥正确的自觉能动性，以劣胜优的思想，丰富和发展了马克思主义的认识论和辩证法，是对马克思主义军事辩证法的一个重大贡献。它不仅是过去指引革命战争胜利的光辉旗帜，而且也是未来反侵略战争克敌制胜的法宝。同时，其基本精神对今天解放思想，实事求是，开拓进取，大胆创新，加速改革，扩大开放，促进我国现代化建设都有着重大的指导意义。因此，今天我们仍然需要认真学习、深入研究和继承毛泽东同志留给我们的这一宝贵遗产。

（原载福建省《毛泽东生平和思想研讨会论文集》，鹭江出版社，1993年 10 月，获厅级二等奖）

---

① 毛泽东：《论持久战》，《毛泽东选集》第 2 卷，人民出版社，1966 年，第 448 页。

论中国抗日战争在世界
反法西斯战争中的地位和作用

第二次世界大战是关系到全世界人民前途命运的一场大规模的反法西斯侵略战争。在这场反法西斯世界大战中，中国的抗日战争占有极为重要的地位，它是在中国共产党积极倡导的抗日民族统一战线旗帜下，以国共两党合作为基础，有社会各阶层爱国人士广泛参加的全民族的反侵略战争，它为取得世界反法西斯战争的胜利做出了重大的牺牲和不可磨灭的贡献。

一、中国的抗日战争是世界反法西斯战争的重要组成部分

毛泽东同志曾经指出：伟大的中国抗战，不但是中国的事，东方的事，也是世界的事。毛泽东同志这一科学论断，深刻揭示了中国抗战与世界反法西斯战争的内在联系，形象而生动地指明了中国抗战是世界反法西斯战争的重要组成部分。那么，为什么说中国抗战也是世界的事，而且是世界反法西斯战争的重要组成部分呢？

首先，从日本军国主义的本质和野心看，日本侵略中国，是它称霸世界的一个重要组成步骤。而中国抗战是日本实现称霸世界野心的最大障碍，这样它势必成为世界反法西斯阵线中不可缺少的重要力量。日本通过1868年明治维新建立起来的政府是以军事工业为主导来带动日本整个资本主义工业发展的，这就使得日本资本主义从一开始就带有明显的军事性，这种军事性的不断发展，使日本终于成为世界上少有的军事封建帝国主义国家。再者，日本经济基础脆弱、自然资源匮乏，本来国内市场就很狭小，国外又受制于英、美、法等国，经济基础实际不能和欧美各资本主义

国家相提并论。在这种形势下，日本资产阶级统治集团强烈要求通过军事手段来实现对外扩张的目的。

1927年，日本军阀出身的田中义一曾以首相兼外相的身份主持召开"东方会议"，制定侵华方针和政策，提出《对华政策纲领》。会后，他根据会议内容写了个秘密奏折，史称《田中奏折》。这个奏折露骨地宣称："欲征服中国必先征服'满蒙'，欲征服世界，必先征服中国。"所谓"满蒙"，就是指现在的辽宁、吉林、黑龙江和内蒙古，以及蒙古人民共和国广大地域，这块领土面积大约是日本的8倍，当时人口仅及日本的1/3，地广人稀，资源丰富。所以日本帝国主义对此垂涎欲滴。按照《田中奏折》的计划，日本第一步是侵吞"满蒙"，这是它所谓的"大陆政策"的生命线；第二步是征服全中国，以建立它向欧亚大陆扩张的跳板。从此之后，《田中奏折》就一直成为日本的基本国策。在这个臭名远扬的侵略国策的指导下，1931年日本帝国主义策划了震惊世界的"九·一八"事变，仅3个多月就占领了中国的东北三省。1937年7月7日日本又制造了"卢沟桥事变"，并由此发动了全面侵略中国的战争，妄图实现其称霸世界的野心。

因此，中国抗战是世界反法西斯阵线中不可缺少的重要力量，中国人民的浴血奋战粉碎了日本妄图霸占全世界的计划，谱写了中华民族抗日战争史和世界反法西斯战争史上的辉煌篇章。

其次，从日本在世界法西斯阵线中的地位看，中国抗战状况直接影响到全世界反法西斯战争的进程。日本是法西斯轴心国集团的主要成员，第二号强国。抗日战争爆发时，日本有兵力448万人，飞机2700多架，军舰排水量190万吨；年产钢580万吨，工业产值占整个国民经济的82％，重工业占整个工业的57％；日本早就实行军国主义的高压政策，可以强制人民打仗，又有武士道精神作欺骗，具有很强的军事力量、经济力量和政治组织力量。因此，当时日本侵略者气焰十分嚣张。它妄图在闪电式侵吞中国之后，北进苏联，南犯东南亚，达到称霸世界的目的。所以中国抗日战争能否有效地挫败日本军国主义的侵略野心，有力打击日军有生力量，牵制、消耗、歼灭日军主力，直到战胜日本侵略军，这对于整个世界反法西斯战争能否取得胜利至关重要。

第三，从第二次世界大战战场的布局情况看，中国抗战是世界反法西斯战争在亚洲和太平洋地区的主战场。从 1939 年德国大举进攻波兰，英国和法国对德宣战，第二次世界大战正式全面爆发，直到 1941 年，德国挑起苏德战争，随后日本偷袭珍珠港，发动太平洋战争。这时第二次世界大战在全世界形成了三大战场：欧洲和大西洋战场；亚洲和太平洋战场；非洲和地中海战场。这三大战场是相互联系相互制约的，德国和意大利为了确保在欧洲和大西洋战场的顺利进展，总是希望日本能早日打败中国以便腾出兵力打击苏联和美国，而日本也希望在早日征服中国之后可以利用配合德、意的机会，实现其称霸世界的野心。但由于中国战场是亚洲和太平洋地区的主战场，它牵制了 80％ 的日军，从而粉碎了德、日企图加强各个战场上直接协作的美梦，有力配合了全世界反法西斯军民在其他各个战场的斗争。

由此可见，中国的伟大抗日战争，绝不仅仅是中国的事情，也是整个世界反法西斯战争的重要组成部分，这实际上在当时也是公认不争的，如 1942 年元旦 26 个国家的联合宣言，就明确承认中国是世界反法西斯的一个大国。而中国战场，国际文件也公认是第二次世界大战中的一个重要战场，所以，今天个别西方国家否认中国战场在世界反法西斯战争中的重要地位，适足以表现其无知。

二、中国人民是战胜日本法西斯的主力军

在抗日战争期间，日本侵略军侵占当时中国 25 个省市的 930 多座城镇，毁坏 3840 家工厂，直接蒙受战祸灾难的中国人口达 2.6 亿以上，逃亡难民在 1 亿以上。战争使几千万中国军民伤亡，战争的直接经济损失达 1000 多亿美元，间接经济损失达 5000 多亿美元。据日本历史学研究会编印的《太平洋战争史》一书记载，在第二次世界大战中，伤亡超过 500 万人以上的 5 个国家中，中国名列前茅，为 3500 万人，全世界在这次战争中军队与平民伤亡总数超过 9000 万人（有的资料说是 1 亿 1000 万人），中国军民的伤亡约占 40％，因战祸而无家可归者在 1 亿人以上。仅 1937 年发生的南京大屠杀，中国就有 30 万人惨遭日本军队杀害。整个抗日战争，中国人民付出了极大代价，做出了巨大的民族牺牲。

日本法西斯的野蛮暴行，激起全中国人民的愤慨和强烈的反抗。在中

国共产党的领导下，全国组成了最广泛的抗日民族统一战线，八路军、新四军深入敌后建立根据地，充分动员、组织和武装广大人民群众，深入开展人民战争，按照毛泽东同志关于人民战争的原则和战略战术，在武装组织形式上坚持野战军、地方军和民兵相结合，在作战方式上坚持运动战、阵地战、游击战相结合，在作战方针上坚持战略上的防御与战术上的进攻相结合，有力地打击了日本侵略者，从而使中国人民成为打败日本侵略者的主力军，对战胜日本法西斯起了决定性的作用。

首先，中国抗日参战最早。早在 1931 年"九·一八"事变时，中国人民就打响了反法西斯战争的第一枪，揭开了世界反法西斯战争的序幕。1937 年"卢沟桥事变"，中国开始了全民族的全面抗战，在世界上开辟了反法西斯战争的第一个战场。从此，我 4 亿 5000 万同胞，几百万将士，面对民族大敌，在中国共产党倡导的抗日民族统一战线旗帜下，实现国共两党合作，团结一切可以团结的力量，进行了英勇顽强的反对日本法西斯的战争。在 1939 年到 1941 年，虽然英、苏、美等国先后投入了战斗，世界反法西斯力量空前壮大，但在亚洲战场上，中国仍然是孤军奋战，抗击着世界第二号法西斯强国——日本。直到 1941 年 12 月太平洋战争爆发，美国才参加对日作战。中国抗战从卢沟桥事变到日本投降，历时八年多；若从"九·一八"事变算起，则持续了十四年之久，参战时间之早，作战时间之长，在世界近代史上都是少有的。

其次，中国抗战牵制日军兵力最多。在漫长的抗战过程中，中国始终牵制着日本陆军的主力。据日本统计资料，"七·七"事变前，日本拥有陆军 17 个师团，"七·七"事变后，扩编了 7 个师团，共 24 个师团，其中有 21 个师团投入了侵华战争，超过其陆军总兵力的 87％。1938 年又扩编了 10 个师团，共 34 个师团，为迅速"解决支那问题"，除了一个近卫师团留守本土，一个师团侵占朝鲜外，其余 32 个师团倾巢出动，全部投在侵华战场上。1939 年侵华日军增加到 34 个师团，1940 年又增加到 39 个师团，到 1941 年达到 40 个师团。就是在 1941 年底日本发动太平洋战争后，在中国战场上仍被迫保持 27 到 29 个师团，总数在百万人以上。1944 年侵华日军又增加到 43 个半师团，其中 64％的兵力压在中国共产党领导的解放区战场上。到 1945 年日本投降时，除东北地区外，直接向中国投降的侵华日军总兵力尚有 130 余万人，此数字也超过了驻太平洋各岛、东南亚各地日军的总和。可见，在反对日本法西斯战争中，牵制日军主力的是中国，在整个第二次世界大战期间，日本陆军主力始终深深地陷在中国战场上。中国战场成为二战期间亚洲和太平洋地区的主战场。

第三，中国的抗战歼灭、消耗日军最多。据统计，由于中国人民奋勇抵抗，在整个中国战场上，1937—1945 年共消耗（包括毙、伤、俘、降）日军 455 万余人，对日军是个沉重打击。苏联在远东对日作战，使日军损失约 70 万人；英、美盟军在太平洋战场上，使日军损失约 124.7 万人（其中还包括在印缅战场同中国远征军共同歼灭的 16 万余人在内），上述日军损失总数约为 639 万人，而日军在中国战场上的损失占其总数的 70%，若以伤亡两项计算，在中国战场共毙、伤日军 255 万人，占其伤亡总数的89%，若以绝对死亡日军统计，日军在中国战场上死亡 133 万余人，而在太平洋和其他亚洲战场战死或死于伤病者 19 万多人，被苏军击毙的约 8 万人。所以，中国是使日军兵力消耗最多的国家。

综上所述，中国人民是打败日本法西斯的主力军，是战胜日本侵略军的决定性力量，中国共产党及其领导的抗日军民是抗日战争的中流砥柱。

三、中国抗日战争的胜利使日本称霸世界的美梦彻底破灭

日本侵华的企图，是妄想通过速战速决灭亡中国，然后以中国为基地，北犯苏联，南下太平洋，进而称霸世界。但由于中国的坚决抵抗，其陆军主力深陷中国，从而打乱了它的战略部署，使其称霸世界的野心变成了一枕黄粱。

首先，中国抗战使日本的"速决战"变成了"持久战"，打乱了它称霸世界的计划。一贯迷信武力的日本法西斯曾狂言，"在三个月内灭亡中国"。当时，日本陆军大臣杉山元甚至扬言"一个月左右"即可"占领中国"，侵略气焰嚣张至极。1940 年 8 月，日本近卫文麿内阁又正式抛出《基本国策纲要》，提出野心更大的"大东亚共荣圈"计划，把中国、朝鲜、印度支那（即亚洲东南半岛的地理名称）等亚洲国家和地区都列入"共荣圈"之内，企图在占领中国后，鲸吞亚洲，建立起"以皇国为核心"的殖民统治。然而日军打错了算盘，中国人民的英勇抗战，完全出乎他们的意料，日军在 1937 年 8 月发动的上海战役，就是以历时 3 个多月，伤亡

5万人的代价才占领上海的；1937年9月，日军精锐部队板垣师团第21旅团1000多人，在山西平型关被歼；1938年3月鲁南台儿庄会战，日军矶谷、板垣部队主力2万余人被歼；1938年10月武汉失守后，日军虽然占领了中国广大领土，但兵力分散，特别在华北、华中遇到八路军、新四军的顽强抵抗，从而迫使日军不得不停止战略进攻以巩固其后方，其侵华战略做了重大转变。抗日战争进入相持阶段后，中国共产党领导的敌后战场更加沉重地打击了日军。从1937年9月我国首战平型关取得胜利到1940年百团大战取得辉煌战果这段时间，八路军、新四军和人民武装力量抗击了日本侵略军达47万人，占侵华日军的60%。中国抗战的这些重大胜利，不仅粉碎了"皇军不可战胜"的神话，宣告其速战速决战略方针的彻底破产，而且打乱了日本在远东的整个战略部署。

其次，中国抗战阻止了日本北进计划，从而解除了苏联遭受德、日法西斯两面夹击的威胁。《远东国际军事法庭判决书》揭露的大量材料说明，日本法西斯出于阶级本性，一直把前社会主义苏联看作"绝对敌人"，不仅早就制订了对苏作战计划，而且还进行对苏作战试探，如日本于1938年在中苏边境制造的张鼓峰事件，1939年在中蒙边境制造的诺门坎事件，都是蓄谋已久的、经过日军大本营批准的挑衅事件。由于苏联对日预谋早有察觉并做了准备，而且日军的兵力不足，因而阴谋无法得逞。关东军副总参谋长石原莞尔说："日本对华用兵愈久，则国民负担愈重；愈深入，则愈不能自拔。此次张鼓峰事件，苏联所持威胁日本者，则以日本对华用兵故，日本忍辱屈服于苏联者，亦以日本对华用兵故……设想日本一日与中国议和，则日本可威胁苏联，领导远东，保持一等强国之地位。"中国人民的抗战，打破了日本"威胁苏联，领导远东"的美梦。

1941年夏，希特勒向苏联发动进攻，苏联无暇东顾，远东防务减弱，给日本北进计划提供了"天赐良机"，而德国政府也再三要求日本尽快参加对苏作战。尽管日军部分战争狂人想孤注一掷，但终因力不从心而不敢贸然行动。其原因除日本将要发动太平洋战争外，最主要的原因还是服部卓四郎在《大东亚战争全史》中讲的，因为"在中国使用兵力很大，（北进）实际上办不到"。苏联元帅扎哈罗夫也坦率地承认："日本之所以未立即对苏开战，是因为它的大量兵力被牵制在中国。"当时苏军统帅部正是利用这一有利时机，从1941年到1943年上半年，从远东抽调39个师、12

个海军步兵旅等共 50 余万的兵力增强西线作战，为莫斯科保卫战、斯大林格勒保卫战等战役的胜利创造了条件，这在客观上也等于中国援助了苏联的卫国战争。

第三，中国抗战推迟了日军的南进计划，为盟国减轻了压力，赢得了时间。1940 年夏，德国在西欧向英法发动闪击战，法国雷诺政府辞职，亲德的贝当政府上台。英国在战争中损失惨重，被迫退守英伦三岛。在西太平洋和东南亚地区享有宗主权的欧洲国家，这时也受到极大削弱。希特勒通过外交途径告知日本，德国政府"对荷属东印度群岛不感兴趣"，暗示日本南进。日本当然心领神会，因为这些地区的宗主国已成"惊弓之鸟"，而且美国当时也不愿冒与轴心国交战的风险，这正是日本南进良机，于是日本"决定要获得英、法、荷、葡在东亚、东南亚、太平洋地区属领的支配权"，以实现其"大东亚共荣圈"的美梦。

在英法战败、德意嚣张之时，日本的战争狂人更加头脑发热、蠢蠢欲动，他们妄图打通粤汉路和湘桂路，并扬言进攻昆明、西安，威胁重庆，迫使蒋介石在 1940 年底屈服，为其发动太平洋战争创造一个稳定的后方。在此形势下，中国共产党领导的八路军在华北发动了"百团大战"。这次战役，我方投入 105 个团近 40 万的兵力，历时三个半月，进行大小战斗 1824 次，毙、伤、俘日伪军 4.4 万多人，破坏铁路 470 多公里、公路 1500 多公里，车站、桥梁、隧洞 260 多处，使正太路、平汉路停运达一个多月，摧毁了大量碉堡和据点，缴获了大量武器、弹药和其他物资。这次战役既给日本以沉重的打击，也稳定了抗日局势，鼓舞了全国军民和世界人民，给日本发动太平洋战争增加了障碍。加上国民党正面战场的抵抗，到 1940 年底，日军伤亡总数达到 27.3 万多人，迫使日本不得不推迟南进计划，直到 1941 年底，才以不及侵华 20% 的兵力发动太平洋战争，这不仅减轻了盟国在太平洋战场的压力，而且也为盟军赢得了宝贵的战备时间。所以，当时盟军领导人对此给予了很高的评价。美国总统罗斯福说："假如没有中国，日本兵可以打下澳洲，打下印度，……一直冲向中东，……和德国联合起来，举行一次大规模的夹击，在近东会师，把俄国完全隔离起来，割吞埃及、斩断通向地中海的一切交通线。"英国首相丘吉尔当时极为担心中国崩溃，因为假如那样，"日本人就可腾出大量军队向北和向南进攻"。美军参加过太平洋战争的一名上将深有体会地说："中国在东方战场上的作用，相当于苏联在欧洲战场上的作用。"这是很有见地的。这也从一个侧面反映了中国抗战对世界反法西斯战争做出的巨大贡献。

第四，在许多战役战斗中直接同苏、美、英等国军队并肩战斗，有力支援了邻国的抗日战争。在太平洋战争爆发后，中国曾两次派兵进入缅甸，在缅印地区与美英盟军实行协同作战，为打通中印公路和滇缅公路，援助盟军太平洋战争做出了积极的贡献。1942 年春，中国派遣远征军 3 个军 10 万人入缅援英作战。1943 年 11 月至 1945 年 3 月，中国先后以 8 个军 22 个师的兵力，在中国的滇西和缅甸北部地区与英美盟军共同对日作战，前后歼灭日军 16 万人。在 1945 年 8 月，苏联对日宣战并出兵中国东北，中国共产党领导的冀热辽解放区的八路军和东北抗日联军部队，积极配合苏联军队举行大反攻。8 月 10 日至 11 日朱德总司令发布受降及配合苏军作战等 7 道命令，我军在东北、平津、晋绥、正太、平汉、陇海、胶济、胶东、津浦、沪宁、运河、广九各前线向日伪军展开了全面反攻，收复半个中国。从 8 月 11 日到 10 月 10 日的两个月中，我军共收复城市 197 座，解放了全东北，并使华北、华中两大战略区基本连成一片，有力地配合了苏联军队取得大反攻的伟大胜利。至于全国军民在抗战中为盟军修机场、公路及其他后方工程，支援盟军作战的事例更是难以计数。所有这些，都为打败日本法西斯，夺取世界反法西斯战争的最后胜利提供了有力保证，并做出了巨大贡献。

"前事不忘，后事之师。"二战给全世界人民的最宝贵的教训，就是各国人民要团结起来，维护世界的和平与发展。这是全世界纪念反法西斯战争 50 周年最重大的现实意义。当今世界还有一些人总是千方百计贬低中国抗战在世界反法西斯战争中的地位和作用，更有甚者，妄图歪曲历史、美化侵略，这在日本的一小撮右翼势力中表现得尤其露骨。对此，我们要保持高度的警惕和清醒的头脑。我们今天在隆重纪念抗日战争和全世界反法西斯战争胜利 50 周年的时候，一定要以史为鉴，弘扬爱国主义精神，增强忧患意识，增强民族自尊心、自信心和自豪感，艰苦奋斗，团结一心，把我国的改革开放和社会主义现代化建设事业推向前进，为世界持久和平和发展做出更大的贡献。

［原载《福建论坛（文史哲版）》1995 年第 4 期，获厅级二等奖］

关于社会主义本质的思考

关于社会主义的本质是建设有中国特色社会主义中必须首先要弄清的问题。新中国成立40多年所出现的重大失误和挫折，无不与我们没有完全弄清社会主义的本质相关联。因此，认清这一问题，对于我们坚持社会主义的正确方向，加速我国经济的发展至关紧要。

（一）

所谓社会的本质是指一个社会形态区别于另一个社会形态的最根本的不同的质的规定性。那么，社会主义的本质是什么？邓小平同志在我国社会主义建设关键时刻的"南方谈话"中深刻指出："社会主义的本质，是解放生产力，发展生产力，消灭剥削，消除两极分化，最终达到共同富裕。"这是对社会主义本质的科学概括，言简意赅，包含着极为丰富而深刻的内容。

第一，解放和发展生产力是社会主义的根本要求

马克思主义认为，生产力是一切社会发展的最终决定力量，生产力发展水平的阶段性，是各种社会形态相区别的决定性标志。按照马克思主义的观点，社会主义不仅必须而且可能创造出比资本主义更高的劳动生产率。生产力的高度发展，是社会主义最终战胜资本主义的力量，也是体现社会主义优越性的重要标志。因此，马克思恩格斯曾经指出："无产阶级夺取政权后，要尽可能快地增加生产力的总量。"① 列宁在"十月革命"以

① 中共中央马克思恩格斯列宁斯大林著作编译局：《马克思恩格斯选集》第1卷，人民出版社，1972年，第272页。

后一再强调，当无产阶级夺取政权，消灭剥削制度及镇压剥削阶级的反抗的任务基本完成以后，要把提高劳动生产力的任务提高到首要地位。毛泽东同志在《关于正确处理人民内部矛盾的问题》中也指出："所谓社会主义生产关系比旧时代生产关系更能适合生产力发展的性质，就是指能够容许生产力以旧社会所没有的速度发展，因而生产不断扩大，使人民不断增长的需要能够逐步得到满足的这样一种情况。"邓小平同志也从总结1958年至1978年这20年的经验教训告诫我们："不发展生产力，不提高人民的生活水平，不能说是符合社会主义要求的。"①

由此可见，社会主义本质要求把发展生产力作为根本任务。那么，怎样才能使生产力不断得到发展呢？就是要进行经济、政治等各方面体制的改革。改革也是解放生产力。社会主义基本制度确立之后，仍然存在着束缚生产力发展的各种体制，解放生产力就是要改革这些不适应的体制，解除对生产力发展的束缚。由于我们社会主义以公有制为基础，其基本制度是与生产力发展相适应的，且政权掌握在无产阶级手里，所以可以通过改革，即社会主义制度的自我完善和发展来发展生产力。党的十一届三中全会以来，我们进行了从农村开始发展到城市的经济体制的改革，破除了僵化的不利经济发展的模式，解放了生产力，使我国的经济得到了较大的发展，人民的生活得到了明显的改善。所以，解放生产力和发展生产力两个方面互相结合集中反映了社会主义的本质。

第二，共同富裕是社会主义的根本目标

马克思主义把未来的社会看作消灭了人压迫人、人剥削人，实现了共同富裕的理想社会，而社会主义作为这种理想社会的初级阶段，又把实现共同富裕作为自身的根本原则和奋斗目标。

实现共同富裕是社会主义区别于资本主义的主要标志。邓小平同志反复说明："社会主义与资本主义不同的地方就是共同富裕，而不是两极分化。"② 因为资本主义是建立在生产资料私有制的基础上的少数资产阶级压迫、剥削无产阶级和广大劳动人民的制度，在这种制度下只能产生社会的两极分化，而不是共同富裕。

---

① 邓小平：《建设有中国特色的社会主义》（增订本），人民出版社，1987年，第104页。
② 邓小平：《建设有中国特色的社会主义》（增订本），人民出版社，1987年，第109页。

社会主义的共同富裕是有特定内涵的：一是从根本上否定剥削制度，只有建立生产资料公有制，消灭剥削制度，才能从根本上消除产生两极分化的根源。二是要消除在社会主义制度下因贯彻以按劳分配为主体的多种分配制度，以及不同地区、企业由于主客观条件不同出现收入差别很大而导致的两极分化。三是不能搞平均主义的同步富裕，只能通过允许部分地区、企业、个人先富，从而带动后富的途径来实现，否则势必导致共同贫困。所以，消灭剥削、消除两极分化，是最终实现共同富裕的基本条件。我们对构成社会主义本质重要内容的共同富裕原则切不可做简单化的理解。

第三，从量变到部分质变是社会主义发展的基本过程

以往在任何剥削阶级占统治地位的社会，为了剥削阶级的狭隘利益，总是千方百计美化其制度并力图把它永恒化。而无产阶级领导的社会主义，以马克思主义为指导，从社会发展规律的高度，公开宣称它是过渡性的社会。恩格斯指出："社会主义不是一成不变的东西，而是经常变化和改革的社会。"①

邓小平同志进一步发扬了马克思主义这一重要思想，揭示了社会主义的基本发展规律，是通过改革从量变到部分质变的发展过程。在与社会主义基本矛盾基本相适应的情况下，其发展与旧社会不同，不是采取从根本上推翻社会制度实现整个质变的方式，而是在党的领导下，依靠无产阶级政权进行改革，使"社会主义制度的自我完善，在一定范围内也发生了某种程度的革命性变革"（1985年在党的全国代表会议上的讲话）。作为解放生产力的改革，是一种革命，但它既不是"文化大革命"那样的"革命"，也不是改变社会主义根本制度的社会"革命"，我们在实践中，除了要与上述两种"革命"划清界限外，还要注意处理好发展与稳定、快与慢、热与冷的关系，既不能慢慢吞吞，又不能操之过急，否则只能是欲速则不达。

社会主义本质和本质特征是密切相连又有所区别的。它们之间的关系是内容与形式、整体与局部的关系。社会主义的本质特征既反映社会主义

---

① 马克思、恩格斯：《马克思恩格斯全集》第37卷，中共中央马克思恩格斯列宁斯大林著作编译局译，人民出版社，1965年，第443页。

本质，同时也包含在实现其本质的前提和手段之内。比如我们过去反复强调过，生产资料公有制、工人阶级和劳动人民的政权、精神文明建设等社会主义的本质特征都是反映和表现社会主义本质的东西，同时也作为实现其本质的前提和手段被包含在本质之中。如果不以生产资料公有制作为前提，不运用无产阶级专政的这个职能，能最终实现共同富裕、完成从量变到部分质变的发展吗？能解放和发展生产力吗？所以有的同志认为邓小平同志在"南方谈话"所概括社会主义本质的论述中没有公有制的字眼，就意味着否定公有制是社会主义的一个本质特征，这是一种误解。

（二）

邓小平同志对社会主义本质的概括是马克思主义基本原理与中国实践相结合的产物，是对国际共产主义运动和我国社会主义建设的经验教训的深刻总结，也是我党从十一届三中全会以来在探讨社会主义的本质这个课题的新成果，是对科学社会主义原理的丰富和发展。

十一届三中全会以前，我们对社会主义本质的认识，主要集中在公有制、按劳分配和坚持无产阶级专政上。这种认识的缺陷在于把社会主义的一些本质特征当作本质，而没有把发展生产力这个最根本的属性与社会主义本质联系起来，产生这种认识，一方面是人们对科学社会主义创始人的思想缺乏全面理解；另一方面也由于马克思、恩格斯在当时情况下尚未全面认识社会主义的理论成果而造成的。马克思、恩格斯没有对社会主义的本质做专门的概括，只是在对资本主义的批判性研究、制定和讨论党的纲领，以及同机会主义做斗争中谈到对共产主义低级阶段，即社会主义的一些构想，如在资本主义生产高度发展的基础上实行全社会共同占有生产资料，并有计划地调节生产；个人消费品的分配，在社会总产品中做了各项扣除之后，实行按劳分配；在资本主义社会和共产主义社会之间有一个政治上的过渡时期，这个时期的国家只能是无产阶级的革命专政，等等。由此可见，把马克思对社会主义的上述基本设想作为社会主义的一些本质特征，无疑是正确的，但把社会主义本质仅仅归结为上述的几个本质特征是不全面的，且是有严重缺陷的。

新中国成立以来的实践证明，每次经济过渡出现的失误和挫折，都是因为没有完全搞清社会主义的本质，不是离开生产力追求急过渡、穷过渡，就是忽视解放和发展生产力这一根本任务，大搞"以阶级斗争为纲"，大搞"灵魂深处的革命"，结果受到挫折，失去很多宝贵时间，这样的严重教训，必须汲取。所以，我们党从十一届三中全会后全面"拨乱反正"开始，就一直在努力探讨社会主义本质这个课题。邓小平同志在批判了"四人帮"鼓吹的穷社会主义的同时，多次阐明了搞社会主义必须集中力量发展生产力，他还提出，公有制占主体和共同富裕是社会主义的两条根本原则。1982年，中国共产党第十二次全国代表大会在总结历史经验的基础上，第一次从这个方面比较全面地概括了社会主义的本质特征。其中特别肯定高度发达的生产力和比资本主义更高的劳动生产率是社会主义发展的必然要求和最终结果。1990年召开的党的十三届七中全会又总结归纳了建设有中国特色社会主义的十二条原则，所有这些都反映了我们党对社会主义本质的认识在总结探讨中得以不断地深化。邓小平同志在"南方谈话"中对社会主义本质的论述，就是我们党对社会主义本质特征的认识做出的更高的概括，从而进一步丰富和发展科学社会主义理论，特别是对社会主义社会基本矛盾的学说做出了新的贡献。

第一，从一元论唯物史观的高度，把生产力与社会主义本质联系起来并提到首要地位，使我们党由只注意生产关系的规定性变为从生产力和生产关系的相互联系上全面认识社会主义质的规定性。

第二，从社会主义社会矛盾运动的高度，把解放生产力同发展生产力辩证地统一起来，揭示了解放生产力与发展生产力的相互关系，从而使我们党对社会主义条件下基本矛盾运动规律的认识更为全面和深刻。

第三，从社会发展动力的高度，把改革与解放生产力联系起来，作为社会主义发展的重要动力，赋予改革与革命以同等地位的意义，使我们党从解放生产力角度认识改革的性质、作用和意义，这无疑是在理论上的一大突破。

（三）

邓小平同志的"南方谈话"，尤其是对社会主义本质的新概括，是一次解放思想的再讨论，全面准确地领会邓小平同志谈话的精神实质，对于进一步解放思想，更大胆地推进改革开放，加速社会主义经济建设，具有重大的现实意义。

第一，它是我们进一步解放思想的强大武器。十四年前开始的关于实践是检验真理的唯一标准的讨论，冲破了长期以来"两个凡是"的思想束缚，重新恢复了实事求是的思想路线，实现了党的指导思想从"以阶级斗争为纲"到以经济建设为中心的转变。这次思想解放的再讨论，就是要解决如何看待姓"社"姓"资"的问题。邓小平同志在"谈话"中指出："改革开放迈不开步子，不敢闯，说来说去就是怕资本主义的东西多了，走了资本主义道路。要害是姓'社'姓'资'的问题。"针对这些思想障碍，邓小平同志根据社会主义本质的规定性提出了判断姓"社"、姓"资"的标准。他说，应该主要看是否有利于发展社会主义社会的生产力，是否有利于增强社会主义国家的综合国力，是否有利于提高人民的生活水平。彻底冲破了"恐资病"的陷阱，把人们的思路从抽象原则和空想模式的思维定式中解放出来，建立在着眼现实的基础上，这样就能利用当前的有利时期，正确处理好以经济建设为中心和反"和平演变"、计划经济与市场经济、坚持四项基本原则和改革开放、清除"左"的影响和反对资产阶级自由化、社会稳定与深化改革、对外开放和巩固社会主义制度等关系，敢闯敢试，大力促进生产力的发展，使经济发展不断上新的台阶。

第二，它是改革的强大动力。邓小平同志对社会主义本质的概括赋予改革新的含义。改革是解放生产力，社会主义基本制度确立以后，还要从根本上改变束缚生产力发展的经济体制，建立起充满生机和活力的社会主义经济体制，促进生产力的发展，这是改革，所以改革也是解放生产力。把改革提到解放生产力高度来认识，这对于生产力还不发达的中国进行社会主义建设具有极为重要的意义，将有力动员全国人民高度重视、郑重对待这场改革，以极大热情和毅力从事于这场改革。以邓小平今年年初"南方谈话"为标志，我国改革开放进入了一个新的发展阶段，这一事实也充分证实了这点。

第三，它指明开放的正确方向。邓小平同志提出的社会主义本质的命题深刻地揭示了在落后国家建设社会主义必须学习和利用资本主义有用东西的必要性和原则性。他说："发展是硬道理，社会主义要赢得与资本主义的比较优势，就必须大胆吸收和借鉴人类社会创造的一切文明成果，吸收和借鉴当今世界各国包括资本主义发达国家的一切反映现代社会化生产规律的先进经营方式、管理方法。"当今世界在变，资本主义也在变，虽然本性不改，但面目已非。这种变化对我国发展有密切影响。20世纪50年代和60年代末，前后曾出现两次大的世界性产业结构调整，这本来是我国发展经济的大好时机，可是由于我们对社会主义本质缺乏全面的认识，在"左"的思想指导下，对资本主义只看对立和斗争的一面，忽视了我们还有向他们学习、借鉴、合作和利用的一面，采取一概排斥的方法，丧失了良机。目前，世界上又出现新的产业结构调整，这对我们又是一次大的机遇和挑战，在这种形势下，加快开放的步伐就显得更为重要。

我们扩大开放、学习和利用资本主义的东西是有原则性的，是以社会主义本质要求的"三个有利"为标准的，在"三个有利"的前提下，发展对外贸易，利用外国资金，引进先进技术和科学管理经验，引进各种专门人才，吸收当代资产阶级经济理论中对我国有用的某些观点、模式和方法，包括承包、租赁、招标等。就是资本主义国家所实行的某些反映客观规律的经济政策和经济方法，也可以大胆利用，这对实现社会主义本质的解放和发展生产力有好处。实践证明，只要我们从实际出发，不按搬照套，保持清醒的头脑，善于引导，把它纳入政策允许的轨道，就不会出现危险，就会使我国更快地繁荣富强起来。

［原载《福建论坛（经济社会版）》1992年第8期，获厅级三等奖］

邓小平同志是创造性运用
唯物辩证法的光辉典范

马克思主义唯物辩证法，是无产阶级的世界观和方法论，是社会主义革命和建设的强大思想武器。邓小平同志在领导中国革命和建设的过程中，自觉地按照唯物辩证法办事，成功地开辟了一条运用马克思主义唯物辩证法指导中国社会主义建设的道路，是我党创造性地运用马克思主义唯物辩证法的光辉典范。

一、运用主要矛盾的主要方面决定事物性质的原理，
对社会主义的本质做出了新概括，
解决了建设有中国特色社会主义的首要问题

马克思主义认为，事物的矛盾法则，是唯物辩证法的最根本法则，"事物的性质，主要是由取得支配地位的矛盾的主要方面所规定的"①。邓小平同志创造性地运用这一原理，科学地分析了社会主义初级阶段的主要矛盾，指出我国现阶段的主要矛盾是人民日益增长的物质文化需要同落后的社会生产之间的矛盾。而矛盾的主要方面是落后的社会生产，解决这个主要矛盾的根本方法是发展生产力。在这种科学分析的基础上，他又把中国放在世界大背景下考察，对国内外建设社会主义正反两方面的经验进行了深入的研究，从而对社会主义的本质做出了新的概括。他指出："社会主义的本质是解放生产力，发展生产力，消灭剥削，消除两极分化，最终

---

① 毛泽东：《毛泽东选集》（合订本），人民出版社，1966年，第297页。

达到共同富裕。"①

邓小平同志的这一科学概括，言简意赅，包含着极为丰富而深刻的内容：（一）社会主义是一个处于发展过程中的过渡性社会。正如恩格斯指出："社会主义不是一成不变的东西，而是经常变化和改革的社会。"②（二）社会主义的根本目标是实现共同富裕，因而社会主义的根本任务是发展生产力。（三）实现共同富裕这个目标的基本途径有两个：在生产力方面，是大力解放生产力，发展生产力，这是实现共同富裕的物质保证；在生产关系方面，是在生产力高度发展的基础上，消灭剥削，消除两极分化，这是最终实现共同富裕的制度保证。上述这些就是社会主义区别和优越于资本主义及剥削阶级占统治地位的其他一切社会的质的规定性。

邓小平同志对社会主义本质做这样的科学概括，有着极为重要的理论价值和现实意义。

首先，在思想上给全国人民指明了前进的方向。打倒"四人帮"之后，中国面临着"向何处去"这个人们极为关注的问题。西方敌对势力和国内搞资产阶级自由化的人都竭力否定社会主义，他们把社会主义建设过程中的失误当作社会主义行不通的"论据"，鼓吹全盘西化，走资本主义道路；而我们革命队伍中有些人则无视过去的失误，因而仍然主张坚持"文革"时期"左"的错误路线，搞"两个凡是"。两种主张虽然不同，其结果都只能断送社会主义事业。在这个关键时刻，邓小平同志以无产阶级彻底的革命精神，排除"左"的和"右"的干扰。一方面，反复强调坚持四项基本原则不动摇。他指出，只有社会主义才能救中国，只有社会主义才能发展中国，"这是中国人民从五四运动到现在六十年来的切身体验中得出的不可动摇的历史结论。中国离开社会主义就必然退回到半封建半殖民地。中国绝大多数人决不允许历史倒退"③。另一方面，他指出，"我们总结了几十年搞社会主义的经验，社会主义是什么，我们并没有完全搞清楚"④。我国社会主义在改革开放前所经历的曲折和失误，归根到底就在于

---

① 中共中央文献编辑委员会：《邓小平文选》第3卷，人民出版社，1993年，第373页。
② 马克思、恩格斯：《马克思恩格斯全集》第37卷，中共中央马克思恩格斯列宁斯大林著作编译局译，人民出版社，1965年，第443页。
③ 中共中央文献编辑委员会：《邓小平文选》第2卷，人民出版社，1983年，第166页。
④ 中共中央文献编辑委员会：《邓小平文选》第3卷，人民出版社，1993年，第13页。

对这个问题没有完全搞清楚；改革开放以来在前进中遇到的一些犹豫和困惑，归根到底也在于对这个问题没有完全搞清楚。邓小平同志对社会主义本质的科学论述，有力地驳斥了西方资产阶级和国内搞资产阶级自由化的人所鼓吹的社会主义已经完结的谬论，有力地推动了人们思想的解放和拨乱反正工作，为我国人民如何正确坚持社会主义指明了正确方向。

其次，在理论上纠正了过去对社会主义的各种片面理解，为创立建设有中国特色的社会主义理论奠定了坚实的基础。十一届三中全会以前，人们对社会主义本质的认识，主要集中在公有制、按劳分配和坚持无产阶级专政上。这种认识的缺陷就在于片面地把社会主义的一些基本特征当作了社会主义本质。产生这种认识，一方面是出于人们对科学社会主义创始人的思想缺乏全面理解；另一方面是由于马克思、恩格斯在论述科学社会主义理论的问题上带有历史局限性，囿于当时的条件，马克思、恩格斯并没有也不可能对社会主义的本质做出专门的科学概括，只是在对资本主义进行批判性研究，在制定和讨论无产阶级政党的纲领及同机会主义做斗争的时候，附带对共产主义初级阶段，即未来的社会主义社会提出了一些构想，如在资本主义生产高度发展的基础上对生产资料实行全社会共同占有，并由社会有计划地调节生产；个人消费品的分配，在社会总产品中做了各项扣除之后，实行按劳分配；在资本主义社会与共产主义社会之间有一个政治上的过渡时期，这个时期的国家只能是无产阶级的专政，等等。显然，如果把上述这些设想作为社会主义的一些基本特征，无疑是正确的，但如果把它们作为社会主义的本质，则是不妥的。因为它的最大的缺陷是没有指明落后国家在走上社会主义道路之后，如何实现共同富裕这个核心问题。

邓小平同志从唯物史观的高度，把生产力与社会主义本质联系起来并提到首要地位，使我们党由只注意生产关系的规定性变为从生产力和生产关系的相互联系上全面地把握社会主义质的规定性。这是对传统社会主义观的重大突破，它从理论上分清了社会主义模式、社会主义特征和社会主义本质之间的联系和区别，在什么是社会主义这个最重要的问题上同传统社会主义观从根本上区别开来，从而成为建设有中国特色社会主义理论大厦的一块基石。

第三，"本质论"为改革开放实践提供了强大的思想武器。邓小平把解放和发展生产力纳入社会主义本质的范畴，并据此提出批判姓"社"与姓"资"，以及检验改革开放实践的成败、得失与是非的科学标准。邓小平同志指出："判断的标准，应该主要看是否有利于发展社会主义社会的生产力，是否有利于增强社会主义国家的综合国力，是否有利于提高人民的生活水平。"① 这一判断标准是由社会主义本质所决定的，它使人们从"恐资症"的束缚下解放出来，把思想建立在现实的基础上，这样就使改革开放中的许多认识问题迎刃而解。比如：我们在改革开放中为什么必须坚持以公有制和按劳分配为主体，就是因为它有利于解放和发展生产力，有利于走向共同富裕；为什么要从根本上改革计划经济体制，建立社会主义市场经济体制，就是因为实践已证明前者束缚了生产力发展，只有建立社会主义市场经济体制，才能解放和发展我国的生产力。因此，"本质论"开阔了人们的思想眼界，进一步解放了思想，有力地推动了改革开放事业的发展。

二、运用共性个性辩证关系的原理，
提出在马克思主义指导下必须走自己的路，
科学地解决了我国社会主义建设的道路问题

马克思主义历来十分关注矛盾普遍性和特殊性的关系。毛泽东同志在《矛盾论》中明确指出：矛盾的普遍性和特殊性"这一共性个性、绝对相对的道理，是关于事物矛盾问题的精髓，不懂得它，就等于抛弃了辩证法"②。能否正确运用它，直接关系到革命和建设事业成败的大问题。

在粉碎"四人帮"以后，邓小平同志依据马克思主义关于共性个性关系的原理，做了大量的拨乱反正工作。他指出："一个党，一个国家，一个民族，如果一切从本本出发，思想僵化，迷信盛行，那它就不能前进，它的生机就停止了，就要亡党亡国。"（1978 年 12 月 13 日在中央工作会议上的讲话）他针对当时的情况，率先旗帜鲜明地反对"两个凡是"，领导和支持关于实践是检验真理唯一标准问题的讨论，开展了思想解放运动，

---

① 中共中央文献编辑委员会：《邓小平文选》第 3 卷，人民出版社，1993 年，第 372 页。
② 毛泽东：《毛泽东选集》第 1 卷，人民出版社，1966 年，第 173 页。

及时领导全党全国人民冲破重重障碍，重新确立起马克思主义正确的思想路线，提出走自己的路，建设有中国特色的社会主义政治路线，从而保证了党和国家工作重点的顺利转移，加快实现我国伟大历史转折；使中国大步跨上了改革开放的新的台阶。

邓小平同志不仅运用共性个性关系的原理，恢复了党的实事求是的思想路线，重申必须把马克思主义的根本原则同中国的具体实际相结合，而且科学地阐明了什么是马克思主义的基本原理，什么是中国的具体实际，并在这个基础上指导实现二者结合的道路。

邓小平同志在实践中经过艰苦的探索和总结，对马克思主义和社会主义的基本原理、基本原则做出了新的概括。他精辟地指出，马克思主义、社会主义的基本原则主要有以下几个方面：（一）发展生产力。邓小平同志反复强调："马克思主义最注重发展生产力"，"社会主义的根本原则就是发展生产力，社会主义的优越性归根到底要体现在它的生产力比资本主义发展得更快一些，更高一些，并且在发展生产力的基础上不断改善人民的物质文化生活"。（二）以公有制为主体，实现共同富裕。他说，社会主义的根本原则"一个是公有制为主体，一个是共同富裕"，又说："社会主义有两个非常重要的方面，一是以公有制为主体，二是不搞两极分化。"（三）实行无产阶级专政。邓小平同志指出："依靠无产阶级专政保卫社会主义制度，这是马克思主义的一个基本观点。"以上论述就从根本上同其他本来不属于社会主义和马克思主义基本原则而曾经长期被误认为是基本原则的观点区别开来，从而奠定了马克思主义与中国革命实践相结合的基本前提。

与此同时，邓小平同志对中国的具体实际也做了科学的分析：（一）生产力发展水平较低。他说："中国是个大国，又是个小国。所谓大国就是人多，土地面积大。所谓小国就是中国还是发展中国家，还比较穷，国民生产总值人均不过三百美元。"① （二）社会的主要矛盾是人民日益增长的物质文化需要同落后的社会生产之间的矛盾。他说："我们的生产力发展水平很低，远远不能满足人民和国家的需要，这就是我们目前时期的主要矛

---

① 中共中央文献编辑委员会：《邓小平文选》第3卷，人民出版社，1993年，第94页。

盾。"①（三）台湾、港、澳尚未回归，实现包括台湾在内的祖国统一是我国社会主义建设时期的重要任务。（四）我国还处在社会主义初级阶段。他指出："我们搞社会主义才几十年，还处在初级阶段。"②

基于上述观点，邓小平同志提出："把马克思主义的普遍真理同我国的具体实际结合起来，走自己的道路，建设有中国特色的社会主义。"③ 并指导我们党实现这两者的有机结合，从而在我国社会主义的发展道路、发展阶段、根本任务、发展动力、外部条件、政治保证、战略步骤、领导和依靠力量，以及在祖国统一等问题上，做出既符合马克思主义基本原理和社会主义本质规定性的，又具有不同于其他社会主义国家特点的科学结论，为我国社会主义建设的顺利发展奠定了基础，形成了有中国特色社会主义的较完整的理论体系。

三、运用否定之否定原理，提出两个波浪式发展，科学地解决了我国社会主义建设的正确途径

否定之否定是唯物辩证法的一个基本规律。这个规律的内容是：事物内部矛盾的展开和解决，是通过自我否定来实现的。依据这个规律，事物发展过程的根本矛盾的性质和过程的本质虽然没有发生变化，但是它在各个发展阶段上采取逐步激化的形式，并且被根本矛盾所规定或影响的许多大小矛盾中也会发生变化，有些是激化了，有些是暂时地或局部地解决了，或者是缓和了，又有些新矛盾产生。这就使过程显出阶段性，如果我们不注意事物发展过程中的阶段性，就不能适当地处理事物的矛盾。

作为改革开放和现代化建设总设计师，邓小平同志善于运用这个规律，注意照应各个发展阶段，为我国社会主义建设制定了三步走的发展战略。

邓小平同志在对事物发展阶段性进行深入研究的基础上，根据"否定之否定"规律所揭示的发展是螺旋式上升的原理，创造性地提出了我国经

---

① 中共中央文献编辑委员会：《邓小平文选》第2卷，人民出版社，1983年，第182页。
② 中共中央文献编辑委员会：《邓小平文选》第3卷，人民出版社，1993年，第370页。
③ 中共中央文献编辑委员会：《邓小平文选》第3卷，人民出版社，1993年，第3页。

济和人民生活改善的两个波浪式发展的思想。

在经济发展上，邓小平同志提出："力争隔几年上一个台阶。"他认为，从我们自己这些年的经验来看，经济发展隔几年上一个台阶，是能够办到的。从国际经验来看，一些国家在发展过程中，都曾经有过高速发展时期，或若干高速发展阶段。日本、韩国、东南亚一些国家和地区，就是如此。为了实现"隔几年上一个台阶"，邓小平同志指出，必须处理好以下两个关系：一是发展和机遇的关系。他认为，机遇很重要，要"抓住时机，发展自己"，现在是好机会，从国际上看，两极称霸变为多极发展，我们有可能争取到一个较长时间的和平环境；资本主义世界产业结构的调整，对我国经济的发展也十分有利。就国内来说，十一届三中全会以来十几年的发展，已经为我国打下了加快发展的基础。所以隔几年上一个台阶，不仅是必要的，而且也是能够办到的。二是发展和稳定的关系。他指出："对于我们这样发展中的大国来说，经济要发展快一点，不可能总是那么平平静静，稳稳当当。要注意经济稳定、协调地发展，但稳定和协调也是相对的，不是绝对的。发展才是硬道理。这个问题要搞清楚。如果分析不当，造成误解，就会变得谨小慎微，不敢解放思想，不敢放开手脚，结果是丧失时机，犹如逆水行舟，不进则退。"①

在经济政策上，邓小平同志提出："我认为要允许一部分地区、一部分企业、一部分农民，由于辛勤努力成绩大而收入先多一些，生活先好起来。一部分人生活先好起来，就必然产生极大的示范力量，影响左邻右舍，带动其他地区、其他单位的人们向他们学习。这样，就会使整个国民经济不断地波浪式地向前发展，使全国各族人民都能比较快地富裕起来。"② 邓小平同志认为，实现共同富裕是我们的目标，但不能搞同步富裕的平均主义，否则势必出现共同贫困，所以只能通过一部分先富达到共富。先富是共富的条件，共富是部分先富的必然结果。为了实现从部分先富到共富的波浪式发展，邓小平同志反复强调要正确处理好先富与共富的辩证关系。首先，他指出我们所讲的、所支持的先富是指勤劳致富，而不是离开劳动、不讲道德、不顾法律制度搞歪门邪道的致富。其次，部分先

---

① 中共中央文献编辑委员会：《邓小平文选》第3卷，人民出版社，1993年，第377页。
② 中共中央文献编辑委员会：《邓小平文选》第2卷，人民出版社，1983年，第142页。

富的地区和个人要帮助、带动落后地区、实现共同富裕。第三，对先富起来的人和地区也要有一定限制，例如，对先富起来的个人要征收所得税，提倡自愿拿出钱来办教育、修路等，部分先富起来的地区要多交点利税和实行技术转让，支持贫困地区的发展，防止两极分化。只有这样，人民群众的生活才能随着经济建设的发展逐步提高，最终实现共同富裕的目的。可见，邓小平同志两个波浪式发展的思想，为建设有中国特色的社会主义提供了正确的发展途径。

四、运用"一分为二"的原理，提出两手抓，两手都要硬的方针，为建设有中国特色的社会主义提供科学的方法论

马克思主义认为，事物总是作为过程而向前发展的，而任何一个过程，都是由矛盾的两个方面相互联系又相互斗争而得到发展的，这就是对立统一。毛泽东同志把这一思想形象地概括为"两点论"。邓小平同志在建设有中国特色的社会主义的实践中，又把两点论发展为"两手抓，两手都要硬"的方针。

邓小平同志把"两手抓，两手都要硬"提到战略方针的高度，贯穿于建设有中国特色的社会主义的各个重大问题上。例如，在政治上，他强调要围绕经济建设这个中心，一手抓改革开放，一手抓四项基本原则，反对资产阶级自由化，坚定不移地贯彻党的基本路线；在坚持党的领导方面，强调一手抓加强党的领导，一手抓改善党的领导，使我们党在建设有中国特色的社会主义中真正起核心和保证的作用；在现代化建设方面，强调一手抓物质文明建设，一手抓精神文明建设，两个文明都搞好，才算是中国特色的社会主义；在改革开放、推进四个现代化建设方面，强调一手抓经济建设、一手抓法制建设，一手抓改革开放、一手抓打击经济犯罪，一手抓引进先进技术、一手抓抵制腐朽落后的东西，以保证改革开放的健康发展；在反对错误倾向方面，强调一手抓防"左"，一手抓反"右"，排除各种干扰，沿着党的正确路线前进，等等。所以，"两手抓，两手都要硬"的战略方针是建设中国特色社会主义理论的重要组成部分。

邓小平同志的"两手抓"不仅继承了唯物辩证法的思想，而且在实际运用中又有新的发展和贡献：

（一）具有系统层次结构的特点。邓小平同志把建设有中国特色的社会主义看作一个大的系统工程，从中分出物质文明和精神文明两手。而这两手也独立构成新的系统。在新的系统中，如围绕着物质文明建设这个中心，又分解出改革开放和坚持四项基本原则两手。同样这两手又形成新的系统，重新分解出新的两手，这样就构成了完整的有层次的网络化的两手抓的系统内容。我们要正确地把握和处理好不同系统不同层次的两手抓，充分发挥各自功能，达到系统整体优化的目的。

（二）体现了"重点论"与"两点论"的统一。邓小平同志提出的两手抓是有重点的，而这个重点又建立在两点的基础上。我们既要注意克服形而上学的一点论，又要注意防止平均主义的均衡论。

［原载《福建论坛（文史哲版）》1994 年第 4 期］

邓小平对创建社会主义市场经济条件下
道德建设理论的重大贡献

邓小平同志善于运用马克思主义伦理学的基本原理，总结新中国成立以来道德建设的经验、教训，创造性地提出了在社会主义市场经济条件下道德建设的一系列重大理论问题，丰富和发展了马克思主义伦理道德学说。

一、科学地阐述了新体制下加强道德建设的重要意义

党的十一届三中全会开始了以市场为取向的改革，这种改革是前无古人的宏伟事业，是我国的"第二次革命"。新的革命需要新的科学理论作指导，新的经济体制需要新的伦理道德理论来支撑。

面对时代的需要，邓小平同志反复阐述了创建社会主义市场经济条件下道德建设理论的重要性、必要性和紧迫性。

1. 从道德在精神文明建设中的地位，阐明创建新体制下道德建设理论的重要性。

邓小平同志反复强调，要重视以思想道德为核心内容的精神文明建设，他明确指出："过去很长一段时间，我们忽视了发展生产力，所以现在我们要特别注意物质文明建设。与此同时，还要建设社会主义的精神文明，最根本的是要使广大人民有共产主义的理想，有道德、有文化、守纪律。"① 又说："没有这种精神文明，怎么能建设社会主义？"这就要求我们必须把转型时期的伦理道德建设，放在建设中国特色社会主义突出的战略

① 中共中央文献编辑委员会：《邓小平文选》第3卷，人民出版社，1993年，第28页。

位置上来抓。

2. 从培养社会主义市场经济的人才需要，强调在新体制下加强伦理道德建设的必要性。

马克思主义认为，劳动者的素质如何，对于发展生产力至关重要，特别是在当今世界，现代化生产已进入了高科技时代，市场经济也已普遍发展的情况下，对人的素质要求更高。而衡量人的素质，除了劳动者掌握科学文化知识的程度外，更重要的是思想道德水准的高低。所以，邓小平同志一再指出："改革经济体制，最重要的、我最关心的，是人才。改革科技体制，我最关心的，还是人才。"① 而这样的人才必须是"有理想、有道德、有文化、有纪律"的"四有"新人。为此，他特别强调在建立社会主义市场经济条件下，加强思想道德教育的必要性。

3. 从市场经济具有双重的效应，指出加强思想道德建设的紧迫性。

社会主义市场经济有正负两种效应。从正面的积极效应看，它为思想道德建设提供雄厚的物质基础和丰富的实践经验，有利于培养适应市场经济发展需要的新的道德观念及道德规范，有助于吸收人类文明的一切传统美德，促进人们之间平等、自由的新型关系的形成，这是主要方面。但从负面的消极效应看，市场经济的求利性、等价交换、自主性和竞争性等原则在一定条件下，特别是在市场经济发育不成熟、市场运作法规不健全，加上思想教育的失误、抑制负面因素的措施不力的情况下，就有可能诱发某些不健康的、消极的甚至是腐败丑恶的东西。如果我们对这种负面效应视而不见或放任自流，其后果是不堪设想的。正如邓小平同志所指出的："经济建设这一手我们搞得相当有成绩，形势喜人，这是我们国家的成功。但风气如果坏下去，经济搞成功又有什么意义？会在另一方面变质，反过来影响整个经济变质，发展下去会形成贪污、盗窃、贿赂横行的世界。"② 邓小平同志这一论述告诫我们，要提高对新体制下思想道德建设紧迫性的认识，我们每个干部，尤其是党的领导干部，要有忧患意识，以高度的事业心和责任感来抓好市场经济条件下的道德建设。

---

① 中共中央文献编辑委员会：《邓小平文选》第 3 卷，人民出版社，1993 年，第 108 页。
② 中共中央文献编辑委员会：《邓小平文选》第 3 卷，人民出版社，1993 年，第 154 页。

二、创造性地提出了新体制下道德建设的基本原则

我国改革开放以来，特别是在 1984 年党的十二届三中全会提出发展商品经济以来，我国经济结构发生了深刻的变化，物质利益和伦理道德的关系、个人利益和社会利益的关系、效率和公平的关系等问题，也越来越突出。在这种情况下，调节这些矛盾的道德原则是什么呢？邓小平同志在多年的探索中，提出了以共产主义思想为指导的集体主义、互惠互利的功利性、效率和公平相结合的平等观、扩大民主、发展人的个性等，作为新体制下道德建设的原则，从而丰富和发展了马克思主义伦理学。

1. 以共产主义思想为指导的集体主义原则。

我国的市场经济，是与社会主义基本制度结合在一起的，而社会主义又属于共产主义的初级阶段，它最终的奋斗目标是实现共产主义。因此，邓小平同志在谈到社会主义市场经济条件下的道德建设时，特别强调必须实行以共产主义思想为指导的集体主义原则。

首先，邓小平同志明确提出把集体主义思想作为道德建设的基本原则，他指出："在社会主义制度下，个人利益要服从集体利益，局部利益要服从整体利益，暂时利益要服从长远利益，或者叫作小局服从大局，小道理服从大道理。我们提倡和实行这些原则，绝不是说可以不注意个人利益，不注意局部利益，不注意暂时利益，而是因为在社会主义制度之下，归根结底，个人利益与集体利益是统一的，局部利益和整体利益是统一的，暂时利益和长远利益是统一的。"[①] 所以，必须实行集体主义原则。

其次，强调以共产主义思想体系为指导。他说："我们在新民主主义革命时期，就已经坚持用共产主义的思想体系指导整个工作；用共产主义道德约束共产党员和先进分子的言行；提倡和表彰'全心全意为人民服务''个人服从组织''大公无私''毫不利己，专门利人''一不怕苦，二不怕死'。"[②] 现在已经进入社会主义建设时期，更应该发扬这种精神。他还指出："如果一个共产党员没有这些精神，就决不能算是一个合格的共

---

① 中共中央文献编辑委员会：《邓小平文选》第 2 卷，人民出版社，1983 年，第 176 页。
② 中共中央文献编辑委员会：《邓小平文选》第 2 卷，人民出版社，1983 年，第 367 页。

产党员。不但如此，我们还要大声疾呼和以身作则地把这些精神推广到全体人民、全体青少年中间去，使之成为中华人民共和国的精神文明的主要支柱。"① 邓小平同志的这些论述，为我国在新体制下开展道德建设指明了方向。

2. 互惠互利的原则。

马克思主义认为，"正确理解的利益是整个道德的基础"②。

邓小平同志在实践中，一方面继承了马克思主义物质利益观的基本思想，另一方面认真总结过去，并针对市场经济所固有的等价交换规律，提出必须把互惠互利作为市场经济条件下道德建设的一个基本原则。首先，他指出要重视广大群众的物质利益，他说："不讲多劳多得，不重视物质利益，对少数先进分子可以，对广大群众不行，一段时间可以，长期不行。革命精神是非常宝贵的，没有革命精神就没有革命行动。但是，革命是在物质利益的基础上产生的，如果只讲牺牲精神，不讲物质利益，那就是唯心论。"③ 又说："社会主义的优越性归根到底要体现在它的生产力比资本主义发展得更快一些、更高一些，并且在发展生产力的基础上不断改善人民的物质文化生活。"④ 社会主义要消灭贫穷，贫穷不是社会主义，更不是共产主义。因此，在邓小平同志看来，关心群众的物质利益，提高广大群众的物质生活水平是社会主义的本质要求，必须引起高度重视。

其次，邓小平同志强调，在市场经济条件下要特别重视互利的原则。因为市场经济所固有的等价交换原则，是一种互利原则，既有索取又有给予，既有权利又有义务。这种原则反映在人际关系上，就是"我为人人，人人为我"，而不是"人人为自己，上帝为大家"。正因为这样，邓小平同志总是强调搞平均主义不行，我们提倡一部分地区先富起来是为了帮助落后地区更好地发展起来，但又不能搞无偿的"一平二调""吃大锅饭"，而是采取多交利税和技术转让等方式大力支持不发达地区，通过平等互利，逐步实现共同富裕。

---

① 中共中央文献编辑委员会：《邓小平文选》第2卷，人民出版社，1983年，第368页。

② 马克思、恩格斯：《马克思恩格斯全集》第2卷，中共中央马克思恩格斯列宁斯大林著作编译局译，人民出版社，1965年，第166页。

③ 中共中央文献编辑委员会：《邓小平文选》第2卷，人民出版社，1983年，第146页。

④ 中共中央文献编辑委员会：《邓小平文选》第3卷，人民出版社，1993年，第63页。

3. 效率与公平相结合原则。

马列主义经典作家都把人民物质文化生活的极大提高和共同富裕看作道德评价的根本标准，也是效率和公平统一的标准。然而，由于种种原因，我们一直没有找到实现这一长远目标的具体途径。改革开放之后，随着市场经济的发展，使人们认识到市场经济要求等价交换、公平竞争、追求效益的特点，反映到上层建筑的道德领域，效率和公平的结合就成为重要的原则。因此，邓小平同志十分重视两者的有机结合，竭力反对不讲效率的平均主义和不讲公平的两极分化。

不仅如此，邓小平同志还运用唯物辩证法解决效率和公平的关系问题，提出一个地区、一部分单位、一部分人先富起来，然后实现共同富裕的社会主义市场经济条件下的道德目标。这不仅揭示了经济发展的规律，解决了效率和公平有机结合的具体途径问题，而且提出了社会主义市场经济条件下道德建设的一个重要原则。

4. 扩大民主、解放人的个性原则。

马克思和恩格斯历来都十分重视人的个性的解放和发展，他们把"每个人的自由发展是一切人的自由发展的条件"作为共产主义社会最基本的特征。可见，不断扩大民主，发展个性，对道德建设是何等的重要！可是，长期以来人们对此并不甚理解，误以为"每个人都自由发展"就会乱了套，所以过去我们虽然并不完全否定个人自由发展，但过于偏重对个人自由发展施加限制，在一定程度上也影响了人们积极性的发挥。

社会主义市场经济的发展必然促使人们的主体意识空前觉醒，与此相适应的道德原则必然是要求人的个性发展。因此，在社会主义市场经济条件下的道德建设必须高度重视发扬民主、发展个性。邓小平同志正是基于发展个性的重要性，就把它作为社会主义市场经济条件下道德建设的一个重要原则。

首先，他强调，要充分发挥社会主义民主。他说："我们进行社会主义现代化建设，是要在经济上赶上发达的资本主义国家，在政治上创造比资本主义国家的民主更高更切实的民主。"① 其次，他指出，要发扬民主，就要实行"三个反对、三个实行"：反对"一言堂"、个人说了算，实行

---

① 中共中央文献编辑委员会：《邓小平文选》第 2 卷，人民出版社，1983 年，第 322 页。

"群言堂"，让广大群众充分发表自己的意见，把群众的积极性充分调动起来；反对"家长制"、权力过分集中，实行"权力下放"，扩大社会主义民主，把基层组织的积极性调动起来；反对"人身依附"，把上下级关系变为猫鼠的关系，要实行"平等相处"，把广大干部的积极性调动起来。第三，他提出要进行政治体制改革，使民主法制化。他说：要实行充分的民主，使全体人民的个性都得到发展，就必须"切实改革并完善党和国家的制度，从制度上保证党和国家政治生活的民主化、经济管理的民主化、整个社会生活的民主化，促进现代化建设事业顺利发展"①。

邓小平同志提出上述"四个原则"，为转型期道德建设指明了方向，是对马克思主义伦理道德学说的重大发展，我们只有以这些作为指导，才能创建转型期道德建设理论的科学体系，并卓有成效地指导社会主义市场经济条件下道德建设的实践。

三、正确地解决了新体制下道德建设的基本方针

改革开放以来，特别是我们提出建设社会主义市场经济体制以来，我国的经济结构发生了深刻的变化，由此而决定的价值观、伦理观也相应发生很大变化。在这种情况下，社会主义应实行什么道德方针，就日益提到议事日程上来。针对这种情况，邓小平同志明确提出在社会主义时期，应当区分先进的共产主义道德和广泛的社会主义道德，并将它们有机结合起来，作为社会主义市场经济条件下道德建设的基本方针。

1. 明确提出社会主义时期广大人民群众必须遵循的共同道德标准。

1979 年 3 月 30 日，邓小平同志在《坚持四项基本原则》中明确指出："社会主义的经济是以公有制为基础的，生产是为了最大限度地满足人民的物质、文化需要，而不是为了剥削。由于社会主义制度的这些特点，我国人民能有共同的政治经济社会理想，共同的道德标准。"②

2. 明确提出社会主义道德的内容和基本要求。

邓小平同志根据我们还处在社会主义初级阶段的实际，从广大群众的

---

① 中共中央文献编辑委员会：《邓小平文选》第 2 卷，人民出版社，1983 年，第 336 页。
② 中共中央文献编辑委员会：《邓小平文选》第 2 卷，人民出版社，1983 年，第 167 页。

思想觉悟情况出发，提出社会主义时期广大群众能广泛接受和实行的道德
要求——"五爱"。1978 年 4 月 22 日，邓小平在全国教育工作会议上指
出，培养社会主义建设人才的标准是毛泽东同志提出的德智体全面发展。
对于德的要求，他指出"五爱"，即爱祖国、爱人民、爱劳动、爱科学、
爱社会主义。这样，就从理论上解决了社会主义历史时期人民群众的共同
道德标准的基本内容和要求，有力地促进了对广大群众的道德教育。

除了"五爱"外，随着我国社会主义市场经济的发展，邓小平同志又
根据市场经济出现的新情况和要求，提出了许多适应市场经济发展需要的
道德要求，归纳起来，主要有"三讲"，即讲务实、讲服务、讲义利并重
等，并把它们作为新体制下道德的规范。从而丰富了社会主义时期道德建
设的内容。

3. 明确提出把先进性和广泛性的道德相结合，作为社会主义道德建设
的基本方针。

邓小平同志指出，社会主义时期的道德是有层次性的，有先进性和广
泛性之分。以"五爱""三讲"为主要内容的道德要求，也是社会主义最
基本的道德要求。层次最高的先进性的道德标准——共产主义道德，是对
共产党员和先进分子的要求。按照邓小平同志的看法，共产主义道德的作
用十分巨大，要大力提倡。他多次强调我们搞的是社会主义现代化，最终
目标是实现共产主义。所以，在当前的改革开放中，要重视共产主义理想
和道德的教育，才能保证现代化建设的社会主义方向，保证我们的青少年
这一代和下两代不为资本主义腐朽思想所俘虏。邓小平同志提出把广泛性
和先进性的道德结合起来作为新经济体制下道德建设的基本方针，对于建
设有中国特色的社会主义道德具有重要的指导意义，对马克思主义伦理学
也是一个重大的发展。

四、深刻地揭示了新体制下道德建设的根本任务

邓小平同志指出："我们国家，国力的强弱，经济发展后劲的大小，
越来越取决于劳动者的素质。"[①] 这充分说明人的素质高低对于建立和发展

---

① 中共中央文献编辑委员会：《邓小平文选》第 3 卷，人民出版社，1993 年，第 120 页。

市场经济是何等重要。而道德素质又是劳动者素质的重要方面。面对社会主义市场经济条件下出现的新情况和新问题，邓小平同志不仅提出从法制、党建方面开展反腐斗争，而且提出把发扬共产主义道德精神、优化社会风气，把广大人民群众特别是青少年培养成社会主义一代新人，作为社会主义市场经济条件下道德建设的根本任务。

首先，邓小平同志提出了一代新人的标准。关于未来公有制社会的一代新人，马克思曾预言这代新人将是智力体力自由全面的发展；列宁提出这代新人将具有为共产主义事业献身的革命精神；毛泽东提出培养德、智、体全面发展的新人。邓小平同志继承并发展了马克思主义关于社会主义新人的思想，明确指出应该具备思想道德和科学文化素质两大方面。而在"思想道德"方面又分为理想和道德，这是对马克思主义伦理道德学说的又一个重大贡献和创新。

同时，邓小平同志对如何培养一代新人也做了许多科学的阐述。在邓小平同志看来，培养有高尚道德的一代新人是一个十分复杂的、艰巨的系统工程，必须坚持"两手抓，两手都要硬"的方针，从各个方面进行努力。

1. 营造良好环境。

马克思主义认为，每个人都在一定社会主义关系中生活，社会环境的优劣对人的塑造和成长有重大意义。所以，邓小平同志十分重视社会环境建设：一是强调反对腐败，以党风带动民风；二是从教育入手，优化社会风气，他认为，风气坏下去，国家、社会就会变质，所以要"两手抓"；三是运用法律手段，打击各种犯罪活动。他说，我们要下决心抓，争取恢复到五十年代最好时期的党风和社会风气，从而为培养有崇高道德的一代新人，创造良好的社会环境。

2. 强化道德教育。

邓小平同志指出，提高人们的道德品质，必须狠抓教育，我们过去的失误，就是忽视了思想教育，在今天要特别重视这种教育。他反复强调，要把提倡社会主义道德风尚和共产主义思想道德的教育推广到全社会，贯穿在家庭美德、学校学德、职业道德、社会公德的教育之中，充分调动家庭、学校、单位和社会各方面的积极性，形成纵横交错、点面结合的社会教育网络，形成齐抓共教的合力，充分发挥其在培养一代新人中的作用。

3. 发挥榜样的力量。

邓小平同志十分重视榜样的示范作用。他说："搞精神文明，关键是以身作则。"① 为此，他非常重视宣扬先进典型，特别强调在改革开放、发展社会主义市场经济的过程中，注意培养千千万万雷锋式的战士、焦裕禄式的干部、王进喜式的工人，用先进典型推动和促进一代新人的成长。

［原载《福建论坛（经济社会版）》1995 年第 12 期，被全国《邓小平理论研究文库》第三卷转载，获福建省社科三等奖］

---

① 中共中央文献编辑委员会：《邓小平文选》第 3 卷，人民出版社，1993 年，第 7 页。

论邓小平价值观的基本思想和特点

邓小平同志是当代伟大的马克思主义者，邓小平价值观是对马克思主义价值观的重大发展，是建设中国特色社会主义理论的重要思想基础，是指导我国改革开放和现代化建设的锐利武器，也是振兴中华的强大精神支柱。因此，我们树立正确的价值观最重要的就是树立邓小平价值观，这对于我国建设高素质的干部队伍，促进"两个文明"建设具有重要的理论和实践意义。

一、邓小平价值观的基本构架

邓小平同志基于新中国成立以来革命和建设的经验教训，从 20 世纪 60 年代开始，就十分重视价值观问题，并广泛运用马克思主义价值观基本思想指导我国改革开放和各项建设事业。尽管邓小平同志没有就价值观问题做过系统、集中的论述，但在他的讲话、报告、指示、主持起草的文件中，都包含着十分丰富的价值观思想，在实际上形成了价值哲学理论的一个较完整的体系，为发展马克思主义价值观理论做出了重要贡献。

1. 以人民为价值主体，这是邓小平价值观的核心。

在价值观中，谁是价值的主体？是个人还是人民群众，这决定了价值观的性质。把个人作为价值主体的就属于个人主义价值观，以人民群众为价值主体的则属于马克思主义价值观。邓小平同志运用马克思主义关于人民群众是历史创造者的基本观点研究价值观问题，把社会、国家、人民作为价值和价值评价的主体。凡是对社会主义社会、国家和人民有益的、有意义的、有作用的就有价值，益处大的就价值大，否则就价值小或无价值。例如，在经济上，邓小平同志强调使生产力大幅度发展，才能逐步提高人民的物质文化生活水平；在政治上，强调要保持社会稳定，因为过去我们已经吃过"十年动乱"的苦头；在文化工作上，强调文艺工作者要把最好的精神食粮贡献给人民，等等，都是要求把人民当作价值主体。

正因为邓小平确立了以人民为价值主体，所以他始终坚持一切从人民利益出发，号召党和国家的干部要对人民负责，为人民造福，取信于民，要经常想一想，我们给人民究竟做了多少好事，我们一定要根据现有的有利条件加速发展生产力，使人民的物质生活好一些，使人民的文化生活精神面貌好一些。

邓小平同志确立以人民为价值主体，并不否认个人的利益和价值。他指出：在社会主义社会中，国家、集体和个人的利益在根本上是一致的，只要把三者的利益比较好地结合起来，就能调动各方面的积极性。同时又指出：当个人利益与国家、集体利益发生矛盾时，个人利益要服从国家和集体利益。所以，邓小平以人民为价值主体的价值观，是以集体主义为基础的集体利益和个人利益相统一的价值观。

2. 实事求是，讲求实效，这是邓小平价值观的精髓。

价值是由什么确定的，这是价值观回答的首要问题和基础。邓小平同志运用马克思主义关于实事求是的思想对价值问题做了新的概括，认为一个客体的价值如何，必须从实际出发，实事求是，以客体对主体的实际效益、效果、影响来确定。例如，他在工作中十分注意"拿事实来说话"，看实际效果如何，好的、有价值的就坚持，不好的、没价值的就纠正，等等，就是以讲求实效来确定客体价值的具体体现。

邓小平同志根据这一思想，要求党政各级领导干部在工作中不仅要求"是"、求"真"，使主观与客观相符合，按客观规律办事，而且要进一步求"实"，讲求实际效果，把求"是"与求"实"结合起来；不仅要看主观的动机，而且必须顾及效果，把动机与效益有机统一起来；不仅要立足眼前，还要着眼未来，把对人民的眼前利益与长远利益结合起来。

邓小平同志提出，从实际出发，以实际效果来确定价值的思想，有着十分重要的意义，它不仅揭示了价值的实质，回答了什么是价值这个价值观中的最基本的问题，而且从根本上解决了价值的客观性和科学性问题，使哲学价值理论建立在科学的基础上，与实用主义价值观划清了界限，这是对马克思主义价值观的一大贡献。

3. 以共同富裕为价值目标，这是邓小平价值观的主题。

价值目标具有导向性、激励性和支柱性的功能，所以价值目标问题在邓小平价值观中占有重要地位。

邓小平同志把马克思主义世界观运用于价值观的研究，提出了以实现人民共同富裕作为价值的根本目标。这里讲的"共同富裕"就是价值总的、根本的目标。邓小平同志围绕着这一总目标，把它分解为三个层次的价值目标：

第一个层次是共产主义的远大价值目标。他反复指出，我们干的是社会主义事业，最终目的是实现共产主义。强调要加强对青少年一代共产主义的远大价值目标的教育，要特别教育下一代、下两代树立共产主义的远大理想。因为共产主义社会是实现人民共同富裕这个价值总目标的最美好的社会。

第二个层次是分三步走，实现"四个现代化"的战略目标。邓小平指出，我们实现四个现代化要分三步走：第一步是在八十年代，以 1980 年为基数，使国民生产总值翻一番；第二步是到 20 世纪末再翻一番，把贫困的中国变成小康的中国；第三步在 21 世纪中叶再翻两番，达到中等发达国家的水平。邓小平的这一宏伟目标，体现了长远目标和近期目标的统一。

第三个层次是各行各业都要树立明确的战略目标。邓小平同志要求各地区、各行业都要根据全党全国的战略目标，提出自身明确的战略目标，把党和国家的目标与各单位、各部门、各地区有机地结合起来。这样就形成了一整套价值目标体系，这既是邓小平价值观中光辉的篇章之一，又体现了邓小平同志高度的领导艺术。

4. 以"三个有利于"为价值评价的根本标准，这是邓小平价值观的重要内容。

价值评价是价值观中运用最为广泛的重要内容，它直接体现了价值本质，因此，价值评价的标准是否正确，是直接关系到衡量一种价值观是否科学的重要标志。

邓小平同志对价值评价做过许多论述，内容十分丰富，他不仅对政治、经济、文化、科学、教育等提出了一系列具体的价值评价标准，而且又在这个基础上提出了衡量一切工作成败的"三个有利于"的根本价值标准，即"是否有利于发展社会主义的生产力，是否有利于增强社会主义国家的综合国力，是否有利于提高人民的生活水平"①。

"三个有利于"是邓小平关于价值评价思想中最精彩的部分，它把生产力的标准、国力的标准和人民利益的标准有机统一起来，集中体现了邓小平以社会、国家、人民为价值和价值评价主体的价值观，体现了马克思主义价值观的实质，科学解决了价值这一极为复杂的问题，从而确立了社会主义的价值导向，为我国建设有中国特色的社会主义发展道路、路线、方针、体制、机遇等选择指明了方向。

5. 提出了一系列适应社会主义市场经济发展的价值观念，这是邓小平价值观的重要创新。

价值观念是价值观中的重要问题，是价值观的具体体现，对于社会、经济、政治和文化生活都有重大的影响。

邓小平同志不仅重视弘扬优良的传统价值观念，如尊重知识与人才、尊师重道、苦干实干等价值观念；阐发关于建设有中国特色的社会主义价值观念，如社会主义信念、共同富裕目标、"三个有利于"标准、集体主义原则、爱国主义思想等价值观念的内涵，而且还对建立适应社会主义市场经济发展需要的新的价值观念，如开拓创新、改革开放、时间效率、信息效益、竞争机遇等价值观念做了大量的论述。

更可贵的是邓小平同志对新时期价值观念建设提出了许多重要原则。他认为，在发展社会主义市场经济条件下的价值观念建设，必须树立新的与社会主义市场经济相适应的价值观念，弘扬我国优良的传统价值观念，强化社会主义的价值观念，抵制各种腐朽落后的价值观念，只有把这几方面结合起来，才能有力地促进新时期价值观念建设，从而为新时期形成健康向上的价值观念奠定基础。

6. 充满辩证发展思想，是邓小平价值观的重要特色。

首先，邓小平价值观充满着丰富的唯物辩证法思想。表现在邓小平十分重视客体的发展对主体的价值意义上，他认为，主体的生存是主体发展的基础，而主体的发展是比主体生存更高的存在状态。所以，他非常重视社会主义事业的发展和完善，他说，发展社会主义事业"犹如逆水行舟，不进则退"，"发展才是硬道理"，特别是强调在稳定的基础上加快发展的

---

① 中共中央文献编辑委员会：《邓小平文选》第3卷，人民出版社，1993年，第372页。

重要意义，并把它看作社会主义制度优越性的具体表现。由此可见，邓小平价值观也是发展的价值观。

其次，他坚持价值的多元性与一元性的统一。例如，在经济领域，他强调消除两极分化，实现共同富裕，这种主体利益的共同性就是价值的一元性。同时，他又承认不同地区、企业、个人之间的差别，允许其中一部分先富起来，这就是价值的多元性。先富带动后富，逐步实现共同富裕，就是体现价值多元性与一元性的统一。又如，在政治领域，实行"一国两制"构想；在文化领域，提出文艺为人民服务和坚持"双百"方针等都体现了价值多元性与一元性的统一。

最后，他非常重视价值观念之间的辩证关系。例如，邓小平同志既重视物质价值，把物质价值视为精神价值的基础，高度重视生产力的发展，又重视精神价值，认为精神价值对物质价值有巨大的反作用，强调树立理想信念、培养"四有"新人的意义，提出"两手抓，两手都要硬"的战略方针。又如，他在价值目标上，提出"共富"与"先富"、眼前与长远、理想与现实；在价值选择上，提出效果与代价、择优与兼顾、公平与效率；在价值手段上，提出发展与稳定、务实与创新、艰苦奋斗与提高生活质量等，都体现了唯物辩证法的光辉思想。

二、邓小平价值观是建设中国特色 社会主义理论的重要思想基础

邓小平价值观是邓小平世界观的重要组成部分。邓小平善于运用马克思主义价值观理论，总结国际共产主义运动和我国社会主义建设的经验教训，指导我国改革开放和现代化建设，并进行许多理论上的概括，从而成为建设中国特色社会主义理论的重要思想基础之一。因此，我们弄清邓小平价值观和建设中国特色社会主义理论的关系，不仅能够加深对邓小平价值观基本思想及其特点的认识，而且有助于加深对邓小平建设中国特色社会主义理论的理解，提高贯彻执行其理论的自觉性。

1. 邓小平价值观是建设中国特色社会主义理论的出发点。

当前学术界普遍认为邓小平探索建设有中国特色的社会主义理论大体可分三个时期：一是在60年代初。邓小平同志在这一时期的探索中，已明

确提出了生产力标准和是否有利于群众利益的标准，这实际上是邓小平理论的萌芽。二是在 1975 年前后。邓小平同志在这一时期对整顿的探索，既是拨乱反正的开始，又是改革的开始。三是在党的十一届三中全会前后，也可以说是从对真理标准问题讨论开始的。主要围绕着什么是社会主义和怎样建设社会主义展开的。通过这一时期的探索，他在理论上进行了许多新的概括和创造，从而使建设有中国特色的社会主义理论，逐步从提出主要观点到形成理论轮廓，到最后建立起比较完整的理论体系。

上述探索，虽然在时间、方式和成果上不尽相同，但有着共同的特点：第一，都是在建设社会主义出现挫折，需要研究采用怎样的路线、方针、政策和措施对党、国家和人民最有价值的关键时刻；第二，探索都遇到了很大的阻力，需要牢固树立以人民为主体的价值观，才能把人民的利益放在首位，排除万难，去争取探索胜利，否则就寸步难行；第三，探索的主题都是围绕着怎样建设社会主义才有价值的问题。由此可见，从建设有中国特色的社会主义理论萌芽、形成到发展成熟，都是在邓小平以人民为价值主体的价值观指导下，为了探索对党、国家和人民更有价值的发展道路而进行的。因此，我们说邓小平价值观是创立建设有中国特色社会主义理论的出发点。

2. 邓小平价值观是建设中国特色社会主义理论的立足点。

邓小平建设中国特色社会主义理论内容极为丰富，我们就从中列举几个重要、精彩的部分加以说明。

首先是关于社会主义本质的问题。从总的方面说，大体可分为两个部分：第一，消灭剥削，消除两极分化，最终达到共同富裕，是社会主义的根本目的，这里指的是价值目的；第二，解放生产力，发展生产力，使生产力以资本主义制度下所不能有的速度高速发展，是达到共同富裕最主要的途径，这也就是讲实现社会主义的价值目标所要采取的最根本的手段。把两者统一起来，集中体现了社会主义最大、最根本的优越性，体现了与资本主义相区别的社会主义本质。这里讲的优越性也就是价值问题，由此我们可以这样说，邓小平关于社会主义本质理论是从价值观的角度概括的。

其次是关于社会主义市场经济的理论。它是改革开放中要搞清楚的重要的理论问题之一。邓小平同志在指导我国改革开放的实践中，对这一问题的突破，正是从计划经济与市场经济的价值分析着手的。他提出："我们过去一直搞计划经济，但多年的实践证明，在某种意义上说，只搞计划经济会束缚生产力。"① 也就是说，随着社会主义事业的发展，只搞计划经济对社会主义国家发展价值就越来越小，正是因为这样，今天我们党才确立把社会主义市场经济作为经济体制改革的目标模式，这是邓小平经过总结经验和对计划经济与市场经济价值进行比较分析的基础上做出的果断决策。

再次是关于"一国两制"理论。这是邓小平同志为解决台湾、香港和澳门等问题而提出的实现祖国和平统一的伟大构想。这一伟大的构想，是从各方利益出发而提出来的容易为各方接受的统一形式。可见，"一国两制"理论也是邓小平同志将价值观作为一个方法论运用于统一祖国而提出的伟大构想。

除此之外，构成建设中国特色社会主义理论的其他重要观点，如社会主义的发展论、初级阶段论、改革论、公有制主体论、精神文明论，以及时代特征论等也都是建立在邓小平价值观的基础之上的。

3. 邓小平价值观是制定建设有中国特色社会主义路线方针政策的着眼点。

邓小平同志领导我们党在制定建设有中国特色的社会主义各项路线方针政策时，不仅要求符合社会主义初级阶段的实际，不能超越阶段，而且要以"人民拥护不拥护""人民赞成不赞成""人民高兴不高兴""人民答应不答应"为依据，即以符合人民的根本利益，使人民能够获得最大价值为着眼点的。

仅从党在社会主义初级阶段的基本路线的内容来看，就充分说明了这点。这条党的基本路线主要包含着四个方面：一是核心内容，即"一个中心两个基本点"；二是奋斗目标，即把我国建设成富强、民主、文明的社会主义现代化强国；三是领导和依靠的力量，即中国共产党和全国各族人民；四是基本方针和方法，即自力更生和艰苦奋斗。其中，无论哪个方面都体现了人民是最大利益，如果把它归纳起来，实际上就是两个方面：一是奋斗的价值目标，建立富强、民主、文明的社会主义现代化强国；二是

① 中共中央文献编辑委员会：《邓小平文选》第3卷，人民出版社，1993年，第148页。

包括一、三、四方面内容在内都是讲实现这个奋斗的价值目标而采取的最有效的手段。把这两个方面结合起来，深刻反映了广大人民群众根本利益和根本要求，是广大人民群众为之追求的最大价值的路线。

同样，我们在农村实行家庭联产承包责任制，在城市兴办特区，以及在全国推行股份制、证券、股市等政策、措施，通过试验证明都是正确的，是完全符合人民利益之后才逐步出台的。因此，邓小平同志指出，"现在我们的路子走对了，人民高兴，我们也有信心。如果要改变现在的政策，国家要受损失，人民要受损失，人民不会赞成"①。所有这些都充分说明，党制定的路线、方针、政策是以邓小平价值观为着眼点的，建设有中国特色的社会主义所追求的是广大人民的根本利益，不难看出，邓小平价值观是建设有中国特色社会主义理论的一个重要思想基础。

三、邓小平价值观的主要特点

邓小平价值观有许多显著特点。

1. 价值观与真理观、历史观的高度统一。

马克思主义认为，真理是主观对客观事物本质和规律的正确反映，而人们的认识是否具有真理性只能通过实践来检验。所以，真理的本质在于求"真"。马克思主义历史观认为，社会生产是社会存在和发展的基础，人民群众是生产力的主体，是物质财富和精神财富的创造者，因此，历史唯物主义在社会主义阶段的本质，在于求"富"。邓小平的价值观是实事求是、讲求实效的价值观，它的本质在于求"实"，使人民大众获取最大的实际效果，即最大的价值。

邓小平同志的价值观善于把三者结合起来，实现了求"真"、求"富"、求"实"的高度统一。毛泽东同志的重大贡献在于把实事求是作为我们党的思想路线，把群众路线作为党的根本的工作路线，并对实事求是、群众路线做了精辟的论述。但在求"真"与求"实"，求"义"与求"富"的关系上偏重于求真和求义。邓小平在毛泽东思想的基础上进一步发展了实事求是和群众路线，不仅重视毛泽东同志提出的实事求是中的求

---

① 中共中央文献编辑委员会：《邓小平文选》第3卷，人民出版社，1993年，第83页。

"真"和群众路线中求"义"的思想，而且又进一步强调求"实"和求"富"，认为求"真"是前提，求"实"是手段，求"富"是目的，如果只强调求"真"，而忽视求"实"，也无法证实真和假，达不到求"真"；同样，求"真"不与求"富"结合起来，那求"真"也失去了意义。新中国成立以后，我们曾经经历过只讲真理，忽视价值，忽视实际效益，忽视提高人民群众生活水平所造成的严重后果。因此，邓小平同志十分重视把求"真"、求"实"、求"富"三者结合起来。他以实事求是、讲求实效来确定客体的价值，把人民作为价值和价值评价的主体，把"三个有利于"作为价值评价的根本标准，把实现人民共同富裕作为价值的最高目标等思想，充分体现了价值观、真理观和历史观的高度统一，是对马克思主义实事求是、群众路线的进一步发展。

邓小平同志把价值观、真理观与历史观高度统一起来，从而把价值观建立在科学的基础上，为我们改革开放和现代化建设提供了强有力的思想武器。我们学习邓小平同志关于价值观、真理观、历史观三者统一的思想，就是要求每个党的干部，首先是党的领导干部不论做什么工作都要坚持党的实事求是的思想路线和群众路线，一切从实际出发，从实际效果出发，从人民的根本利益出发，坚持反对脱离实际的主观主义、脱离实际效益的空谈主义和脱离群众的官僚主义。

2. 价值观与方法论的高度统一。

世界观是关于整个世界，包括自然界、人类社会和人的思维的根本观点，而运用世界观观察分析事物，就转化为方法论。邓小平同志的价值观是其哲学世界观的重要组成部分，它给人们树立了正确的价值观念和价值导向，为人们观察和分析问题提供了科学的思想方法，具有重要的方法论意义。因此，价值观和方法论的有机统一，也是邓小平价值观的一个重要特点。

邓小平价值观与方法论的有机统一，突出表现在它对客体的价值分析上。它不仅分析事物的性质，更重要的是在分析事物性质的基础上进而分析客体的价值，看它对社会、国家和人民有多大的价值，然后做出价值选择。邓小平建设有中国特色的社会主义理论的所有重要观点和路线、方针、政策都是在邓小平价值观指导下，进行认真的、反复的价值分析之后提出来的。例如，如何看待"三资"问题。有人认为，这类企业多了，就是资本主义的东西多了。邓小平同志认为，这种观点只讲事物的表面现象，而不讲引进外资对我国的价值。他通过价值分析后提出："多吸引外资，外方固然得益，最后必然还是我们自己得益。"① 因为国家要拿回税收，工人还要拿回工资，我们还可以学习技术和管理，还可以得到信息，打开市场，并且"三资"企业受到我国整个政治、经济条件的制约。因此，"三资"企业是对社会主义经济的有益补充，归根到底是有利于社会主义的，对社会主义是有价值的，我们在对外开放中不能排斥"三资"企业。同时，我们今天在文化领域不再提文艺从属于政治这样的口号，也是因为经过价值分析，认为提这样的口号容易成为对文艺横加干涉的理论根据，实践证明，它对文艺的发展利少害多，没有多少价值，所以不再提这样的口号。

其实，邓小平同志在领导我们进行改革开放和现代化建设的进程中，到处都充满着这种分析，体现了价值观和方法论的有机统一。邓小平这一价值观的特点，为我们建设中国特色社会主义提供了锐利的思想武器。我们学习和把握这一特点，就是要在各项工作中，既重视事物的性质分析，又重视事物的价值分析，只有把两者结合起来，才能进行创造性的、卓有成效的工作，才能为党和人民创造更多的价值，为社会主义事业做出更大的贡献。

3. 价值观与世界观、人生观的高度统一。

马克思主义认为，世界观、人生观和价值观是互为联系、密不可分的。世界观所研究的基本问题是主观与客观、主体与客体的关系问题，它包含着人生的目的、意义（人生观）和客体对主体的有用性（价值观）等看法。可见，世界观包含着人生观和价值观，而人生观和价值观是世界观的重要组成部分和表现形式。而且同属于世界观重要组成部分的人生观与价值观又是相互关联着的，如价值观思想中有关人生的价值问题就是人生观的核心，所以，价值观和世界观、人生观有着密切的关系。

作为一代历史伟人的邓小平同志正是把这三者高度统一起来的光辉典范。他创造性地把实事求是概括为无产阶级世界观的精髓，而建设有中国特色的社会主义正是他运用实事求是这个世界观观察和解决中国当代问题

① 中共中央文献编辑委员会：《邓小平文选》第3卷，人民出版社，1993年，第373页。

的思想结晶，也是广大人民群众最根本的价值追求。邓小平同志认为，共产党员的人生观最鲜明地体现在"全心全意为人民服务"的宗旨上，为建设有中国特色的社会主义而奋斗，就是反映了中国各族人民的根本利益，体现了广大人民群众的意志和愿望，是我们党全心全意为人民服务根本宗旨的生动体现，也是无产阶级价值观的核心所在。同时，邓小平同志还认为，价值观的根本问题说到底是奉献与索取的问题。当今，共产党员和革命者的价值观核心，就是为建设中国特色的社会主义而无私奉献。从这里，我们不难看出，邓小平在建设中国特色社会主义的思想基础上，把世界观、人生观、价值观高度统一起来。

我们今天学习邓小平同志关于世界观、人生观和价值观高度统一的思想，从根本上说，就是要坚定建设有中国特色社会主义的信念，树立全心全意为人民服务的思想，发扬艰苦奋斗和无私奉献精神。而作为各级领导干部，在建设中国特色社会主义的实践中，一定要以正确的世界观、人生观和价值观对待"钱""权""色"，做到"四个树立""四个坚持"：一是树立领导干部就是人民公仆的意识，坚持一切从人民的根本利益出发，决不能把公仆变为主人；二是树立领导就是服务的意识，坚持为官一任，造福一方，决不能把权力私有化、商品化、家长化；三是树立领导干部就是要有"甘为孺子牛"的意识，坚持为人民鞠躬尽瘁，死而后已，决不允许沾染官僚主义习气，滋长以权谋私和特殊化的腐败作风；四是树立艰苦奋斗、无私奉献的意识，坚持先天下之忧而忧，后天下之乐而乐，做到清正廉洁，高风亮节，决不为金钱、美色所腐蚀，这样才能使我们党的各级领导干部在改革开放和执政两大考验面前，立于不败之地。

［原载《福建论坛（经济社会版）》1997 年第 7 期］

论邓小平同志对可持续发展的重大贡献

可持续发展是当代亟待解决的历史性重要课题。所谓可持续发展是指既要满足当代人的需要，又不能对后代人满足其自身需求的能力构成危害，当代一部分人的发展也不能损害另一部分人的利益。也就是说，可持续发展是建立在正确处理人类与自然界、经济与社会、人与人关系的基础上，使整个社会全面发展。作为建设中国特色社会主义理论重要组成部分的邓小平发展观，是可持续的发展观。它丰富和发展了马克思主义关于社会全面发展的理论。认真学习和贯彻邓小平同志可持续发展的思想，对于我国正确地实施可持续发展战略，促进我国社会全面协调发展有重大的现实意义。

一、深刻阐述了我国实施可持续发展，
推动社会全面进步的重要性

1. 实施可持续发展，推动社会全面进步，是社会主义本质的体现。

邓小平同志在总结新中国成立以来的革命和建设，以及国际共产主义运动经验教训的基础上，对社会主义的理论和实践进行了深刻的反思，指出："社会主义的本质，是解放生产力，发展生产力，消灭剥削，消除两极分化，最终达到共同富裕。"[①] 在这里，邓小平同志把实施可持续发展，推动社会全面进步与社会主义的本质有机结合起来，因为发展生产力是可持续发展的内在要求，不解放和发展生产力，就无法实施可持续发展。例如，贫困落后的国家和地区为求温饱往往采取掠夺性利用资源的方式，造

---

① 中共中央文献编辑委员会：《邓小平文选》第3卷，人民出版社，1993年，第373页。

成资源的短缺。同时，由于这些国家和地区科学技术落后，生产过程中排出的污染物和废弃物未能有效处理，也严重污染环境。所以，只有发展生产力才能更好地防治生态污染，保持社会的可持续发展。同时，只有在社会主义历史条件下，通过改革开放，不断发展经济，消灭剥削、消除两极分化，走共同富裕的道路；通过精神文明建设树立起共同的崇高理想和道德，倡导人的全面发展，以及人与社会、人与自然和谐发展的新型价值观，才有可能从实现共同富裕的目标出发，选择可持续发展的道路。因此，实现共同富裕既是社会主义本质规定的，也是可持续发展的最基本的体现。

2. 实施可持续发展，推动社会全面进步，是实现社会主义现代化的需要。

正确处理好经济与社会的关系，使经济与社会全面发展，这是可持续发展的重要内容。邓小平同志在领导我国社会主义现代化建设中，非常重视经济和社会的全面发展，他认为，我们搞的"四个现代化"并不是只以这四个方面为限，除了经济建设任务外，还包括社会主义民主法制建设和社会主义精神文明建设。他说："我们立的章程是全方位的，包括经济、政治、科技、教育、文化、军事、外交等各个方面，是一整套相互关联的方针政策"，"为了建设现代化的社会主义强国，任务很多，需要做的事情很多，各种任务之间又有相互依存的关系，……不能顾此失彼。"[①] 这也就是说，首先，要正确处理好经济与社会发展的关系，包含经济和社会全方位的建设，不能顾此失彼。其次，在经济社会全面发展中，要突出两个文明共同进步的特点，把精神文明建设作为现代化建设的重要组成部分，在建设高度物质文明的同时，建设高度的精神文明。

3. 实施可持续发展，推动社会全面进步，是坚持党的基本路线的要求。

邓小平同志认为，我们搞社会主义才几十年，还处在初级阶段。党在这个阶段的基本路线是："领导和团结全国各族人民，以经济建设为中心，坚持四项基本原则，坚持改革开放，自力更生，艰苦创业，为把我国建设成为富强、民主、文明的社会主义现代化国家而奋斗。"还说，基本路线

---

① 中共中央文献编辑委员会：《邓小平文选》第2卷，人民出版社，1983年，第249—250页。

要管一百年，动摇不得。在这条基本路线里面，从主要内容，即"一个中心，两个基本点"，到依靠的力量（全国各族人民）和方法（自力更生，艰苦创业），最后到总目标（富强、民主、文明），都贯穿着经济和社会，物质文明和精神文明的全面发展。它不仅要求我们搞好经济建设，大力发展生产力，不断提高人民的物质生活水平，而且要坚持两个基本点，把改革开放与坚持四项基本原则结合起来；不仅要坚持建设经济繁荣的强国，而且要建设政治民主、精神文明的全面发展的社会主义强国。所以，实施可持续发展战略是贯彻执行党的基本路线的要求。离开可持续发展和社会的全面进步，就意味着从根本上抽掉了党的基本路线的灵魂，这条基本路线也就失去了存在的价值。

二、创造性地揭示了可持续发展的特点

在邓小平同志建设有中国特色的社会主义理论体系中，包含着极为丰富的可持续发展的思想。他创造性地揭示了可持续发展的特点和规律，概括起来主要体现在"三性"上。

1. 全面性。

传统的发展观是一种单纯追求经济增长的片面发展观，这种发展观只重视现在而忽视未来，重视局部而忽视全局，重视物质文明建设而忽视精神文明建设和生态平衡对人类发展的重要性。而邓小平发展观与此相反，是一种崭新的、全面的发展观。它确立了经济、政治、文化、自然"四位一体"全面发展的新观念。邓小平同志不仅揭示了可持续发展的全面性的特征，而且把它运用到社会主义建设上，指出社会主义社会是一个全面的持续发展的社会。邓小平同志所说的全面发展，就是指整个社会的经济、政治、文化几个方面都得到发展，物质文明和精神文明共同得到进步，要求人们在注重经济发展的同时，也注重社会各项事业的发展，在注重当前发展的同时，也注意未来的发展，从而实现经济和社会的共同进步。因此，社会全面发展的本身就是可持续发展内在的本质要求。也正因为如此，邓小平同志反复强调发展的全面性。如他提出"以经济建设为中心，坚持四项基本原则，坚持改革开放，形成'一个中心，两个基本点'的战略布局"，接着又提出"两个文明一齐抓，两手都要硬"的根本方针，从

而确定了以经济建设为中心，推动社会全面发展的总思路。从党的十一届三中全会以来的十几年里，邓小平同志反复围绕着社会主义现代化建设和改革，从各方面论述了社会主义发展的全面性。他关于社会主义初级阶段党的基本路线；改革、发展、稳定三者的关系；"两手抓，两手都要硬"的根本方针；全面改革，"三步走"的发展战略；衡量改革正确与否的"三个有利于"标准；加强社会主义民主法制和精神文明建设；实现现代化必须具备的四个前提和四项保证；一部分地区先富起来、最终实现共同富裕；人口、资源、环境等许许多多的论述中都包含着以发展全面性为特点的可持续发展思想。

邓小平同志正是以这种发展观为出发点，引导我们不仅要看到近期的需要，而且必须预见长期的需要。要把局部和全局利益，暂时和长远利益统一起来。我们搞计划，考虑问题，面要宽一点，要瞻前顾后，看远一点。我们"要采取有力的步骤，使我们的发展能够持续、有后劲"①。在邓小平同志这一思想的指导下，我们从新时期的第一个五年计划，即"六五"计划开始，就把长期以来的"国民经济发展计划"改称为"国民经济和社会发展计划"，党的十二大还把建设高度的民主和精神文明建设同翻两番的经济发展战略目标放到同等重要的战略地位。到了党的十二届六中全会又提出了经济、政治、文化全面发展的整体布局。党的十三大提出反映社会全面发展的党的基本路线。1992年邓小平在视察南方的谈话中，又对社会主义社会的全面发展做了深刻的论述。

邓小平同志关于发展全面性的思想并不是主张平均使用力量，搞各个要素的简单凑合，而是坚持重点论和两点论的有机结合。例如，他在谈到社会主义建设时，总是强调以经济建设为中心。他指出，在社会主义国家，一个真正的马克思主义政党在执政以后，一定要致力于发展生产力，建设物质文明。与此同时，还要建设社会主义精神文明。他认为，四个现代化中关键是科学技术的现代化。这不仅丰富和发展了马克思主义关于社会主义必将使全体成员的才能和整个社会都得到全面发展的思想，而且也体现出邓小平同志在推进社会全面发展方面的高超的领导艺术。

---

① 中共中央文献编辑委员会：《邓小平文选》第3卷，人民出版社，1993年，第312页。

2. 协调性。

可持续发展是以协调发展为基本特征的。社会是一个复杂的有机体，需要协调的关系是多方面的，但最关键的是要在两个基本方面上的协调，即协调经济发展与生态环境保护、协调经济发展与社会进步这两大方面。前者关系到自然界的可持续发展，后者关系到社会的可持续发展，正确协调好这两个方面的关系是代与代之间与代内之间持续发展的先决条件。

在我国社会主义建设和改革实践中，邓小平同志十分强调这两方面的协调发展。在人口问题上，他坚持人口增长必须与资源、环境的承载能力相适应。他指出，我国人口多，人多有人多的麻烦，很多问题不容易解决。因为人多对自然的压力就大，在我国最突出的是耕地不足。"我国土地面积大，但耕地很少。耕地少，人口多，特别是农民多，这种情况不是很容易改变的。这就成为中国现代化建设必须考虑的特点。"① 针对这种特点，他认为，一方面必须高度重视土地特别是耕地保护工作，要珍惜和合理利用每寸耕地；另一方面，必须严格控制人口。1986 年他在会见日本首相福田赳夫时指出，"中国对人口的增长实行严格控制，是从我们的切身利益出发的，这是中国的重大战略决策"，这样做"可以使我们更快发展起来"。又说："有少数外国人骂我们的人口政策，他们的真正用心是要中国永远处于不发达状态，中国有中国的情况，中国的人口如果不加控制，到本世纪末就会达到 15 亿，人口的增长会超过经济增长。因此，我们的人口政策是带有战略性的大政策。"这是因为中国社会能否持续发展同控制人口增长的成效有密切的关系，因此，控制人口增长，使人口增长与经济发展相协调是我国实现社会持续发展的长期战略决策。

在经济与社会发展的关系上，邓小平同志认为，要注意统筹兼顾，协调各方面的关系，促进共同发展。为此，他提出了一系列的"两手抓"的思想，强调一手抓物质文明，一手抓精神文明；一手抓经济建设，一手抓法治建设；一手抓改革开放，一手抓打击犯罪、惩治腐败，等等，并反复强调"两手都要硬"。不能一手硬，一手软。在处理两个文明关系上也十分强调协调发展。他认为，过去很长一段时间，我们忽视了发展生产力，所以现在我们要特别注意建设物质文明，把建设物质文明作为我国社会主

---

① 中共中央文献编辑委员会：《邓小平文选》第 2 卷，人民出版社，1983 年，第 163－164 页。

义现代化建设的根本任务，作为发展的中心、重点。同时，他又认为，要建设中国特色社会主义，不但要有高度的物质文明，而且要有高度的精神文明，在任何时候、任何情况下，都不能用牺牲精神文明作为代价来换取经济发展。精神文明搞不好，物质文明建设也要受破坏，会走弯路。他还针对社会上存在拜金主义、享乐主义、极端个人主义和腐败行为，以及新中国成立初期已经绝迹的诸如吸毒、赌博、嫖娼等丑恶现象又死灰复燃的严峻形势，反复强调要加大力度抓社会主义精神文明建设，否则社会就会变质。

3. 规律性。

邓小平同志通过总结新中国成立以来经济建设正反两方面的经验，深刻揭示了可持续发展的规律性。他认为，可持续发展这种运动状态不是直线性的，不可能只有连续性而没有间断性，不存在只是直线上升而没有波浪起伏。它的自身发展是有规律性的，这种规律表现为波浪式前进，从哲学上讲就是连续性与间断性的统一。所以他指出，我们经济发展规律性还是波浪式前进。

邓小平同志还认为台阶跳跃是波浪式发展的重要形式，这就是他所说的"过几年有一个飞跃，跳一个台阶，跳了以后，发现问题及时调整一下，再前进"[①]。为了遵循这一发展规律，不断实现台阶跳跃，邓小平同志强调要把抓住机遇、加速发展、讲究效益三者有机结合起来。关于抓住机遇，他指出，和平与发展是时代的主题，我们必须充分利用现在有利的国际环境来发展自己，实行对外开放，加强国际交往，借鉴发达国家所取得的一切文明成果来发展自己，只有实行对外开放，在参与国际交往和竞争中，才能实现我国社会的持续发展。邓小平同志高度重视发展速度，他把发展速度同社会主义联系起来，指出，贫穷不是社会主义，发展太慢也不是社会主义，社会主义优越性在于比资本主义更高的发展速度。持续、快速、健康的发展是社会主义的本质要求，所以社会主义国家就要抓住机遇加速发展自己。同时邓小平同志认为，这种跳跃式的调整发展又是讲求效益的。他指出："我国的经济发展，总要力争隔几年上一个台阶。当然，

---

① 中共中央文献编辑委员会：《邓小平文选》第 3 卷，人民出版社，1993 年，第 368 页。

不是鼓励不切实际的高速度，还是要扎扎实实，讲求效益，稳步协调地发展。"①

正是由于邓小平同志重视"机遇、速度、效益"三者的辩证统一，正确处理好速度与效益、台阶跳跃与治理整顿、跳跃与稳定的关系，正确地把握可持续发展的规律，从而为我国实施可持续发展战略指明了正确的前进方向。

三、正确解决了我国实施可持续发展的基本途径

邓小平同志认为，要切实实现可持续发展战略，促进社会全面发展，除了提高认识，掌握其规律外，还必须结合各国各地区的实际，采取有效的途径加以解决。他认为，从我国国情出发，主要抓好以下六个方面。

1. 大力发展科技教育事业。

可持续发展是科学技术能力，政府调控行为和社会公众参与"三位一体"的复杂工程。而在这"三位一体"中，科技又处于关键的地位，因为只有发展科技教育，才能为认识和实施可持续发展战略这两个方面提供强有力的智力支持，所以邓小平同志高度重视科技教育的作用。他提出：科技是第一生产力，四个现代化中关键是科学技术的现代化，科技教育是现代化建设的战略重点。他特别强调高科技的作用，主张中国要在高科技领域占有一席之地。同时他还认为，科技发展的基础在教育，教育是一个民族最根本的事业，抓科技必须抓教育，教育要"三个面向"，等等。由于科技教育在可持续发展、促进社会全面进步中所起的特殊作用，因而党中央根据邓小平同志这一重要思想，提出了"科教兴国"的战略，这一战略的落实对我国实施可持续发展将产生巨大的影响。

2. 严格控制人口增长。

根据历史唯物主义的基本原理，人口对社会发展虽然不起决定作用，但其基数、密度和增速对社会经济的发展可以起促进或延缓的作用。而由于我国是世界第一人口大国，数量多，增长快，长期以来严重制约着我国经济社会发展和人民生活水平的提高，所以邓小平同志认为，这是我国的

---

① 中共中央文献编辑委员会：《邓小平文选》第3卷，人民出版社，1993年，第375页。

一个基本国情，必须大力加强计划生育工作，严格控制人口的增长，并把它列入基本国策。

邓小平同志除了重视控制人口增长外，还十分关心与此相联系的提高人口质量和劳动就业等问题。他指出，我们国家国力的强弱、经济发展后劲的大小，越来越取决于劳动者的素质，取决于知识分子的数量和质量。又说，由于人口过多，我国社会长期面临着一个就业不充分的问题，"解决这类问题，要想得宽一点，政策上应该灵活一点"，"要广开门路，多想办法，千方百计，解决问题"①，等等，都是从根本上为了解决我国的可持续发展。

3. 合理利用资源，保护自然环境。

可持续发展也是一种崭新的文明观，它摒弃了过去"人类中心主义"的立足点，不再从人类自身的狭窄利益看待自然界，而是从更高的境界和更广阔的视野把人类和环境、社会发展和生态发展融合在一起。邓小平同志正是基于这种认识，提出合理利用资源、坚持开发与节约并用的方针。他认为，这对我国国情来说显得更为重要，因为我们国家地大物博，资源丰富，这是实现现代化的优越条件，但也要看到，很多资源还没有勘探清楚，没有开采和使用，所以还不是现实的生产资料。土地面积广大，但是耕地很少，这是制约我国经济可持续发展的一个重要原因，而且在资源开发中也存在着很大浪费，所以要把开发和节约、利用和保护有机结合起来。他还以煤炭为例，说明节约资源的重要性，他说："开发煤炭，首先应当做也必须做的，是要提高洗煤比重。现在我们只占百分之十几，日本、美国占百分之九十以上。仅此一项，我们现在每年就要丢掉好几个亿。"所以他提出，对那些浪费电力和原材料的企业，要关一批，行动要坚决。

对自然环境的保护是处理好人和自然关系的一个中心环节。地球是人类的家园，我们既要充分享受地球给人们的权利，又要自觉地承担爱护和保护好地球自然资源及生态环境的义务和责任，特别是要保护好不可再生资源，保护地球生物的多样性和生态系统的良性循环。这是实施可持续发展的重要条件。基于这种认识，邓小平同志指出，自然环境的保护与经济

---

① 中共中央文献编辑委员会：《邓小平文选》第 2 卷，人民出版社，1983 年，第 164 页。

建设一样，"都很重要"。他还特别强调祖国的绿化事业，不仅号召全国人民"植树造林，绿化祖国，造福后代"①，而且还亲自带头参加义务植树活动。他的这种理论和实践对我国实施可持续发展将产生重大的推动作用。

4. 合理调节社会分配，逐步实现共同富裕。

实现共同富裕，解决代际和代内的公平问题，这是可持续发展最根本的要求，也是社会主义优越性最基本的体现。对此，邓小平同志给予高度重视，并且为解决这个问题提出了一系列的举措，如"三步走"发展战略目标，第一步就是使全国人民摆脱贫困，解决温饱，逐步实现小康，再向更高的水平迈进。他还提出先富帮后富的政策。他说，现在农村还有几千万人温饱问题没有完全解决，国家要帮助这些贫困地区发展起来，而且要通过先富起来的地区多交点利税和技术转让等方式支持贫困地区的发展。他还提出要合理调节社会分配关系，避免两极分化，缩小地区间的差别，促进区域之间、城乡之间和各民族之间的共同繁荣和进步。

5. 采取有力措施，加强各民族的团结。

实施可持续发展战略，必须有个国家统一、社会稳定的良好社会环境。我国是个多民族的国家，民族问题直接关系到国家统一、社会稳定、边防巩固，处理好民族问题，加强各民族之间的团结，就会为我国实施可持续发展战略，促进社会全面进步创造前提条件。

正因为这样，邓小平同志高度重视民族问题，他不仅认为正确处理好民族问题对国家的稳定意义重大，而且认为"中国的资源很多分布在少数民族地区，包括西藏和新疆，如果这些地区开发起来，前景是很好的"②，对国家的经济建设十分有利。为了搞好民族团结，他一方面强调要贯彻正确的民族政策，指出我们的民族政策是正确的，是真正的民族平等，我们十分注意照顾少数民族的利益；另一方面强调要帮助少数民族的发展，指出我们的政策是着眼于把这些地区发展起来，只有这件事情办好了，才能巩固民族团结。由于我们认真贯彻邓小平理论和党的民族政策，所以我国的民族是团结的。正如邓小平同志所指出的：中国一个很重要的特点就是没有大的民族纠纷，从而为我国实施可持续发展战略创造了一个良好的社

---

① 中共中央文献编辑委员会：《邓小平文选》第3卷，人民出版社，1993年，第21页。
② 中共中央文献编辑委员会：《邓小平文选》第3卷，人民出版社，1993年，第247页。

会环境。

6. 加强精神文明建设，提高全民素质。

由于可持续发展是属于科技能力、政府调控和公众参与"三位一体"的复杂工程。它的实现必须正确处理好人与自然、经济与社会、人与人之间的复杂关系，所以，这一战略的实施关键在于提高人的根本素质，而精神文明建设的根本任务就是培养有理想、有道德、有文化、有纪律的"四有"新人，其根本内容就是提高全民族思想道德和文化素质。可见，精神文明建设不仅是可持续发展的重要内容，而且是可持续发展的重要保障，它不仅能为可持续发展提供智力上的支持，而且能为可持续发展提供良好的道德基础和方向上的保证。因此，加强精神文明建设，提高全民素质是实施可持续发展的关键。

正是因为加强社会主义精神文明建设对实施可持续发展战略关系极大，所以邓小平同志反复强调加强精神文明建设。他指出：我们要在建设高度的物质文明的同时，建设高度的精神文明。社会主义现代化事业是两个文明共同进步的事业，两个都搞好，才是有中国特色的社会主义。同时，他不断总结党的十一届三中全会以来的实践经验，对精神文明建设的战略地位、根本目标、指导思想、思想建设、道德建设、教育科学文化建设、民主法治纪律教育和党对精神文明建设的领导等做了一系列论述，从而比较系统地形成了邓小平关于精神文明建设的理论体系，从理论到实践上都为我国实施可持续发展战略，促进我国社会的全面发展做出了巨大贡献。

（原载《广西学术论坛》1998 年第 5 期）

"三个代表"重要思想的新贡献

马克思主义是发展的科学，与时俱进、不断创新是它永不衰竭的生命力所在。"三个代表"重要思想，正是在世纪之交的关键时期，针对国内外新的形势、新的问题提出的，充分体现了马克思主义与时俱进的理论品质，是马克思主义理论最新的发展成果，特别是对马克思主义科学生产力论做了重大创新。

一、科学地阐明了新的历史条件下的先进生产力

江泽民同志在《论"三个代表"》一书中指出："在新的历史条件下，我们党如何更好地做到这'三个代表'，是一个需要全党同志特别是党的高级干部深刻思考的重大课题。"要回答这个需要全党"深刻思考的重大课题"，首先要清楚这个新的历史条件下的先进生产力是指什么。对此，我们只要认真研读江泽民同志在这个问题上的全部重要文章，就可以看到他十分强调以高新科技为代表的先进生产力。为什么这样说呢？

第一，江泽民同志"三个代表"是2000年2月在广东考察期间提出来的，而那次调研主要是围绕两个问题：一是党的建设。他指出："要把中国的事情办好，关键取决于我们党"，"能否适应新形势新任务的要求，把我们党建设得更加组织严密、更加行动一致、更加团结有力、更加朝气蓬勃，这关系到党和人民事业的兴旺发达和国家的长治久安"。二是高新技术产业。当时，他视察了深圳高新技术产业园，听取了深圳市的高新技术产业发展情况的汇报，观看了高新技术产品展示，之后他得出的结论是党要代表先进生产力就必须加快发展高新技术产业。

第二，江泽民同志对邓小平同志提出的"科技是第一生产力"的论

断，不仅坚决拥护，认真落实，而且做了深刻阐述。他说："科学技术是第一生产力，科技进步是推动经济社会发展的决定性因素。"并据此提出，要"把经济建设真正转移到依靠科技进步和提高劳动者素质的轨道上"。2001年在"七一"讲话中又提出："科学技术是第一生产力，而且是先进生产力的集中体现和主要标志。"同时，在此基础上强调发展科技必须发展高新科技产业。他指出，"实现农业现代化，必须采用生物工程等方面的高新技术。特别是大城市近郊的农业，必须加快用高新技术来武装"。"发展经济，必须有高科技的支撑。这几年美国经济比较好，一个重要的原因，就是美国在利用高新技术优化产业结构和产品结构方面，取得了比较明显的成效。"

第三，科学技术是第一生产力，这是邓小平同志总结"二战"以来世界经济和科技发展的经验提出的。那么，在世纪之交，这个科学技术是第一生产力指的是什么？如果这个问题不解决，那么我们党要代表中国先进生产力发展要求就无法落实。为此，江泽民同志在世纪之交密切关注世界形势，及时看到一个新的高科技革命正在到来，这是一个进步潮流，它引起世界形势的变化，推动时代向知识经济社会发展。正是因为这样，他及时地提出把发展高新技术作为先进生产力的集中体现。

江泽民同志强调高新科技在新的历史条件下的先进生产力中的地位和作用，当然不是贬低人和劳动者的地位和作用，人和劳动者仍是生产力中的决定性力量。实际上，科技是第一生产力，高新技术是先进生产力的集中体现同人和劳动者是生产力中的决定性力量，这两个提法不是矛盾的，而是一致的。因为科技的作用同劳动者（包括脑力劳动者和体力劳动者）的作用是不能分开的。科技是劳动者发明、创造和使用的，在科技的作用中内含着劳动者的作用，包含着劳动者的心血。

二、深刻地发展了在新的历史条件下生产力的内涵

我们知道，马克思主义经典作家在讲生产力时，有的将其概括为两要素，即生产工具和劳动者。我国理论工作者在20世纪50年代讨论这个问题时，有人提出"三要素"说，即在上述两要素之外，加上劳动对象，但也没有谈到科技。马克思曾鲜明地指出："生产力中也包括科学。"但那时

科技对生产力的推动作用还不十分明显。到了 20 世纪，特别是七八十年代情况就不同了。据统计，科技进步在发达国家经济增长中的作用在 20 世纪初为 5％～20％，70 年代超过 50％，80 年代为 60％左右。邓小平同志研究了这些情况，敏锐地提出"科技不但是生产力，而且是第一生产力"的科学论断。这是对马克思主义生产力学说和科技理论的新发展。

然而，科技有常规技术和高新技术之分。在高新技术中，又有信息技术、生物技术和其他高新技术之分。在当今时代，如果看不到这些区分，仍然笼统地讲抓科技，不加快发展以信息技术、生物技术为主要标志的高科技生产力和用信息技术、生物技术来改造传统产业，那么，不仅在实践上不利于生产力发展，在理论上也不能认为是做到了代表先进生产力的发展要求。所以，在当代，在新的历史条件下，中国共产党要继续成为先进生产力要求的代表，那就必须积极发挥以信息技术、生物技术为主要标志的高新科技，并用它们来改造传统产业。

江泽民同志敏锐地看到以信息技术和生物技术为代表的高科技革命的形成，看到这个革命带来的形势和时代的发展，及时提出党要顺应世界进步潮流，积极发展以信息技术、生物技术为代表的高科技生产力，并成为这种先进生产力发展要求的代表（这些都是马克思主义经典作家没有讲过的）。如果不这样做，我们党和国家在新的历史条件下，就会被动。1998年 11 月，他在谈到这个高新科技革命时，告诫我们说："一个国家，一个民族，如果不紧紧跟上科技进步的时代潮流，不结合本国发展的实际，努力提高科学技术水平，就会落后，就会陷入极为被动的境地。"

显然，在世纪之交，江泽民同志提出共产党要代表新的历史条件下的先进生产力的发展要求，就是要代表以信息技术、生物技术为主要标志的高新科技生产力发展的要求，从而发展了马克思主义的生产力理论和科技理论。这是对马克思主义的新贡献。

三、全面地发挥了马克思科学生产力的内容

江泽民同志对科学生产力论的创新是一个系统的思想理论，至少包括以下几个方面的内容：

一是阐明了这个理论产生的历史背景。即在世纪之交出现了一个"高

新技术革命"，为生产力的发展打开了广阔前景，对世界政治经济文化产生深刻的影响。这是一个进步潮流，推动社会向知识经济（信息经济）社会发展。江泽民同志指出，面对这种形势，各大国都在制定"21世纪的发展战略"，我们党不能"认识不清，甚至茫然无知"，否则就会落后，处于被动。

二是指明了这个理论的出发点和着眼点。即在上述形势下，我们"必须紧跟世界发展的进步潮流"才能保持党的先进性，巩固自己的执政地位，从而"立于不败之地"。他多次引用中国近代史的教训，指出中国近代以来屡遭西方列强侵略，"除了腐败的政治统治这个原因，经济技术落后是一个重要的原因"。并说，"这个历史教训，我们永远不要忘记"。

三是论述了这个理论的主要内容。第一，信息资源已成为与物质资源同等重要的资源，"其重要作用正与日俱增"。信息技术是经济和社会发展的强大"动力"。第二，我们没有像发达国家那样，待工业完成后再搞信息化，所以必须以信息化带动工业化。第三，高新技术与常规技术要"相互渗透，相互结合"。要用信息技术、生物技术来"改造传统农业、传统产业"。第四，"要引进、消化、吸收国外先进技术，更要增强自主创新能力"。江泽民同志多次指出"不能闭关锁国，要引进技术"，但他更强调"搞科学技术特别是高技术，创新非常重要"，"创新是一个民族进步的灵魂，是一个国家兴旺发达的不竭动力。这是人类历史发展的经验反复证明的客观真理"。还说："没有科技创新，总是步人后尘，经济就只能永远受制于人。"第五，因特网有两种作用，我们要采取积极方针。江泽民同志分析了因特网的积极作用和消极作用（或负面影响）。他指出："对信息网络化问题，我们的基本方针是积极发展，加强管理，趋利避害，为我所用。"为因特网建设指明了方向。第六，"建设强大的民族高技术产业"。强调自主创新，必然带来的一个结论，就是要搞中国人自己的高科技，要搞民族的高科技。第七，"党政第一把手都要亲自抓第一生产力"，"发展高新技术"。江泽民同志指出："各级党委和政府要从战略的高度……把加强技术创新、发展高科技，实现产业化摆上重要议事日程。"又说："各级领导都要自觉站在科技革命的前列，认真学习现代科学技术知识。"强调我们要像当年抓三大战役，后来抓改革开放那样，来抓"发展高科技，实现产业化"。

　　江泽民同志这个新的理论贡献，对我们党和国家有着极其重大的意义。它将使我们在国际竞争中，在两种制度的竞争中，处于主动地位，立于不败之地。同时也将推动我国生产力、经济社会迅速发展，为我国第三步战略目标的实现打下坚实的基础。

（原载福建《政协通讯》2002 年第 4 期）

"三个代表"重要思想与历史唯物主义

"三个代表"重要思想是江泽民同志运用唯物史观研究、总结和指导党的建设的光辉典范，它的科学性、现实性和深刻性，不仅在于准确地把握住了当今我们党所处的时代脉搏，根植于党建丰厚的土壤中，而且还在于它立足于历史唯物论坚实的理论基础上。因此，弄清"三个代表"重要思想与历史唯物论的关系，和全面贯彻"三个代表"有着十分重要的意义。

一、"三个代表"是建立在历史唯物主义理论基石上的创新

江泽民同志在世纪之交的关键时期，提出"三个代表"重要思想，并把党要"始终代表中国先进生产力的发展要求"置于"三个代表"的首要一条。他在今年"七一"讲话中还进一步指出："我们党要始终代表中国先进生产力的发展要求，就是党的理论、路线、纲领、方针、政策和各项工作，必须努力符合生产力发展的规律，体现不断推动社会生产力的解放和发展的要求，尤其要体现推动先进生产力发展的要求，通过发展生产力不断提高人民群众的生活水平。"在这里，江泽民同志不但鲜明而集中地反映了历史唯物论的思想精华，抓住了党的先进性的最深层的现实根据，而且对历史唯物主义关于科学生产力论做了重大创新。

1. 深刻阐发了科学生产力的内涵。

江泽民强调，首先，作为中国先进的生产力应有纵向和横向的双重、动态的定位坐标。从纵向看，是指我国今天相对于昨天生产力的发展与进步；从横向看，则要求我们要着眼于赶超当今世界的先进生产力，而且要从中国实际出发，不能完全脱离中国的现实。其次，中国先进社会生产力

的发展要求，不仅是指某个地区或行业的生产力的发展，而且包括指导生产、协调经济发展的全局观点、战略眼光和社会效益，以及防范发展的失衡、畸形与浪费等要求。

2. 解决了新的历史条件下什么是先进生产力的问题。

马克思在谈到生产力时，曾鲜明指出："生产力中也包括科学。"但那时科技对生产力的推动作用还不十分明显。到了 20 世纪，特别是七八十年代情况就不同了。据统计，科技进步在发达国家经济增长中的作用在 70 年代超过 50％，在 80 年代为 60％左右。邓小平同志正是研究了这些情况，提出"科技不但是生产力，而且是第一生产力"的观点。

但是邓小平成为第二代领导集体的核心，主要是在 20 世纪七八十年代。当时信息网络还没有大的发展，世界电子商务迅速发展是最近几年的事。正如江泽民同志所说：信息网络化大发展时期是在 20 世纪 90 年代。江泽民同志正是敏锐地看到以信息技术为代表的高科技革命的形成，看到了这个革命带来的形势和时代的发展，及时提出党要顺应世界进步潮流，积极发展以信息技术、生物技术为代表的高科技生产力，党要代表先进生产力发展的要求，在新的历史条件下就是要代表以信息技术、生物技术为主要标志的高科技生产力发展的要求，这显然是对马克思主义的生产力理论和建党学说的重大创新。

3. 江泽民对以信息技术、生物技术为主要标志的高科技生产力的发展要求提出了较为系统的理论。

诸如："信息资源已成为与物质资源同等重要的资源，其作用与日俱增"；"以信息化带动工业化，努力实现我国社会生产力的跨越式发展"；"高新技术与常规技术要相互渗透、相互结合"；"要用信息技术、生物技术来改造传统农业、传统产业"；"要引进、消化、吸收国外先进技术，更要增强自主创新能力"；"对信息网络化问题，我们的基本方针是积极发展，加强管理，趋利避害，为我所用"；"要建立强大的民族高新技术产业"；"党政第一把手都要亲自抓第一生产力"，各级党政"要把加强技术创新，发展高科技，实现产业化摆上重要议事日程"，等等。这些理论丰富和发展了马克思主义科学生产力论的内容。

二、"三个代表"是对历史辩证法的深刻反映与发展

历史唯物论是唯物辩证法的历史观。它在肯定历史过程中的决定因素归根到底是现实生活的生产和再生产的同时，也十分重视社会意识对社会存在，社会的政治和文化上层建筑对社会的经济基础和生产力的反作用，重视精神动力在社会发展中的重要作用。恩格斯曾一再强调，经济因素并不是唯一决定的因素，决定历史发展的还有上层建筑的各种因素，比如政治的、法律的和哲学的理论，宗教的观点及它们向教义体系的进一步发展，甚至那些存在人们头脑中的传统，也起一定的作用，这里表现出的是一切因素间的交互作用。他还指出："如果有人在这里加以歪曲，说经济因素是唯一决定性的因素，那么他就是把这个命题变成毫无内容的、抽象的、荒诞无稽的空话。"①

邓小平同志在领导我国社会主义现代化建设的过程中，十分重视这种辩证的历史观，改革开放初期，邓小平同志就明确指出："我们要在建设高度物质文明的同时，提高全民族的科学文化水平，建设高度的社会主义精神文明。"② 随着改革开放的深入发展，他又反复强调，物质文明和精神文明要"两手抓，两手都要硬"，两个文明都搞好才是有中国特色的社会主义。又说："不加强精神文明建设，物质文明的建设也要受损坏，走弯路。"③

江泽民提出的"三个代表"重要思想，是我们党在新的历史条件下以历史唯物论为指导，对历史辩证法思想的继承和发展。

1. 深刻反映了社会意识能动性原理。

江泽民同志"三个代表"重要思想的第一条立意，是突出生产力的作用，但不是孤立地讲党要"代表生产力"和"生产力的发展"，而是强调党要代表生产力"发展的要求"。这里所讲的"发展要求"，就是指为社会生产力发展所"要求"的生产关系（包括基本经济的制度与体制）、社会

---

① 中共中央马克思恩格斯列宁斯大林著作编译局：《马克思恩格斯选集》第4卷，人民出版社，1995年，第695页。

② 中共中央文献编辑委员会：《邓小平文选》第3卷，人民出版社，1993年，第156页。

③ 中共中央文献编辑委员会：《邓小平文选》第3卷，人民出版社，1993年，第144页。

经济政策和包含文化事业在内的其他一切必要的社会条件。

2. 高度评价先进文化的能动作用。

江泽民同志在"七一"讲话中指出:"三个代表"要求,"是我们党的立党之本、执政之基、力量之源","是不断夺取建设有中国特色社会主义事业新胜利的根本要求"。他说:"坚持什么文化方向,推动建设什么样的文化,是一个政党在思想上精神上的一面旗帜。"这样,江泽民同志就把社会主义文化建设从党所领导的一个重要方面工作,提高到事关党的性质、宗旨和根本任务,事关社会主义大业兴衰成败,事关中华民族前途命运的本质层次上来。这是鉴于科学、教育、文化和思想道德在当代生产力的发展,以及社会全面进步中所占有日益重要的地位与作用而得出的重大理论的提升。从这种认识的高度来肯定和弘扬先进文化的能动作用,这在马克思主义发展史上还是首次。

3. 对如何正确发挥先进文化的能动作用做了全面阐述。

江泽民同志的"七一"讲话,不仅在"三个代表"重要思想的第二条强调了"先进文化"对社会发展的巨大能动作用,而且对如何正确发挥这种能动作用做了全面阐明,认为必须坚持以下几个"统一":

一是精神文明与物质文明的统一。江泽民同志指出:"社会主义社会是全面发展、全面进步的社会。社会主义现代化事业是两个文明相辅相成、协调发展的事业,全党同志必须全面把握两个文明建设的辩证关系。"

二是立足现实和着眼世界的统一。江泽民同志指出:"要坚持以马克思列宁主义、毛泽东思想、邓小平理论为指导,立足于建设有中国特色社会主义的实践,着眼于世界科学文化发展的前沿。"只有这样,才能更好地为我国经济发展和社会进步提供精神动力和智力支持。

三是思想政治素质和科学文化素质的统一。江泽民同志指出,这两方面的素质是有机统一、互相促进的。如果片面强调某一方面,而忽视另一方面,都违背培养"四有"新人、全面发展的要求。

四是主旋律与多样化的统一。江泽民同志强调,我们要发展社会主义先进文化,必须坚持马克思主义为指导,坚持"二为"方针,唱响主旋律,打好主动仗;同时,又要实行"双百"方针,提倡多样化,使社会主义文化生活丰富多彩,满足人民群众多层次的精神文化需要,从而激发广大人民群众建设有中国特色社会主义的积极性。

五是德治与法治的统一。江泽民同志指出："要把依法治国同以德治国结合起来，为社会保持良好的秩序和风尚营造高尚的思想道德基础。"只有使两者互相结合、紧密配合，才能激发广大群众为振兴中华而不懈奋斗。

六是科学精神与人文精神的统一。这里所说的人文精神的核心是指社会主义和共产主义的世界观、人生观和价值观。科学精神的核心是指实事求是，是务实、求真、创新。能否坚持这二者的统一，对于提高全民族的整体素质至关重要。

三、"三个代表"是对人民主体论的继承与提升

人民群众是历史的创造者，这是历史唯物主义的一个基本观点。唯物史观并不是简单笼统地认为所有活动着的人都是人类历史的创造者，因为人的活动包含着各种不同的社会倾向，经常发生矛盾和冲突，对历史发展的作用也不尽相同，只有那些真正推动而不是阻碍着社会历史进步的人才称得上是历史的创造者。人类社会的历史，从本质上说是物质生产实践的发展史，也就是物质生产实践的承担者——人民群众的历史。可见，体现着社会历史本质的人民群众才是真正的历史创造者，只有通过人民群众的实践，才能实现推动社会历史的发展。一个政党要想在历史上有所作为，就必须与人民群众建立血肉联系；得到人民群众的支持和拥护，紧密依靠人民群众的力量去实现历史发展的目标，否则将一事无成。

我们党自成立之日起就十分重视人民群众的作用，毛泽东同志早就指出："人民，只有人民，才是创造世界历史的动力。"[1] 并把全心全意为人民服务作为中国共产党的唯一宗旨，号召全党树立群众观点，走群众路线。邓小平同志在 1992 年视察南方的谈话中也进一步提出以人民"高兴不高兴，满意不满意，赞成不赞成，答应不答应"作为制定和推行路线方针政策的出发点和归宿，以"三个有利于"作为最终判断是非得失的根本标准，这就赋予了为人民服务的新内涵。江泽民同志正是在世纪之交总结了中国共产党诞生 80 周年历史经验的基础上，提出的"三个代表"重要思

---

① 毛泽东：《毛泽东选集》第 3 卷，人民出版社，1966 年，第 932 页。

想，要求"我们党要始终代表中国最广大人民的根本利益"，其内涵就是"党的理论、路线、纲领、方针、政策和各项工作，必须坚持把人民的根本利益作为出发点和归宿，充分发挥人民群众的积极性、主动性和创造性，在社会不断发展进步的基础上，使人民群众不断获得切实的经济、政治、文化利益"，从而继承和发展了人民群众是历史主体的思想，主要有如下几个方面：

1. 从科学形态上把人民群众主体性与党的先进性、历史发展的规律性有机结合起来。

江泽民同志把"三个代表"看作"一个统一的整体"，指明"三个代表"的前两条是实现第三条的基础条件，而第三条又是先进生产力和先进文化的创造主体，是第一条、第二条的根本目的。江泽民同志指出："任何时候我们都必须坚持尊重社会发展规律与尊重人民历史主体地位的一致性，坚持为崇高理想奋斗与为最广大人民利益一致性，坚持完成党的各项工作与实现人民利益的一致性。"

2. 从利益三维结构上提示了社会主义利益原则的丰富内容。

从利益的主体结构上看，它包括工人阶级利益、劳动人民利益、一切公民的合法利益；从利益层次上看，它包括经济利益、政治利益和文化利益。其中，经济利益是基础，政治利益是本质，文化利益则是前两者的表现。党首先要考虑和满足最大多数人的利益要求，而特别是基本的经济、政治利益；从利益的结构上看，它包括局部的、眼前的和全局的、长远的利益，而后者又是高于一切的。

3. 第一次提出"有中国特色社会主义事业的建设者"的新概念。

江泽民同志在"七一"讲话中围绕着我国社会各阶层的新变化、新发展的情况明确指出，"改革开放以来出现的民营科技企业创业人员和技术人员，受聘于外资企业的管理技术人员、个体户、私营企业主，中介组织的从业人员，自由职业人员等社会阶层，他们通过诚实劳动和工作，通过合法经营，为发展社会主义社会的生产力和其他事业做出了贡献，他们也是有中国特色社会主义事业的建设者"。江泽民同志提出这一概念在理论上大大丰富了我国"人民"概念的内涵，而在实践上，对我们认清现阶段中国社会结构的现状和变化的趋势，团结最广大的人民共同推进民族复兴的伟业关系极大。

四、全面而自觉地贯彻"三个代表"重要思想，必须从唯物史观高度处理好三个方面关系

1. 历史唯物论与历史辩证法的关系。

马克思主义认为，科学的唯物史观内含着历史唯物论和历史辩证法的高度统一，两者相互交融、密不可分。

任何政党在社会历史舞台上活动和在面对现实的各项工作中，所遇到的最重要和最基本的关系也是社会存在与社会意识（思想文化）、生产力与生产关系、经济与政治、个人与社会的关系，等等。但归结起来，就是社会物质方面与社会精神方面的关系，在这两者关系中始终贯穿着历史唯物论与历史辩证法。中国共产党建党80多年来的实践证明，当我们党对这种关系处理得好时，党和人民的事业就兴旺发达，并取得长足的进步，而处理得不好时，我们的事业就受到严重的挫折。

江泽民同志提出的"三个代表"重要思想，认真总结了正反两个方面的历史经验，既体现了突出生产力和经济因素之基础性作用的科学生产力论、社会存在决定社会意识等历史唯物论的基本原理，又包容着高度重视社会精神因素的能动性、社会意识对社会存在的巨大反作用等在内的历史辩证法，是反对和克服上述两种偏颇的思想结晶。因此，我们要全面掌握和自觉地坚持"三个代表"重要思想，就必须正确处理好历史唯物论和历史辩证法的关系。

2. 党的先进性和群众性的关系。

这两者的关系也是唯物史观的重要内容。我们党是工人阶级的政党，是团结、领导工人阶级和人民群众破坏旧世界、建设新社会的革命党，因此，保持其工人阶级先锋队的先进性是首要的，否则就失去了存在的资格，更无从谈起去承担伟大的历史使命。同时，党领导的事业又是前无古人、今无现成模式的伟大而艰巨的事业，需要日益广泛的群众性作为基础，否则也就完不成宏伟大业。江泽民同志强调，党的一切工作，必须以最广大人民的根本利益为最高标准，必须"始终坚持一切为了群众、一切依靠群众的根本观点，坚持党的群众路线"。而且还第一次提出新时期"不断增强党的阶级基础和扩大党的群众基础"的科学论断。强调我们在

全心全意依靠工人阶级、进一步巩固自己的阶级基础的同时，还必须把社会各阶层的最广大人民群众团结在自己的周围，形成最广泛的群众基础，只有这样，我们的党才能代表最广大人民的根本利益，才能真正保持党的先进性，"始终成为中国工人阶级的先锋队，同时成为中国人民和中华民族的先锋队"。因此，我们只有深刻了解历史唯物主义基本原理，正确处理好党的先进性和群众性的关系，才能更好地贯彻执行"三个代表"精神。

3. 社会主义现实政策与宣传共产主义远大理想的关系。

历史唯物主义揭示了人类历史发展的规律性，指出社会主义代替资本主义，最终实现共产主义是历史发展的必然，所以我们把追求共产主义远大理想作为我们最终的奋斗目标。

江泽民同志认真总结了过去我们党在处理社会主义现实政策与追求共产主义远大理想关系中存在的经验教训，更深刻、更精辟地阐明了两者的辩证关系。他说："过去我们对这个问题的认识比较肤浅、简单。经过这么多年的实践，现在，我们对这个问题的认识要全面和深刻得多了。"并强调指出"我们是最低纲领与最高纲领的统一论者"，"全党同志既要树立共产主义的远大理想，坚定信念，以高尚的思想道德要求和鞭策自己，更要脚踏实地地为实现党在现阶段的基本纲领而不懈努力，扎扎实实地做好现阶段的每一项工作。忘记了远大理想而只顾眼前，就会失去前进的方向；离开现实工作而空谈远大理想，就会脱离实际"。由此可见，江泽民"三个代表"重要思想包含和体现了上述两者辩证统一的真谛。我们只有坚持这种高度的统一，才有可能全面把握和自觉地贯彻"三个代表"重要思想，为建设有中国特色的社会主义做出应有的贡献。

[原载《福建论坛（人文社科版）》2001 年第 6 期，被中国人民大学复印报刊资料《哲学原理》2002 年第 2 期转载]

"三个代表"重要思想是转型期
理想信念建设的强大思想武器

江泽民同志提出的"三个代表"重要思想是对新形势下党的性质、宗旨和根本任务做出的最新的科学概括，集中体现了当代中国共产党人的理想境界。它不仅是我们在新世纪加强党的建设的伟大纲领，也是理想信念建设的强大武器，尤其是我国正处于由社会主义市场经济的建立所推动的社会转型时期，各种思想相互激荡，人的思维方式和价值观念也在发生着深刻而巨大的变化。在这种情况下更需要以"三个代表"为武器，加强理想信念建设。

一、转型期理想信念建设面临着严峻的挑战

社会转型，是指人类社会由一种存在类型向另一种存在类型的转变，意味着整个社会系统内在结构的变迁，是社会生产方式、生活方式、心理结构、价值观念等各方面发生全面而深刻的革命性变革。在当代，对于包括中国在内的所有发展中国家来说，社会转型是指在特定的国际环境中由某种非市场经济社会向市场经济社会的转变，也就是指由传统社会向现代社会，由农业文明向工业文明的过渡。

转型期对理想信念建设带来新的机遇和严峻的挑战。由于中国是"后发展"国家，是属"追赶型"的，与"先发展"的西方主要资本主义国家相比，所遇到的问题要尖锐复杂得多。

一方面，正如党的十四届六中全会所指出的："我国的实践已经证明，发展社会主义市场经济有利于解放和发展社会主义社会的生产力，增强社会主义国家的综合国力，提高人民的生活水平，也有利于增强人们的自立

意识、竞争意识、效率意识、民主法制意识和开拓创新精神，使社会主义的优越性进一步发挥出来。"这样，有中国特色的社会主义事业的大发展，就为迈向共产主义创造了物质条件，提高了人民对实现社会主义和共产主义的信心，从而也为现今我们的理想信念建设提供了新的发展机遇。

另一方面，也要清醒看到，就国际而言，随着世界政治多极化在曲折中发展，经济全球化步伐加快，信息网络化迅速发展，西方的价值观、生活方式、精神文化将伴随着经济产品渗透到我们的思想意识和社会生活的各个方面，潜移默化地影响着人民大众。而国内在改革开放的条件下，社会情况也发生了复杂而深刻的变化，经济成分和经济利益多样化，社会生活方式多样化，社会组织形式多样化，就业岗位和就业方式多样化。这种多样化势必带来一系列如思想认识、价值观念和思维方式的多样性。市场经济的建立和发展，其存在的弱点和负面影响，反映到人们的思想意识和人际关系上就容易诱发自由主义、分散主义、拜金主义、享乐主义、利己主义，从而使党内消极腐败现象不断滋生，社会上一些丑恶现象死灰复燃。同时，随着改革开放的深入，西方资产阶级腐朽思想文化不断入侵，并与历史上遗留下来的封建主义残余相结合，严重毒害人们的思想。

转型期正是由于这些因素的相互影响和作用，使一些人对于马克思主义科学真理产生了某种疑惑，对社会主义经过长期发展最终必然战胜资本主义的信念产生了动摇，对建设有中国特色的社会主义缺乏信心。有的人沉湎于花天酒地或到封建迷信中寻找精神寄托，有的人在各种诱惑面前随波逐流，极少数由于背离正确的理想信念堕落为腐败分子。所有这些，都给我们的思想政治工作和理想信念建设带来严峻的挑战。实践深刻地告诉我们，在转型期以"三个代表"为指导，加强理想信念建设有其必要性、重要性和紧迫性。

二、"三个代表"为转型期理想信念建设指明了前进的方向

江泽民同志指出，"三个代表"重要思想的要求，即始终代表中国先进生产力的发展要求、代表中国先进文化的前进方向、代表中国最广大人民的根本利益，是我们党的立党之本、执政之基、力量之源。因此，它不仅为全面加强党的建设提供了正确的指导思想，也为我们进行理想信念建

设指明了前进的方向。

1. "三个代表"从社会发展规律的高度，深刻揭示了我们理想信念先进性的客观基础。

我们理想信念的提出和实现是先进生产力发展的必然产物。马克思主义哲学认为，人类社会的基本矛盾，是生产力和生产关系之间的矛盾，上层建筑和经济基础之间的矛盾。社会主义代替资本主义，最后实现共产主义理想正是这一社会基本矛盾运动的结果，这也是"三个代表"为之奋斗的根本目标。"三个代表"还为我们党指明了保持自己先进性、实现理想信念的根本途径。这就是深入了解生产力的性质，及时而正确地提出解决不同时期解放和发展生产力的任务、途径、手段和方针政策，保护和促进生产力的不断发展，并充分认识生产力发展的要求和规律，自觉地调整和完善生产关系，自觉地改革经济基础和上层建筑中不相适应的部分，使之始终处于对不断发展着的先进生产力的动态适应状况。只有这样，我们才能逐步实现远大的理想。正是因为我们这样做，我们党领导的社会主义革命和建设，以及当今的改革开放的实践，才能从根本上改变中华民族的命运，使建设有中国特色的社会主义在世界低潮中腾飞而起。也正因为这样，马克思主义诞生以来，社会主义从空想到科学，从一国实践到多国实践，从革命到建设，开辟了人类社会进步的崭新道路，改变了整个世界的面貌。

然而，社会主义代替资本主义，实现共产主义理想绝不是一帆风顺、一蹴而就的，相反，必须经过长期复杂的发展过程。所以，东欧剧变，苏联解体和世界社会主义运动处于低潮，绝不意味着改变社会历史发展的基本规律。这样，"三个代表"就把我们的理想信念建立在科学的基础上，从而为我们理想信念建设打下坚实的客观基础。

2. "三个代表"从时代进步的高度，深刻揭示了我们理想信念的理论基础。

作为代表先进文化前进方向的中国共产党，不仅是人类优秀文化遗产的继承者，而且是新时代文化的创新者，这种先进文化的生命力就在于能科学地揭示社会发展的规律，指明人类社会的发展方向，为人类社会的进步和我们实现理想信念提供精神动力、思想保证和智力支持。在先进文化的建设中，我们党历来重视思想理论建设，坚持马列主义、毛泽东思想、邓小平理论的指导地位；坚持不断研究新情况、新问题，增强马克思主义理论的说服力和战斗力；坚持党对文化战线的领导，以科学的理论武装人，以正确的舆论引导人，以高尚的精神塑造人，以优秀的作品鼓舞人；坚持以马克思主义理论为武器同各种错误观点进行坚决的斗争，抵御西方资产阶级腐朽思想、价值观及生活方式的侵蚀，反对封建迷信和伪科学的思潮，扫除一切消极、颓废、落后和阻碍社会前进的反动文化与毒害人民的精神文化垃圾；坚持加强党的建设，推进在广大党员和先进分子中以培养共产主义为共同理想，在广大公民中以培养建设中国特色社会主义为共同理想，提高整个中华民族的思想道德素质和科学文化素质，充分调动广大干部群众的积极性和创造力，紧紧围绕着经济建设这个中心，为先进生产力发展服务；坚持继承和发扬中华民族优秀传统文化，积极借鉴和吸收世界各国，包括西方主要发达资本主义国家所取得的优秀文化成果，创新和构建适应社会主义市场经济发展的文化体系，从而为我国理想信念建设奠定雄厚的思想理论基础。

3. "三个代表"从民意民心的高度，深刻揭示了我们理想信念建设的群众基础。

历史唯物主义认为，人民群众是改造自然和改造社会的主体，是推动社会历史发展的根本力量，是历史的创造者。反映人民群众的愿望，代表人民群众的根本利益是我们理想信念建设的出发点和归宿点。而代表最广大人民的根本利益不仅是"三个代表"科学内涵之一，而且是"三个代表"的出发点和归宿点。

"三个代表"从党的性质和奋斗目标的客观基础、理论基础、群众基础几个方面说明理想信念建设的意义、途径和方法，从而为转型期理想信念建设指明了前进的方向。

三、转型期理想信念建设必须以"三个代表"为指导

根据"三个代表"的要求和我们调研的实践经验，在转型期，以"三个代表"为指导，加强理想信念建设，必须坚持"五个结合"：

1. 坚持先进性与广泛性相结合。

根据"三个代表"的阶段性和理想信念层次性的要求，我们在理想信

念建设中，必须坚持把先进性的要求与广泛性的要求结合起来。对于共产党员和积极分子必须努力做到：胸怀共产主义远大理想，带头执行党纪国法，勇于开拓进取，无私奉献。而对于广大人民群众的要求，要从社会主义初级阶段出发，把建设中国特色社会主义作为共同理想。如果我们不对共产党员、积极分子提出先进性的要求，就有背离社会主义和共产主义方向的危险；如果不注意广泛性，搞"一刀切"，就有脱离多数群众的危险。所以，只有把二者结合起来，提出不同的要求，对症下药，才会增强我们理想信念建设的针对性和实效性。

2. 坚持学习和改造相结合。

"三个代表"和我们的理想信念是真理与价值的统一。它们一方面深刻揭示了社会发展的规律性，另一方面也反映了共产党员和广大人民群众的最高价值。因此，要使广大人民群众相信和拥护我们的理想，就必须引导他们认真掌握马克思主义的世界观、人生观、价值观，不仅使他们认清我们的理想信念是建立在科学的基础上的，而且是实现自身最高价值的体现。在学习中要坚持理论联系实际、言行一致的原则，反对搞形式主义、走过场，特别要把思想改造放在突出的位置上，紧密联系思想实际，克服转型期对外开放和发展市场经济对理想信念带来的消极影响，克服拜金主义、极端个人主义和享乐主义倾向及腐败行为，纠正在价值观上的扭曲、错位，以及在理想信念建设上的"盲点""误区"，认真改造自己的非无产阶级世界观，自觉地讲学习、讲政治、讲正气，为树立和实践正确的理想信念而努力奋斗。

3. 坚持思想教育与制度建设相结合。

按照"三个代表"的要求，我们必须加强以理想信念教育为核心内容的思想政治工作，在教育内容上，要着力抓好爱国主义、集体主义和社会主义教育；要抓紧进行党的基本理论、基本路线和基本纲领的教育；特别要加强"三个代表"重要思想的学习和教育，从而为培养和树立崇高理想打牢政治思想基础。在教育对象上，要突出领导干部和青少年两个重点。在教育阵地上，除了要充分发挥邓小平理论研究基地、爱国主义教育基地、德育基地、新闻媒体、社会舆论的作用外，还要突出新媒体、网络的思想政治工作，积极开展学习先进典型活动，努力为人们树立科学的理想信念奠定思想基础。同时要看到，教育是"软制约"，不是万能的，还必须依照江泽民关于"依法治国"与"以德治国"相结合的精神，把教育与制度建设有机结合起来。一方面，通过制度把中心组学习、民主生活会、学习日、市民学校，以及各级各类正规学校思想道德教育的目标、时间、要求、检查、考评等固定下来；另一方面，建立行为规范，如公务员守则、廉洁自律规定、市民公约、农村乡规民约等，对有利于理想信念建设的行为加以保护，对不符合理想道德的行为要加以制止、批评，直至对违法违纪的进行惩罚、查处。这样，通过"软""硬"两手的结合，将会有力地促进理想信念建设。

4. 坚持宣传群众与行为示范相结合。

我们党的各级领导干部，是理想信念建设的组织者、实施者、领路者，因此，在转型期理想信念建设中，各级领导干部要负起组织宣传群众的责任。通过宣传，用科学的思想理论启迪引导群众，用革命精神教育激励群众，用先进典型人物的事迹感染熏陶群众，促进理想信念建设。但仅仅做到这点，还是很不够的，关键在于各级领导干部能不能带头示范，发挥人格的魅力作用。因此，必须坚持宣传群众与行为示范相结合。凡是要求群众做到的，自己首先要身体力行，凡是禁止群众做的，自己要带头一尘不染，正人先正己。示范的感化力量是巨大的，榜样就是无声的命令，其作用是无穷的。如果领导干部能坚定理想信念，做到率先垂范，在群众心中就是一面鲜红的旗帜，对群众的宣传教育就会产生巨大的感召力、影响力和说服力。只有把宣传和教育相结合，才能有力地帮助、引导广大人民群众形成共同的理想信念。

5. 坚持讲奉献与讲政策相结合。

讲奉献是我们贯彻"三个代表"和实施理想信念建设的根本要求，讲政策是为实现这一要求提供必要的物质保障，两者是统一的。按照"三个代表"的要求，共产党员、积极分子要诚心诚意为人民服务，勇于开拓进取，不怕困难挫折，吃苦在前，享乐在后，克己奉公，为实现远大理想多做贡献；而广大群众也要贯彻"人人为我，我为人人"的原则，自觉遵纪守法，努力工作，为实现建设中国特色社会主义的共同理想而奋斗。我们这样强调理想信念的建设，自觉为理想而奉献，并不否认在政策允许范围内应得的各项个人利益和实现个人价值。当前，我们正处在建立社会主义市场经济的转型期，必须按照转型期规律办事，提倡正当的物质利益，这是一种进步。因此，他们在经济生活领域方面都要按现行的经济政策办事，享受和取得在政策允许范围内的物质利益。不仅如此，各级组织还应主动关心那些一心为公、克己奉公、无私奉献的领导干部和群众，保障他们应得的物质利益，帮助解决其实际困难，及时解除其后顾之忧，不使其吃亏。另外，随着经济的发展尽可能实行高薪养廉和不断增加群众收入的政策，使其更好地为实现共同理想而奋斗，否则，只讲奉献，不讲政策，违背转型期发展的客观规律，势必严重挫伤广大干部群众的积极性，理想信念建设就会失去物质保障，转型期理想信念建设也就无从谈起。

〔原载《福建论坛（经济社会版）》2002 年第 4 期，被中国社会科学出版社 2002 年 6 月出版的《"三个代表"与历史唯物主义》（全国历史唯物主义研讨会论文集）和《中国当代思想宝库》2003 年第 7 卷转载〕

江泽民"七一"讲话
对人的全面发展理论的重大贡献

江泽民在 2001 年的"七一"重要讲话中，用了近千字的篇幅，深刻阐述了人的全面发展的重要性、丰富内涵和促进发展的途径等问题。这是江泽民在马克思主义理论创新方面的又一重大贡献。

一、江泽民人的全面发展思想是对社会主义
本质论的重大发展

江泽民在"七一"讲话中（下称"讲话"）指出："我们建设有中国特色社会主义的各项事业，我们进行的一切工作，既要着眼于人民现实的物质文化生活需要，同时又要着眼于促进人民素质的提高，也就是要努力促进人的全面发展。这是马克思主义关于建设社会主义新社会的本质要求。"江泽民在我们党的历史上，第一次把人的全面发展与社会主义本质联系起来，其意义极为深刻。

1. 人的全面发展是社会主义建设的根本目标。

"讲话"明确指出：我们的"各项事业"、进行的"一切工作"都是为了促进"人的全面发展"，"实现人民的富裕幸福，是我们建设社会主义的根本目的"。长期以来，我们没有完全搞清楚社会主义和人的关系问题。按照马克思主义观点，在人和社会主义关系上，人是目的，社会主义作为一种先进的社会制度是实现人民幸福的手段。手段要服从于目的，以目的为出发点和最终的落脚点。但是传统的社会主义模式却偏离了这个方向，把一些游离于人的需要之外的抽象理论当作目的，并使之僵化和教条化。苏联社会主义模式的崩溃，其根本原因就是偏离人民幸福这一根本目标，

结果自然就被人民所抛弃。而我国传统社会主义模式在"文化大革命"结束时，也到了危险的边缘，其教训是十分深刻的。人的幸福就是人的需要的满足。发展就是人具有潜能个性和能力积淀的发挥的过程，是人的自我价值的实现过程，也是人的自由而全面发展的过程。发展是人的最高层次的需要，也是人的最大幸福所在。因此，江泽民认为，社会主义作为人类历史上先进的社会制度，一定要把人的自由而全面的发展作为社会发展的根本目标。

2. 促进人的全面发展是社会主义制度优越性的集中体现。

马克思主义认为，建立在公有制基础上的社会主义制度是以人为本的制度。这个制度的优越性不仅在于它能创造出高于资本主义的生产率，而且能够为实现人的全面发展创造条件。当人的潜力和创造力得到充分发挥时，社会就能创造出丰富的物质和精神财富，就能使社会主义的优越性充分体现出来，社会主义制度也就充满生机和活力。

江泽民在领导我国进一步改革开放和发展社会主义市场经济的实践中，一方面高度评价邓小平的社会主义本质论在理论上的创新；另一方面又继续深入探索，他在"讲话"中提出把"努力促进人民的全面发展"作为"马克思主义关于建设社会主义新社会的本质要求"，就是这种探索的新成果。这样，他既把解放和发展生产力放在首位，突出了社会主义本质论的科学性，又把促进人的全面发展作为社会主义的本质要求，进一步从终极价值方面明确了社会主义的本质，完善了对社会主义本质的科学与价值的正确认识，即贫困不是社会主义，必须解放和发展生产力，人的畸形发展也不是社会主义，必须努力促进人的全面发展，从而进一步发展了邓小平的社会主义本质论，这对于推进社会主义建设将起着深远的影响。江泽民把人的全面发展作为社会主义本质要求，是马克思主义关于社会主义本质论的重大创新和发展。

二、江泽民丰富了马克思主义人的全面发展的内容

人的全面发展是马克思主义的核心思想，在马克思主义创始人提出这一理论时，就包含着深刻的内涵。江泽民在"讲话"中，把人的全面发展当作社会主义的本质要求，不仅继承而且进一步丰富和发展了马克思主义

关于人的全面发展理论的内容。

1. 把人的全面发展作为最高纲领和最低纲领的联结点。

马克思主义把人的全面发展作为共产主义社会的本质特征之一。正如江泽民在"讲话"中所做的总体性、方向性概括那样：共产主义社会，将是物质财富极大丰富，人民精神境界极大提高，每个人自由而全面发展的社会。因此，作为无产阶级政党高举共产主义旗帜，就势必把"人的全面发展"写入最高纲领，从而才能体现其先进性，但过去人们往往以静态的眼光，把它仅仅看作共产主义社会的事，没有列入和贯彻到党的最低纲领之中。

江泽民考虑到"共产主义只有在社会主义充分发展和高度发达的基础上才能实现"，而且这是"一个非常漫长的历史过程"，并把这个漫长的过程分为三个层面：从社会主义初级阶段开始，经过整个建设中国特色社会主义的很长历史过程，达到共产主义社会。这三个层面是统一的历史过程。同时，又考虑到人的全面而自由的发展需要有相当水平的社会生产力及其创造的物质文化条件作为现实基础，当人们还不能在量和质的方面基本满足自己的吃穿住行的时候，是很难提出这个目标和任务的。而改革开放以来，我国社会主义现代化建设取得的伟大成就，社会生产力的快速发展已为我们现在提出"努力促进人的全面发展的任务"提供了前提，创造了可能。正是基于上述这些考虑，江泽民在"讲话"中才把人的全面发展作为社会主义新社会的本质要求，即作为党的最低纲领的基本要求，这样就把人的全面发展作为最高纲领的先进性要素，也体现在社会主义初级阶段的基本纲领中，使其成为最高纲领和最低纲领统一的重要的联结点。

2. 揭示了"人的全面发展"的内在规律性。

马克思主义指出，人的全面发展是一个历史发展的过程，但在这过程中发展的规律是什么？不论马克思，还是马克思主义后继者都没有加以论述。而江泽民在"讲话"中科学地回答了这一问题。

（1）人的全面发展与两个文明建设互为前提和基础。江泽民说："我们要在发展社会主义物质文明和精神文明的基础上，不断推进人的全面发展。"这就是说，人的全面发展离不开两个文明建设，而两个文明建设也依赖于人的全面发展。首先，物质文明程度越高，个人发展空间就越广阔。同时，人的全面发展也依赖于精神文明的发展。在一个社会里，一个人如果只追求经济、忽视道德，热衷科学、忽视人文，追求物欲、忽视理想，这样的人就是片面的、畸形的人。其次，人的全面发展，也是两个文明的前提和基础，当今世界的竞争，归根到底是人才的竞争。在未来的知识经济时代里，存在着数字化鸿沟的国民是无法参与世界竞争的，而且在未来高科技占主导的社会里，如果人们只有科技知识，而不是同时具备思想道德素质和自律素质，那么高科技在这些缺乏道德和自律的人手里，将是十分危险的。可见，若没有人的全面发展，两个文明也不可能真正发展起来。

（2）人的全面发展与社会发展互为前提和基础。江泽民指出："推进人的全面发展同推进经济、文化的发展和改善人民物质文化生活，是互为前提和基础的。"他强调，人的全面发展是社会中人的全面发展，或者说首先是社会绝大多数人的全面发展，决非纯粹个人的全面发展。人和社会是不可分割的，人是社会的人，社会是人的社会，要把人与社会结合起来加以研究。人的发展与社会发展是同一个过程的两个方面：人的发展是社会发展的一个重要组成部分，也是社会发展的最终目标；社会的发展是多方面的，而归根结底都是为了人自身的发展，是人发展的现实途径。正如江泽民所指出的："人越全面发展，社会的物质文化财富就会创造得越多，人民的生活就能得到改善，而物质文化条件越充分，又越能推进人的全面发展。"这两方面发展都是永无止境的历史过程，"它们应相互结合、相互促进地向前发展"。

（3）人的全面发展与自然生态环境必须协调和谐。江泽民指出："要促进人和自然的协调与和谐，使人们在优美的生态环境中工作和生活"，"努力开创生产发展、生活富裕和生态良好的文明发展道路"。人的全面发展与自然生态环境也是互为前提和基础的。首先，人和自然是不可分割的统一体。人是自然的一部分，是自然界长期发展的产物，也是社会实践的产物。人要生存和发展，就必须依赖于自然提供的生态资源和生存环境。其次，人与自然的和谐是人与自然关系的一种理想状态。人要生存发展，改造自然的工作就一刻不会停止。同时，人要在改造自然中保护自然、尊重自然规律、充分考虑自然的发展，才能使自然适应人的发展满足人自身发展的需要。第三，要坚持改造和保护自然相结合的原则，必须提高人的素质。随着现代化进程的展开，我国的环境资源问题日益突出，这除了认识原因外，还有价值选择问题。具体地说，一方面要提高人们的思想道德素质，树立正确的人生观和价值观，确立合理的生存态度和需要定位，选择健康、文明、绿色的生活方式。另一方面要提高人们的科学文化素质，普及科学文化知识，确立人与自然协调的可持续发展的观念，培养和发展人们改造自然、保护自然、与自然和谐相处的能力。

3. 明确是否体现"三个代表"的评价尺度。

（1）能促进人的全面发展的生产力才是先进的。当人们说到生产力时，往往把劳动生产率的高低作为衡量其先进与否及先进程度的标准，这是不全面和不准确的，因为生产率的高低只能作为评价生产力发达程度的尺度。如果发达的生产力只是为了追求财富而牺牲人的全面发展，那就不能称之为先进的。江泽民提出的"代表先进生产力的发展要求"，正包含了这样的观点。他指出，包括发展生产力在内的一切工作，都要着眼于"不断推进人的全面发展"，都要以人的全面发展为生产力发展的最终目的。可见，"人的全面发展"是衡量生产力先进与否的价值尺度。

（2）人的全面发展是评价文化先进性的价值尺度。文化是人在社会实践基础上的创造，是人的自由本质和素质才能的表现，因而，文化上的进步就意味着人在全面发展上的进步，这样，人的全面发展也就成为评价文化先进性的价值尺度。当代中国的先进文化就是建设中国特色社会主义的文化，就是精神文明建设。社会主义文化或精神文明建设的根本的任务是培养"四有"公民，这是现阶段人的全面发展的基本要求，所以，是否有利于培养"四有"公民也就成为衡量现阶段文化是否先进的价值尺度。

（3）人的全面发展是评价是否代表最广大人民根本利益的尺度。人是分阶层的，其具体利益也不尽相同，所以，最广大人民群众的根本利益是整合各阶层人民的具体利益而形成的。由于人的全面发展最具有涵盖性和终极性，是整合人民各阶层具体利益最集中的体现，也是最广大人民的根本利益的最高表现。所以，人的全面发展也就成为衡量是否代表最广大人民根本利益的尺度。正因为这样，江泽民在"讲话"中，把"实现人民思想和精神生活的全面发展"提到实现好、维护好最广大人民根本利益的议事日程上来。

三、江泽民为促进人的全面发展指明了基本途径和方法

江泽民在"讲话"中所阐述的人的全面发展观，不仅继承和发展了马克思主义关于人的全面发展的思想，而且提出了促进人的全面发展的根本途径和有效措施。

1. 提高认识。

正确的行动来自正确的思想，只有在正确的思想指导下，才能有正确行动的自觉性。各级党政领导干部首先要认真学习、深刻理解江泽民关于"努力促进人的全面发展，这是马克思主义关于建设社会主义新社会的本质要求"的科学论断的重要意义，明确只有推进人的全面发展才能大大激发人的积极性和主动性，创造出丰富的物质和精神财富，从而有力地推动我国的两个文明建设；才能充分发挥社会主义制度的优越性，使我国社会主义制度更加具有创造力、凝聚力和影响力；才能建立和实施真正的民主制度，使我国社会主义制度在与资本主义竞争中立于不败之地，从而增强我们贯彻江泽民"三个代表"精神，提高促进人的全面发展的自觉性。其次，要提上各级领导的议事日程，狠抓落实。必须做到党政第一把手抓总责，各位副手分工负责，各部门齐抓共管；必须把"人的全面发展"要求落实到建设有中国特色社会主义的各项工作中，体现于"一切工作"上，并经常检查落实情况，及时给予总结和改进；必须领导带头，实践人的全面发展的要求，做两个文明建设"两手抓，两手都要硬"的带头人。只有这样，才能真正把促进人的全面发展的工作不断推向前进。

2. 在人的社会层面上主要做好五个方面工作。

第一，在经济上必须努力建设我们的小康社会，不断提高人民的物质生活水平。坚持贯彻党的富民政策，在发展经济的基础上，努力增加城乡居民的收入，逐步改善人们的吃、穿、住、行的条件，完善社会保障体系，改进医疗卫生条件，提高生活质量。通过一部分人和一部分地区诚实劳动、合法经营首先富起来，先富带动后富，实现东西部经济的协调发展，逐步实现全体人民的共同富裕。第二，在政治上保证人民群众依法管理好自己的事情，充分发挥人民群众的主观能动性和伟大创造精神，实现人民的愿望和利益。继续推进我们的政治体制改革，发展社会主义民主政

治、健全社会主义法制，保证人民充分行使民主选择、民主决策、民主管理、民主监督的权利。第三，在文化上努力提高全民族的思想道德素质和科学文化素质，实现人们思想和精神生活的全面发展。要加强思想政治工作，发展教育科技事业，繁荣社会主义文化，使人人都有受教育的机会和享受文化成果的充分权利，使人们的精神世界更加充实、文化生活更加丰富多彩。第四，促进人的全面发展必须努力实现人与自然和谐，使人们在优美的生态环境中工作和生活。坚持实施可持续发展战略，正确处理经济发展同人口、资源、环境的关系，改善生态环境和美化生活环境，改善公共设施和社会福利设施。努力开创生产发展、生活富裕和生态良好的文明发展道路。第五，推进人的全面发展必须同社会经济、政治、文化的全面发展协调统一起来。人越全面发展，社会的物质文化财富就会创造得越多，人民的生活就越能得到改善，而物质文化条件越充分，又越能推进人的全面发展。

3. 在社会化的人的层面上着眼于人的塑造。

当今人的塑造要根据改革开放、社会主义市场经济对人的发展所产生的正负面影响，以及人的现实存在的状况，实现"三个转变"：一是针对社会主义市场经济的内在本质要求改变旧体制中的人，实现由"旧人"向"新人"的转变；二是围绕社会主义市场经济在个人发展方面孕育出的积极要求培育人，把这些要求，如独立自主性、竞争进取性等，升华为人们的普遍意识和观念，实现由现代人对传统人的扬弃；三是针对社会主义市场经济对人的发展的消极影响进行改造，如使人从对物的过分依赖、对金钱的过分崇拜中解放出来，实现由片面的人向全面的人的转变。

由于所有这些都涉及人的素质，因而人的塑造也可以具体化为人的素质的培育和塑造。主要的做法有以下几个方面：第一，以正确的价值观引导人。确立正确的价值观念，在方法论上，是正确对待个人与集体、创造与索取、人与物三方面的关系，从中确立一种既有利于协调这三方面的关系，又反映社会主义市场经济和现代化发展的内在本质要求，也是绝大多数人认同的核心价值观念。第二，以全面提高人的素质、能力及水平的要求发展人。其核心理念是视人的能力充分发挥为最大社会财富和生产力。第三，以培养人的高尚的道德品质完善人。要从道德的批判和建构两方面考虑：既要从克服和超越市场经济对人发展的消极影响着眼，加强集体主义、为人民服务的思想道德及传统美德的教育，使病态人格的人成为健全人格的人，又要以反映和维护市场经济对人的发展的积极要求入手，倡导社会主义的人道主义。理解人、关心人、尊重人，尤其是人的个性和特长得到充分发挥，促进独立人格的形成。其实质是把个人塑造成既具有独立人格又坚持集体主义道德和传统美德的人。第四，以具有积极进取的精神状态激励人。塑造民族精神、集体精神、团队精神、主人翁精神，把人的内在激情、主体性、主动性、自觉性充分发挥出来，把人塑造成有进取精神的人。第五，以完善人的社会心理健全人。我们必须从根本上改变人的不健全的社会病态心理或病态性格，把改造人的依附、自私、贪占、狭隘的病态性格和塑造人的独立、主动、能动、大度、宽容的健康人格作为人的塑造的一个重要内容。第六，以改变人的思维方式培养人。坚持唯物辩证的理性思维方式，客观、具体、全面、发展地观察社会、思考人生，打破形而上学的主观、片面、直观、绝对的思考方式。

综上所述，江泽民在"讲话"中关于"促进人的全面发展"的科学论断，不仅深刻阐明了社会主义和共产主义发展的根本目标是实现人的全面发展，丰富了马克思主义关于人的全面发展的内容，而且指出了促进人的全面发展的根本途径和重要措施，具有极其重大的现实意义和深远的历史意义。

（原载《中共福建省委党校学报》2002 年第 9 期）

"三个代表"重要思想
与"三个有利于"标准

马克思主义的伟大生命力不仅在于它来自实践，正确反映实践，而且在于它具有与时俱进的革命品质。"三个代表"和"三个有利于"都是在建设有中国特色的社会主义实践过程中产生的，前者是后者的运用、深化和发展，是马克思主义与时俱进品质的一个重要体现。因此，认清和把握两者的关系，对于正确运用"三个有利于"的工作标准和全面理解、深入贯彻"三个代表"重要思想都有重大意义。

一、"三个代表"与"三个有利于"
有一定的区别，不能混淆

"三个有利于"是邓小平同志在 1992 年视察南方时的重要谈话中提出的，他说："改革开放迈不开步子，不敢闯，说来说去就是怕资本主义的东西多了，走了资本主义的道路。要害是姓'资'还是姓'社'的问题。判断的标准，应该主要看是否有利于发展社会主义社会的生产力，是否有利于增强社会主义国家的综合国力，是否有利于提高人民的生活水平。"[①]而"三个代表"重要思想最早是于 2000 年 2 月江泽民同志在广东考察工作时指出的，"总结我们党 70 多年的历史，可以得出一个重要的结论，这就是，我们党所以赢得人民的拥护，是因为我们党作为中国工人阶级的先锋队，在革命、建设、改革的各个历史时期，总是代表着中国先进社会生产力的发展需求，代表着中国先进文化的前进方向，代表着中国最广大人民

---

① 　中共中央文献编辑委员会：《邓小平文选》第 3 卷，人民出版社，1993 年，第 372 页。

的根本利益，并通过制定正确的路线方针政策，为实现国家和人民的根本利益而不懈奋斗"①。从两者提出的时间和内容看，其主要区别是：

1. 背景不同。

在我国几十年的革命和建设历程中，"右"的倾向固然存在，但"左"的影响更是根深蒂固。新中国成立以来，特别是1957年到"文化大革命"结束这20年间，以阶级斗争为纲等"左"的思想曾占统治地位。党的十一届三中全会以后，尽管批判"左"的思想，确立了以"经济建设为中心"，但是它的影响并没有完全根绝，尤其是在改革开放深入发展的关键时刻，"左"的思想又有所抬头。更为严重的是，有人对十一届三中全会以来的路线产生了怀疑，对改革开放的一系列举措产生了动摇。这种客观形势迫切需要回答在政治路线、改革开放的实际举措等方面究竟以什么作为衡量是非的标准问题。邓小平同志正是为适应这种形势的需要，提出"三个有利于"的标准，科学地回答了现实中出现的问题。

"三个代表"的提出也有其深刻的时代背景和现实根据。从国际上看，和平与发展仍是当今世界的主题。世界政治多极化的格局和经济全球化的趋势深入发展，科学技术突飞猛进，知识创新力度加大，对于处在快速变革中的中国，要处理好面临的各种新情况、新问题的难度就更大。从国内看，我国改革涉及深层次的矛盾将全面展开。政府机构、科技体制和分配制度等适应社会主义市场经济的改革已到了攻坚阶段，一个最突出的特点就是现在的改革是全局性的，是整体推进的改革，因此，改革的任务更为艰巨复杂。与此相适应的，我国思想政治领域的矛盾和斗争的任务也十分艰巨，特别是作为执政党，在新的形势下，党内已产生一些不容忽视的问题。一些惰性的、消极的甚至腐朽的东西逐渐滋生起来，严重侵蚀着党员干部队伍，如党员领导干部中的违纪犯法、腐化堕落案件时有发生。在这种新的形势下，如何继续保持党的先进性和纯洁性，承担起历史和时代赋予的使命，就严肃地摆在全党的面前。江泽民同志正是为了解决上述问题，在总结建党80多年经验的基础上提出"三个代表"重要思想的。

2. 对象不同。

"三个有利于"的提出是邓小平同志围绕着"什么是社会主义和怎样

① 《人民日报》，2000年2月26日。

建设社会主义"这个根本问题，解决的对象是把它作为衡量改革开放的社会主义现代化建设各项事业是非、成败的标准。实际上，"三个有利于"标准是生产力标准在社会主义建设事业问题上的具体化，并为实践标准确立了历史唯物论的牢固基础。而且劳动生产实践又是最基本的实践活动，认识是人们在一定的历史条件下通过实践，对实践客体所做出的能动的反映，认识的目的是促进社会发展，而社会进步的动力和源泉则以生产力发展的高低为水准，因此，人们对社会认识的真理性和实现社会实践效益的大小，完全取决于生产力的发展情况，人们认识和改造自然，最终只能以是否有利于社会生产力的发展为基础。

"三个代表"重要思想的核心是始终保持党的先进性。这种先进性体现在具体行动上，就是在建设中国特色社会主义伟大实践中，作为先进生产力发展要求的代表，同时也是先进文化前进方向的代表，而最终都要体现为能代表最广大人民的根本利益。这是党的建设的落脚点，是党的各项工作的出发点和归宿，也是判断共产党人是否充分体现党的先进性和时代精神的价值标准。

二、"三个代表"与"三个有利于"是相互联系不可分割的

"三个代表"与"三个有利于"在本质上是一致的。

1. 在目标上的一致性。

两者都是为了解放和发展生产力，促进中国特色社会主义事业的发展，最终实现共产主义远大理想。早在 1978 年 9 月，邓小平同志在谈到理论要通过实践检验时指出："社会主义制度优越性的根本表现，就是能够允许社会生产力以旧社会所没有的速度迅速发展，使人民不断增长的物质文化生活需要能够逐步得到满足。"① 在这里，他把这两点作为评价正确的政治领导成果的准绳。也就是说，它是党的各项工作开展得好坏，是否成功，党的执政能力和水平的高低，以及执政时效的判断标准。"三个代表"是对新的历史条件下党的建设提出的根本要求，为党的建设指明了方向，使党的建设总目标及实现途径清晰、明朗化。把"三个代表"作为衡量新

---

① 中共中央文献编辑委员会：《邓小平文选》第 2 卷，人民出版社，1983 年，第 128 页。

时期加强和改善党的领导的成效如何、党的建设搞得好坏的准绳，目的就是要在新的历史条件下，保持和发展党的先进性，巩固党的执政地位，使党永远立于不败之地，保证有中国特色社会主义沿着正确方向顺利发展。可见，两者在目标上是完全一致的。

2. 在理论基础上的一致性。

"三个有利于"和"三个代表"都是对马克思主义唯物史观的坚持和发展。

首先，它们都坚持和强调尊重生产力发展的规律，努力推动社会生产力的解放和发展。物质生产力的发展作为整个社会生活和整个现实历史的基础，是一切社会变迁的政治变革终极原因，这是马克思主义唯物史观的最基本的观点。邓小平同志在党的十一届三中全会以后，正是根据这一基本观点下决心扭转过去忽视生产力发展的偏差，牢固地确立了以经济建设为中心，把解放和发展生产力作为社会主义本质的主要内容和根本任务。江泽民同志在"七一"讲话中深刻指出："我们党要始终代表中国先进生产力的发展要求，就是党的理论、路线、纲领、方针、政策和各项工作，必须努力符合生产力发展的规律，体现不断推动社会生产力的解放和发展的要求，尤其要体现先进生产力发展的要求，通过发展生产力不断提高人民的生活水平。"这些都是以马克思主义科学生产力论为依据的。

其次，"三个有利于"和"三个代表"都继承了历史唯物论关于人民主体论的思想，把落脚点放在提高人民的生活水平上。人民群众是历史的创造者，这是人民的主体论的根本内容，也是历史唯物论的基本观点。邓小平同志在 1992 年视察南方的谈话中提出"以人民高兴不高兴、满意不满意、赞成不赞成、答应不答应"作为制定和推行路线方针政策的出发点和归宿。因此，以"三个有利于"作为最终判断是非得失的根本标准，这就赋予了为人民服务新的内涵。江泽民同志提出"三个代表"，强调"我们党要始终代表中国最广大人民的根本利益，就是党的理论、路线、纲领、方针、政策和各项工作，必须坚持把人民的根本利益作为出发点和归宿，充分发挥人民群众的积极性、主动性、创造性，在社会不断发展进步的基础上，使人民群众不断获得切实的经济、政治、文化利益"。党的一切工作都是以最广大人民的根本利益为最高标准的，从这个意义上说，"三个有利于"中"是否有利于"人民生活水平的提高，同"三个代表"中的

"代表最广大人民根本利益"都是建立在历史唯物论的人民群众主体论的基础上的。

由此可见,"三个有利于"和"三个代表"在本质上是一致的。

三、"三个代表"是对"三个有利于"的升华

"三个代表"是"三个有利于"在党建领域中的具体运用,并在运用中得到进一步丰富、深化和升华。

1. 在内容上更丰富。

"三个代表"与"三个有利于"虽然都把解放和发展生产力放在首位,但"三个代表"又进一步把生产力分为先进与落后两种,强调先进生产力;两者虽然都强调科技的作用,而"三个代表"则进一步强调在新的历史条件下,以信息技术、生物技术为主要标志的高新科技的生产力;两者虽然都把实现最广大人民根本利益作为各项工作的出发点和归宿,但在"三个代表"中,从科学形态上把人民群众的主体性与党的先进性、历史发展的规律性有机结合起来;从利益的三维结构上,即利益的主体结构、利益的层次结构、利益的关系结构等方面揭示了社会主义利益原则的丰富内容。同时,江泽民同志还根据我国社会各阶层的新变化新发展的情况,第一次提出"有中国特色社会主义事业的建设者"的新概念。这在理论上大大丰富了我国"人民"概念的内涵,而在实践上,对我们认清现阶段中国社会结构的现状和变化的趋势,团结最广大的人民共同推进民族复兴的伟大事业关系极大。因此,"三个代表"在内容上比"三个有利于"更为丰富。

2. 在内涵上更深刻。

"三个代表"不仅与"三个有利于"一样,都十分强调和继承马克思主义唯物史观关于科学生产力论和人民群众主体论的思想,而且还非常重视在这个基础上的辩证法。比如,江泽民同志既讲先进生产力又讲其发展要求,就是要求人们不能脱离体现其"发展要求"的生产关系和其他社会条件而抽象、孤立地讲先进生产力;"三个有利于"的第二条"是否有利于增强社会主义国家的综合国力",虽然内含着社会主义文化的内容,但不像在"三个代表"中把代表先进文化前进方向突出出来,并高度评价了

先进文化的能动作用。江泽民同志把社会主义文化建设从党所领导的一个重要方面工作，提高到事关党的性质、宗旨和根本任务，事关社会主义事业兴衰成败，事关中华民族前途命运的本质层次上来。从这种认识的高度来肯定和弘扬先进文化的能动作用，这在马克思主义发展史上还是首次。江泽民同志还指出：要正确发挥先进文化的作用，必须坚持精神文明与物质文明、立足现实和着眼世界、思想政治素质和科学文化素质、主旋律与多样化、德治与法治、科学精神与人文精神等六个方面的统一。这对正确运用历史辩证法原理、克服"精神万能论"和"一手硬、一手软"，全面推进社会主义现代化建设具有十分重大的意义。所以，"三个代表"进一步深化了"三个有利于"的内涵。

3. 在要求上更高。

"三个代表"虽然与"三个有利于"在政治标准上都具有其广泛性，但它突出体现在"先进性"上。"三个代表"是我们党的先进性的集中概括，是党保持先进性、始终成为建设中国特色社会主义坚强领导核心的基本要求。它既是对全党的总体要求，也是对每个共产党员的具体要求；既是理论上的概括、创新，又是行动的指南；既是党保持先进性的指导原则，又是党保持先进性的根本途径。

党的这种先进性是来源于工人阶级的先进性，来源于马克思主义的先进性，来源于党同人民群众的血肉联系，来源于同时代进步方向的紧密相连。我们要保持党的这种先进性，就必须坚持理论上的不断创新，坚持把不断增强党的阶级基础和扩大党的群众基础相结合，坚持从严治党，不断完善民主集中制，加强党内和党外监督，坚持立党为公，执政为民，一切为了人民群众谋福利，只有这样才能永远保持党的先进性，使我们党更加富有创造力、凝聚力、战斗力，永葆生机与活力。因此，"三个代表"是指导我们在新时期加强和改进党的建设、推进我国社会主义制度自我完善和发展的强大思想武器。

总之，"三个代表"与"三个有利于"在本质上是一致的。它们都是马克思主义唯物史观的基本原理在建设中国特色社会主义不同历史阶段的表现。"三个代表"是"三个有利于"的运用、升华和深化。我们贯彻"三个代表"就是在各项工作中坚持"三个有利于"标准，同样，贯彻"三个有利于"也就是"三个代表"在社会主义改革和发展过程中的具体衡量标准和具体体现。我们要正确把握两者的关系，在社会主义现代化建设实践中，必须坚持以"三个有利于"作为判断各项工作是非得失的标准，以"三个代表"作为社会主义现代化建设各项工作及党的建设的最高要求，扎扎实实地做好每项工作。只有这样，才能把我们党建设好，把建设有中国特色的社会主义伟大事业推向前进。

（原载《福州社会科学》2002 年第 3 期）

人的全面发展和全面建设小康社会

　　江泽民在《庆祝中国共产党成立八十周年大会上的讲话》中强调，要努力促进人的全面发展。党的十六大报告又指出，要形成全民学习、终身学习的学习型社会，促进人的全面发展。把"促进人的全面发展"写入党的纲领性文献，作为党的奋斗目标和我国社会主义现代化建设新的发展阶段的重要任务，并对它与全面建设小康社会的辩证关系加以专门集中的论述，这在我们党和国家的发展史上还是首次，具有极为深刻的历史和现实的意义。

一、人的全面发展的深刻内涵

　　1. 从价值规定看，是未来理想社会的一种价值目标。

　　人的全面发展是马克思主义关于建设社会主义社会的一个重要思想。它是针对资本主义社会中物对人的统治提出来的，体现了马克思主义对人的终极关怀，主要回答了"未来人应当怎样存在"的问题。马克思在描述未来理想社会状态时指出，共产主义是"以每个人的全面而自由的发展为基本原则的社会形式"，也就是说，未来的理想社会不是物对人的统治，不是物的原则占主导地位，而是物为人的发展服务，是人的自由、平等和全面发展的原则占主导地位。这也就是我们所追求的未来理想社会，即共产主义社会的一个基本原则和本质特征。

　　2. 从历史和现实的规定看，是当前作为现实社会主义的人文价值取向来追求的一个不断推进的现实过程。

　　这是针对实现人的全面发展所需要的社会物质生活条件提出来的，它体现着马克思主义对人的科学态度和现实关切，主要回答了"现实中的人应当做什么"的问题。这也就是说，作为未来社会中人的全面发展的状况虽然十分美好，但对我们来说毕竟十分遥远。因此，人们更要关注的是历史和现实发展过程中的人的全面发展。这样，人们就应把人的全面发展看作一个不断推进的历史发展过程和现实运动过程。而在我国现阶段，人的全面发展的实现形式和具体内容主要表现为促进全民族整体素质的提高和实现人的现代化。

3. 从具体内容的规定看，是人的平等、完整、和谐和自由发展。

这是针对人的不平等发展、畸形发展和不自由发展提出来的，体现出马克思主义对人的全面发展的逻辑规定，回答了"人的全面发展有哪些具体内容"的问题。

所谓的平等发展，是指每个人都应得到平等的发展；所谓人的完整发展，是指人的需求活动、能力、社会交往关系和个性等都能得到完整的发展，其中，人的能力的全面发展是核心；所谓人的和谐发展，是指人的社会关系，包括个人和人类、个人和集体、个人和他人，以及个人自身内部各个方面的和谐发展；所谓人的自由发展，是指作为目的的人的个性的自由发展，它包括个人从某种束缚中解放出来和个人可以按照自己的意愿自主地做事两个方面，这是人的全面发展的最高形式、目标和成果。

二、人的全面发展是全面建设小康社会的迫切需要

马克思主义哲学观点告诉我们，人的全面发展与全面建设小康社会是互为条件、互为前提的辩证统一。就当前而言，人的全面发展，即人的现代化是全面建设小康社会的迫切需要。

1. 人的全面发展是全面建设小康社会的根本目标。

江泽民在十六大报告中从经济、政治、文化和可持续发展等四个方面系统阐述了全面建设小康社会的丰富内涵，特别是强调小康社会目标中"人的全面发展"这个核心内容：

（1）从经济上说，全面建设小康社会，首先是继续消除局部贫困，使贫困人口首先解决温饱问题，进而使他们的生活也达到小康水平；其次是逐步提高小康水平和人们的富裕程度，由目前中等收入国家的中下水平进入或接近中等收入国家的中上水平乃至中等发达国家的收入水平；再次是

通过产业结构的优化调整实现经济的全面、协调、高效发展，完善社会主义市场经济体制。这里所讲的是小康社会的经济目标，也就是人的经济生活，即人的物质文明生活发展的目标。

（2）从政治上说，全面建设小康社会，就是要稳步推进政治体制改革，全面落实依法治国的基本方略，完善社会主义民主，健全社会主义法制；尊重、维护和保障广大人民群众的各项政治、经济、文化权益，落实人民当家作主的基本原则；保持社会的长期稳定，建立良好的社会秩序，实现人民的安居乐业，巩固和发展生动活泼、安定团结的政治局面。这些政治目标，也就是人的政治生活，即人的政治文明生活发展的目标。

（3）从文化上说，全面建设小康社会，就是要继续实施科教兴国战略，提高全民族的科学文化水平和科学文化素质；推进科技、教育、文化体制改革，创造有利于科教进步、文化繁荣的良好社会环境；大力发展先进文化，支持健康有益文化，努力改造落后文化，坚决抵制腐朽文化，提高人们的思想道德素质，弘扬和培育民族精神，使人们始终保持昂扬向上的精神状态。这种文化目标，也就是人的文化生活，即人的精神文明生活发展的目标。

（4）全面建设小康社会，还包括改善生态环境，提高资源利用效率，促进人与自然的和谐，实现整个社会的全面可持续发展，创造有利于健康发展的生存环境。这里所讲的也就是指人与自然和谐的、可持续发展的目标。

由此可见，全面建设小康社会的基本目标，实质上就是我国社会主义建设在现阶段推进"人的全面发展"所要达到的根本目标。所以，促进人的全面发展是全面建设小康社会题中应有之义。

2. 人的全面发展是实现全面建设小康社会的根本条件。

现阶段人的全面发展，就是要实现人的现代化。而我们要全面建设小康社会一点儿也离不开人的现代化。因为人既是现代化建设的基础、主体，又是现代化建设的核心。

（1）作为基础，只有人的全面发展，才能推动全面建设小康社会任务的实现。因为中国是在经济文化都比较落后的情况下确立社会主义制度的，因而缺乏建成社会主义的物质基础和人的基础，而缺乏物质基础和人的基础，社会主义制度的优越性就不能充分发挥出来，也难以真正建成社会主义。今天我国社会主义现代化建设的实践已有力地证明：人力资源和人才资源是第一资源；社会主义现代化关键在于人的现代化；人的塑造是社会主义建设的一项基本工程；没有人的素质的提高和人的全面发展，就不可能全面建设小康社会，就没有社会主义事业的巩固和发展，就建不成社会主义。总之，社会主义事业能否巩固和发展，全面建设小康社会的任务能否实现，关键在于是否能培养出高素质的人。因而，在经济文化落后的中国建设社会主义，应把人的现代化放在优先的地位，而且在 21 世纪，中国社会主义建设应实行以人力资源开发为中心的发展战略。正如党的十五大报告所指出的："我国现代化建设的进程，在很大程度上取决于国民素质的提高和人才资源的开发"；"培养同现代化要求相适应的数以亿计的高素质的劳动者和数以千万计的专门人才，发挥我国巨大人力资源的优势，关系 21 世纪社会主义事业的全局"。

（2）作为主体，只有人的全面发展，才能建成一个全面进步的现代化社会。无论是现在搞市场经济，还是要迎接知识经济的挑战，经济发展、社会全面进步和物质文化的发展对人的知识、智力，尤其是人的创新能力的需要，都是最迫切的。因为在市场经济条件下，在知识经济时代，人的知识、智力和创新能力将成为主要的生产要素和整个社会发展的主导力量，也将成为社会的主要财富。由此，人的知识、智力和创新能力将成为核心或首要价值。社会发展史本质上就是人的本质力量的发展史，社会历史越往前发展，人在社会历史发展中的主体地位和作用就会越突出。这就是说，在知识经济时代，在发展社会主义市场经济条件下，以人为本的理念将真正确立起来，而且经济发展、社会全面进步和物质文化的发展要靠全面发展的人来推动和实现。知识经济正在向我们走来，由此，推进人的全面发展，包括人的知识、能力、综合素质的提高，对具有近 13 亿人口这一巨大人力资源的中国的发展来说，是至关重要的。

（3）作为核心，重要的是实现人的现代化。在当代中国，建设中国特色社会主义首先是同中国的现代化建设联系在一起的。大力发展社会主义物质文明、政治文明和精神文明，从根本上改变经济文化比较落后的状况，建设富强、民主、文明的社会主义现代化国家，是摆在当代中国人民面前的头等大事。早在改革开放初期，邓小平就明确提出，我们当前和今后相当长一个历史时期的主要任务就是搞现代化建设。能否实现四个现代化，决定着我们国家的命运、民族的命运。世界各国现代化的历史及其经验教训都表明，现代化是一个综合的社会发展过程，既包括经济现代化、政治现代化、文化现代化等社会各领域的全面现代化，也包括人自身的现代化。其中，经济现代化是前提和基础，而人的现代化是核心，如果没有人的现代化，没有人的全面发展作为条件，我国的现代化建设和全面建设小康社会就无从谈起。

三、只有全面建设小康社会，才能推进人的全面发展

当今和未来的世界竞争，从根本上说是人才的竞争。这种人才竞争是全面的，包括领导人才在内的各个方面、各个层次的人才，都面临着各种竞争的检验与考验。历史和现实都表明，一个政党，一个国家，能不能不断培养出优秀的领导者和高素质的各种专业人才，在很大程度上决定着这个政党、这个国家的兴衰存亡。因此，在当前全面建设小康社会，应该把着力点放在培养人、教育人上，不断提高干部群众的思想道德素质和科学文化素质，努力造就适应改革开放和现代化建设需要的"小康新人"，全面推进人的现代化。而这些艰巨而复杂的任务必须在全面建设小康社会过程中才能实现。

1. 只有全面建设小康社会，大力发展经济，才能为人的全面发展奠定雄厚的物质基础。

人的全面发展离不开经济发展，只有经济的不断发展才能为人的全面发展创造有利条件。人的生存一天也离不开经济所提供的条件。作为人类主体性能之一的创造性必须在自身的物质需要得到满足的情况下，才能得到充分的发挥。从这个意义上讲，物质生产是人的全面发展的基本条件。因此，我们在全面建设小康社会的过程中，必须坚持落实党的富民政策，在发展经济的基础上，努力增加城乡居民的收入，不断改善人们的吃、穿、住、行、用的条件，完善社会保障体系，改进医疗卫生条件，提高生活质量。通过一部分地区、一部分人的诚实劳动、合法经营先富起来，先富带动后富，实现东西部经济的协调发展，逐步实现全国人民的共同富裕，并不断向更高水平前进，从而为不断促进人的全面发展奠定雄厚的物质基础。

2. 只有全面建设小康社会，推进政治体制改革，才能为人的全面发展创造良好的政治社会环境。

在全面建设小康社会过程中，通过政治体制改革，依法治国和以德治国相互配合，从而在政治上保证人民群众依法管理好自己的事情，充分发挥人民群众的主观能动性和伟大创造能力，实现人民当家作主的愿望和利益。人民群众当家作主是社会主义的本质特征。因此，我们要建立和完善使人民群众的积极性、主动性和创造性能够充分发挥的政治体制。要在党的领导下，继续推进政治体制改革，进一步扩大社会主义民主，健全社会主义法制，保证人民充分行使民主选举、民主决策、民主管理、民主监督的权利，建设中国特色社会主义民主政治，不断增强党和国家的活力。要坚持依法治国方略，发展社会主义民主。要依法维护和保障人民群众的民主权利，不断提高人民群众参政议政的能力和水平。要充分发挥人民群众的主观能动性和伟大创造精神，保证人民群众依法管理好自己的生活，实现自己的愿望和利益。要使人民群众切实做到当家有权、做主有位，充分激发起人民群众主人翁的责任感、自豪感、主动性和创造热情，从而为人的全面发展创造良好的政治社会环境。

3. 只有全面建设小康社会，不断发展社会主义先进文化，才能为人的全面发展创造思想道德和文化条件。

因为我们通过深入开展精神文明建设，可以不断提高全民族的思想道德素质和科学文化素质，实现人们思想和精神生活的全面发展。现代化赋予我国精神文明建设以格外艰巨的双重任务：不仅要改变旧社会遗留下来的不文明状态，达到文明国家的水平，而且要在此基础上创建出更高类型的社会主义文明。其中，关键在于人的思想道德素质和科学文化素质的提高，在于人的思想和精神的全面发展。这就要求我们加强思想政治工作，发展教育科技事业，繁荣社会主义文化，使人人都有受教育的机会和享受文化成果的权利，让人们的精神生活更加充实、文化生活更加丰富多彩。要以各种行之有效的方式，引导人们树立正确的世界观、人生观和价值观，不断提高全民族的思想道德素质和科学文化素质，从而为不断推动人的全面发展创造思想道德和文化条件。

4. 只有全面建设小康社会，努力实现人与自然的和谐，才能为人的全面发展提供广阔的空间。

因为我们通过全面建设小康社会，坚持以人为本、全面、协调、可持续的科学发展观，正确处理经济发展同人口、资源、环境的关系，改善生态环境，美化生活环境，改善公共设施和社会福利设施，促进人与社会、人与自然之间关系的和谐，从而探索出一种有利于经济和社会关系协调、资源节约和合理利用、生态环境优化、生活质量提高的全新的发展模式，开创出一条生产发展、生活富裕和生态良好的文明发展道路，实现全社会的可持续发展，从而为人的全面发展提供更加广阔的空间和更加有利的条件。

总之，我们要依据人的全面发展和全面建设小康社会的辩证统一关系，在全面建设小康社会时期，一方面要使我们所做的各项工作都着眼于人的现代化，推进人的全面发展。另一方面，把推进人的全面发展作为切入点，通过全面提高人的素质，推动全面建设小康社会各项任务的落实，为在 21 世纪中叶基本实现现代化，实现中华民族伟大复兴做出更大的贡献。

［原载《福建论坛（人文社科版）》2004 年第 8 期］

二、探索社会主义市场经济
　　条件下精神文明建设

论精神文明与市场经济
"一体化"发展的几个问题

党的十一届三中全会后不久（1979年），邓小平同志在会见外宾时就谈道："社会主义也可以搞市场经济。"同年，他在全国文代会的祝词中又指出，要"建设高度的社会主义精神文明"。在短短的一年时间里，邓小平同志提出这两个重要论断绝不是偶然的，而是在总结了社会主义实践经验的基础上，提出精神文明建设与市场经济"一体化"同步协调发展的重要战略思想。今天，我们认真学习和贯彻这一战略思想，对于克服"一手硬、一手软"，成功建设有中国特色的社会主义事业，具有重大的现实意义。

一、弄清两者"内在联系"，
是实现"一体化"发展的重要前提

目前，不少地方仍然存在着"一手硬、一手软"的现象，甚至有人还认为，加强精神文明建设会阻碍社会主义市场经济的发展，要发展市场经济就必须以牺牲精神文明建设为代价。这种把社会主义市场经济同社会主义精神文明建设对立起来的思想无疑是错误的，要提高"一体化"发展的自觉性，就必须弄清两者之间的内在统一关系。

1. 从有中国特色的社会主义社会的内在结构上看，两者是密不可分的。

马克思主义认为，任何一个社会，都是一定的经济、政治和文化的有机统一体。有中国特色的社会主义社会就是由社会主义市场经济、社会主义民主政治与社会主义精神文明组成的。邓小平同志在1992年春视察南方时的重要谈话中指出，只有同时搞好物质文明和精神文明建设，才是有中国特色的社会主义。这充分表明，社会主义市场经济和社会主义精神文明都是建设有中国特色社会主义的重要部分，两者紧密相连，不可分割。

2. 从市场经济和精神文明的关系看，两者是互相促进的。

邓小平同志反复强调：精神文明说到底是从物质文明来的。一方面，市场经济的发展为精神文明建设提供越来越雄厚的资金、设备和培养人才的物质基础，为人们更新观念、确立新的生活方式提供有利的条件，为造就"四有"新人提供广阔的天地，从而为精神文明建设注入时代内容和生机活力，有力地促进了精神文明建设的发展。另一方面，我们在肯定市场经济对精神文明建设的促进作用是主要的和第一位的同时，也要看到社会主义市场经济具有一般市场经济的属性，它的求利性、等价交换、自主性和竞争性等原则在一定条件下，特别在市场经济发育不成熟、市场运作法规不健全，加上我们经验不足，抵制负面因素的措施不力的情况下，有可能诱发某些不健康、消极的甚至腐败丑恶的东西。例如，市场经济的求利性原则可能诱发和助长"一切向钱看"的拜金主义倾向；自主性原则可能强化"自我利益"和本位主义的倾向；等价交换原则可能被一些人引进党内、国家政治生活和人际关系领域，导致以权谋私、权钱交易等腐败现象；竞争性原则可能诱发一些人为了牟取暴利而不择手段、搞歪门邪道，等等。当前社会上存在的拜金主义、享乐主义、极端个人主义和各种腐败丑恶行为等，无不与一般市场经济原则所诱发的负面作用有着千丝万缕的联系。如果对这种现象视而不见，放任自流，其后果是不堪设想的。邓小平同志深刻指出："经济建设这一手我们搞得相当有成绩，形势喜人，这是我们国家的成功。但风气如果坏下去，经济搞成功又有什么意义？会在另一方面变质，反过来影响整个经济变质，发展下去会形成贪污、盗窃、贿赂横行的世界。"① 所以，只有加强社会主义精神文明建设，才能使市场经济的正效应得到最大限度的发挥，负效应受到最大限度的遏制。

可见，任何把精神文明建设与发展市场经济对立起来的言行都是十分有害的。"代价论"无视市场经济一般原则诱发的负面效应所产生的严重破坏作用，这是十分危险的倾向。所以，江泽民同志在视察广东、福建时

---

① 中共中央文献编辑委员会：《邓小平文选》第3卷，人民出版社，1993年，第154页。

指出："在任何时候任何情况下，都不能用牺牲精神文明作为代价来换取经济的发展。"

3. 从现代市场经济发展的趋势看，两者的结合将愈加密切。

现代市场经济发展的一个重要趋势，就是商品中的文化附加值越来越大。科技文化因素在经济发展中的作用也日趋显著。这种发展趋势，必然降低资源、能源、财力的有形投入，即"硬投入"，提高文化、科技的无形投入，即"软投入"，这成为现代企业发展乃至整个社会经济增长所追求的目标，对于我国经济发展尤其重要。据有关资料表明，当今市场经济比较发达的国家，文化在经济中的贡献已达到75.8％，而在我国，目前只占30％左右，相距甚远。所以，我们不能靠扩大投资促使经济快速发展，只能依靠提高全民族的文化素质，发展科技，实行企业技改，增加"软投入"等办法，提高经济效率，而要解决这一问题，加强精神文明建设就显得愈来愈重要和紧迫。

因此，发展社会主义市场经济和加强精神文明建设是内在统一的。加强精神文明建设是发展市场经济的题中应有之义，是它内在的必然要求，两者"一体化"协调发展是建设有中国特色社会主义客观规律的反映。我们在任何时候都必须坚持"两手抓，两手都要硬"。

二、培养"四有"新人，
是实现"一体化"发展的根本途径

精神文明建设要围绕和服务经济建设这一中心，这无疑是正确的。有的同志却片面地认为，推动改革开放、促进经济发展是精神文明建设的唯一成果，看不到它还有一个更为重要的成果是人的素质的全面提高。邓小平同志认为，精神文明建设的根本任务是培养"四有"新人。十几年来，随着经济体制的改革和现代化建设的发展，他反复强调"我们的目标是'四有'"，教育人民成为"四有"的人民，教育干部成为"四有"的干部。邓小平同志之所以如此强调要培养"四有"新人，就是因为广大干部群众既是市场经济的实践主体，又是精神文明建设的主体，也是两个文明建设的最佳结合点。培养"四有"新人，全面提高人的素质，才能更好发挥精神文明建设对发展市场经济的促进作用。

1. 只有培养"四有"新人，才能为发展社会主义市场经济提供强大的精神动力。

我们建立社会主义市场经济体制，这是一个前无古人，别国也没有进行过的崭新事业，是一项伟大而艰巨的任务，它需要具备能以马克思主义为指导勇于探索的气魄，有全心全意为人民服务的强烈事业心，有崇高的集体主义和爱国精神的人为之奋斗。如果我们在市场经济条件下，不着眼于培养"四有"新人，就不会有马克思主义的坚定信念，不会有为人民利益而奋斗的理想和自觉的纪律，就不会有振兴中国、凝聚全民族的爱国主义和集体主义精神，那么发展社会主义市场经济就缺乏强大的精神动力，就不可能完成历史赋予我们建立社会主义市场经济体制这一任务。

2. 只有培养"四有"新人，才能为发展社会主义市场经济提供强有力的思想保证。

邓小平同志不仅把培养"四有"新人作为精神文明建设的根本任务，而且还科学地论述了"四有"之间的内在关系。他认为，理想是精神支柱，纪律是理想的表现和保证。如果没有理想和纪律，在市场经济条件下，就会出现"一切向钱看"的拜金主义、极端个人主义和享乐主义，产生各种危害社会风气的腐败、丑恶现象和犯罪行为，就会使"整个经济变质"。

邓小平同志还认为，道德和理想是紧密相连的。一个有伟大理想的人，就会用良好的道德规范自己的行动，所以，在对人民和干部进行理想、纪律教育时，还要进行"两德"教育，这样才能弘扬公平竞争、等价交换、信守合同等与市场经济相适应的道德规范和价值观念；才能克服权力经商、权钱交易、不守合同、坑蒙拐骗等违背社会主义市场经济运行规则的行为，才能增强他们在经济活动中的道德评判能力，使遵守市场经济规则成为人们的自觉自愿行为。

邓小平同志还指出：文化对人们树立科学的理想，培养崇高的道德，形成自觉的纪律有着重要作用。他说："法制观念与人们的文化素质有关，现在这么多青年人犯罪，无法无天，没有顾忌，一个原因是文化素质太低。"① 所以，培养"四有"新人，使人在几个方面都得到发展，才能保证

---

① 中共中央文献编辑委员会：《邓小平文选》第3卷，人民出版社，1993年，第163页。

市场经济沿着社会主义正确方向健康发展。

3. 只有培养"四有"新人，才能为发展市场经济提供智力支持。

马克思主义认为，劳动者的文化程度如何，对生产力的发展至关重要。特别在当今世界，现代化生产已进入了高科技时代，它要求从事现代化生产建设的劳动者，必须掌握丰富的科学文化知识。现代市场经济发展的一个重要特点，是科技文化的作用越来越大。国与国之间的经济较量，实质上已成为科技水平的较量，成为掌握现代科技的人的较量。所以邓小平同志反复强调，"科技是第一生产力"，"智力开发很重要"，提出对全国现有企业进行有计划的技术改造，"要大力加强科学技术研究工作，大力加强各级教育工作，以及全体职工和干部的教育工作"。所有这些谈话都强调发展科技、提高人的文化素质对发展经济提供智力支持的重要性。

从上述我们可以看到，培养"四有"新人，既是精神文明建设的根本任务，也是发展社会主义市场经济的客观需要，是实现"一体化"发展的根本途径。我们在围绕和服务于经济建设这个中心开展精神文明建设时，千万不能忘了培养"四有"新人这一根本任务。

三、系统优化，是实现"一体化"发展的最佳方法

坚持系统论是邓小平同志的一贯思想，他不仅要求党的各级干部这样做，而且身体力行，在领导中国改革和建设中国特色社会主义的过程中，处处闪烁着系统论思想的光辉。邓小平同志这一思想也为我们实现市场经济和精神文明建设"一体化"发展提供了最有效的科学方法。

1. 整体推进，重点突破。邓小平同志十分重视事物的整体性。

他总是把物质文明建设和精神文明建设，发展市场经济和加强精神文明建设看作一个整体，作为一个庞大的复杂工程，强调要"两手抓，两手都要硬"，使两者互相配合，共同发展。依据这一思想，我们党在十二届三中全会做出《中共中央关于经济体制改革的决定》后不久，就在十二届六中全会上通过了《中共中央关于社会主义精神文明建设指导方针的决议》，紧接着又做出了与经济体制改革相配套的科学技术体制和教育体制两个改革的决定，并且要求以经济体制改革为重点，带动科技和教育体制的改革。当前要促进"一体化"发展，就必须不断探索市场经济条件下精

神文明建设的新路子，使精神文明建设在指导思想、建设的内容、活动的方式等各方面都能适应市场经济发展的需要，从而才能使"一体化"工作搞得有声有色。

2. 照顾系统的结构和层次，实行分类指导。

邓小平同志十分强调事物的结构性和层次性，要求各级干部"用宏观战略的眼光分析问题"，照应系统的各个方面和各个层次的不同情况，从实际出发，进行分类指导工作。根据邓小平同志这一要求，我们在培养职工"四有"新人时，必须认真研究各种职业（行业）所形成的不同的职业心理、职业习惯、职业传统和职业责任，研究市场经济的发展对各个职业（行业）所提出的不同要求，然后结合市场经济发展的各个环节（包括生产、流通、分配、消费等），开展职业理想、职业道德、职业纪律、职业技能、职业责任的教育和培训，切不可"一刀切"。如果对党的干部、共产党员和普通公民都用一个标准衡量，就会适得其反，就无法使每个人的思想在各自觉悟的基础上向更高的水准发展。

3. 立足本国，积极吸取世界上先进文明成果。

邓小平同志十分注意处理好系统和外部环境的关系。他在观察中国和国际关系时，总是主张从中国这个窗口看世界，从世界全局看中国。他说："现在的世界是开放的世界"，"中国的发展离不开世界"。搞市场经济建设、精神文明建设都要向世界开放，根据这一思想，我们开展文化建设时，就要把发扬民族优秀传统文化同积极吸收外来先进文化成果有机结合起来。一方面，要立足本国，弘扬民族优秀传统文化。中华民族文化源远流长，博大精深，这是中国历史留给子孙后代的珍贵遗产。我们要在马克思主义指导下，对传统文化加以批判地总结，取其精华，去其糟粕，并在发展市场经济的条件下，赋予其时代内容，使我国优秀传统文化在新的历史时期发扬光大。另一方面，又要面向世界，大胆吸取世界上（包括资本主义国家）先进文化的成果。凡属人类文明发展的优秀成果，都要积极了解、介绍、学习、借鉴，并通过选择和改造，做到"洋为中用"。努力把发扬民族优秀传统文化与外来先进文化相结合，把文化建设与现代市场经济建设嫁接在一起，使之成为在市场经济条件下，在国际竞争中取胜的一个法宝，成为凝结全民族智慧，推动我国现代化建设的伟大力量。

4. 领导重视，形成群体合力，这是邓小平同志系统观又一个重要内容。

他反复强调，全党各级领导都要抓精神文明建设，"我们的报刊、电视和所有的宣传工作都要注意这个问题"。"思想战线上的战士，都应当是人类灵魂工程师……他们在思想教育方面的责任尤其重大"，以及强调人民群众的参与等，都是为了充分调动各个方面的力量，形成群体合力。

因此，我们决不能把精神文明建设仅仅看作宣传部门、文明委（办）的事情。首先，各组党委和政府（包括人大、政协）的主要领导要自觉抓，其他副手要紧密配合，真正把精神文明建设纳入社会经济发展总体规划，并量化分解到各项工作中去，建立各级领导考核制度，增加精神文明建设的投入，同时各级领导还要以身作则，身体力行，真正成为勤政廉洁、文明敬业的带头人，以增强抓精神文明建设的号召力和凝聚力。各级文明办（委）要根据本级党和政府所做出的"一体化"发展的有关决定，协助党和政府做好规划、组织、协调、督促和总结工作。各行各业和各个部门，都要根据自身的任务和职能，从本部门本单位的实际出发，配合"一体化"发展的总体规划，认真贯彻精神文明建设与发展经济、为民办实事、不断改善群众生产生活条件相结合的原则，充分调动群众参与的积极性，使广大群众自觉自愿地参加各种形式的精神文明建设活动。这样才能形成社会参与的群体合力，齐抓共建，实现整体优化，从根本上保证市场经济建设与精神文明建设"一体化"发展战略思想的顺利实现。

〔原载《福建论坛（经济社会版）》1994年增刊，并被收入《中特理论研讨会论文集（上）》（邓小平理论研究）1995年版〕

可持续发展呼唤加强精神文明建设

所谓可持续发展就是指既要满足当代人的需要，又不能对满足后代人需求的能力构成危害；当代一部分人的发展也不能损害另一部分人的利益。也就是说，可持续发展是建立在人类与自然界，经济和社会，人与人之间合理、平衡、协调发展的基础上的，它与精神文明建设是紧密相连的。因此，弄清可持续发展与精神文明建设的关系，对于正确认识和实施可持续发展战略有着极为重要的理论和现实意义。

一、加强精神文明建设是可持续发展的内在要求

人们一提起可持续发展问题，往往把注意力放在经济建设和资源的配置及其利用上，而对于精神文明建设极少提及，似乎精神文明建设不包括在可持续发展之列。其实不然，精神文明建设是可持续发展的题中应有之义，可持续发展战略的实施必然呼唤精神文明建设的加强。

1. 从可持续发展的内涵看，精神文明建设是可持续发展不可缺少的重要组成部分。

传统的发展观是一种单纯追求经济增长的片面的发展观。这种发展观只重视物质文明建设，忽视精神文明建设和生态平衡对人类发展的重要意义。而可持续发展观是一种新的、综合协调的、全面的发展观，认为人类社会是一个极其复杂的机体，需要协调的关系是多方面的，但作为以协调发展为基本特征的可持续发展观，最关键的是要协调好三个方面的关系：一是人与自然界的关系；二是经济与社会（包含政治、文化及控制人口等）的关系；三是人与人（包含代际和代内人与人之间）的关系。这三方面协调发展主要涉及社会经济、社会文化和自然界三个方面，其核心是全

面提高人的素质。因此，精神文明建设对可持续发展来说是不可缺少的，并不是可有可无的。

2. 从可持续发展战略的提出看，它本身就是精神文明发展的产物。

发展是硬道理，是人类永恒的主题。人类在漫长的发展岁月中，总是在不断地探索其发展道路。朴素的持续发展观早在古代就已萌芽，但长期以来没有引起人们的注意。从 18 世纪工业革命以来，在西方国家首先开始，并且逐步形成一种单纯追求经济数量增长的片面的发展观。他们采用以经济数量增长为目标和以"高投入、高消耗、高污染、低产出、低效率"为特点的发展模式。在这种发展观的指导下，发展成了畸形状态，一方面表现为人类创造了前所未有的物质财富，生产力有了巨大的发展，促进了物质文明发展的进程。另一方面表现为人口剧增，如 20 世纪人口翻了两番，已达 57 亿，当前每年仍以 8000 多万的速度增长；自然资源的过度开发与消耗，排出大量有害污染物，导致全球性的资源短缺、环境污染和生态严重破坏；"南北"差距日益扩大，以 1988 年为例，发达国家人均国民生产总值是发展中国家的 20 倍，是低收入发展中国家的 54 倍。这些已成为全球性的重大问题，严重阻碍着经济的发展和人民生活质量的提高，继而威胁着全人类未来的生存和发展。

面对着这种严峻的形势，人类不得不重新审视自己的社会经济行为和走过的历程，认识到通过高消耗单纯追求经济数量增长和"先污染后治理"的传统发展模式，已不再适合当今和未来发展的要求，必须努力寻求人口、经济、社会、环境和资源相互协调，既能满足当代人的需求，又不对满足后代人需求的能力构成危害的可持续发展的道路。

3. 从可持续发展战略的实施看，它对精神文明建设提出了新的更高的要求。

可持续发展的确立是人类发展观的革命，展示了一种崭新的社会文明观。这种社会文明观摒弃了过去"人类中心主义"的立足点，不再从人类自身的狭隘利益来看待自然界，而是以更高的境界和更广阔的视野把人类和环境、社会发展和生态发展融合在一起。从而具有数量与质量相统一的全面性、现实与未来相统一的超时空性、人和自然相统一的和谐性等特点。实施可持续发展战略，首先必须引导人们树立以下几个观念：

一是协调意识。要从根本上克服单纯追求经济数量增长，搞"单打一""单项突击"的片面观点，树立普遍联系、综合平衡、协调发展的全面观点，把经济与社会、社会与自然、人与人、当代与后代的发展有机协调起来，从而使人类社会全面、持续、健康地发展。

二是整体意识。要从整体（全局）出发，正确处理好经济与社会文化的关系，决不能以牺牲精神文明为代价换取经济的一时发展；正确处理好人与自然的关系，实现自然界生态发展平衡；正确处理好人与人的关系，把效率与公平结合起来，逐步实现共同发展的目标。

三是优化意识。要用系统的理论作指导，使经济、政治、文化、社会、自然界之间协调发展和不断优化。以往我们讲发展，大多从经济、政治、文化"三位一体"来考察，而在可持续发展战略中，必须加进自然界这一因素，确立"四位一体"协调发展的新观念。同时，要考虑到自然资源的有限性，特别是许多不可再生性资源的日益枯竭，必须增强优化意识，对自然资源进行合理开发和利用，从而实现少投入、低消耗、高产出、高效益的目的，最后达到使经济发展始终保持持久不衰的后劲。

上述这些观念的改变，就是可持续发展赋予精神文明建设新的重要任务。此外，为了适应实施可持续发展战略的需要，切实把精神文明建设放在战略位置上，变"应景性"为"主动性"，变"突击性"为"经常性"，并努力研究和探索精神文明建设自身发展的规律，加强其理论研究，不断改革其内容和形式，从而保证精神文明也得到可持续发展。

二、精神文明建设是可持续发展的重要保障

可持续发展之所以要求加强精神文明建设，还在于它能为制定和实施可持续发展战略提供可靠保证。

1. 精神文明建设能为可持续发展提供正确的方向。

可持续发展是人类社会发展进程中面临的一个艰巨而复杂的大难题。纵观工业革命以来的发展史，影响可持续发展的深层次的社会根源主要有以下几个方面：一是利己主义。他们从剥削阶级集团或血缘、地缘的局部利益出发，把发展看作谋求私利的手段，根本无法正确处理好人与社会、自然，整体与局部的关系，谈不上选择可持续发展的道路和模式。二是急功近利。只顾眼前不顾长远，只顾当代不顾后代，这样做只能吃祖先的

饭，断子孙后代的路。三是粗放经营。这种生产模式并非着眼于企业的长远目标去挖潜、革新、上规模、上档次、求质量、求信誉，而是盲目地追求规模和产值，靠拼设备和资源，其结果只能是浪费了资源，污染了环境，削弱了发展的潜力。上述几种深层次的问题若不克服，势必严重影响可持续发展战略的实施。

尽管发展是人类共同追求的目标，但在不同的历史时期和社会条件下，不同的国家和社会集团所选择的发展目标和方向是不尽相同的。在资本主义社会，资产阶级往往从利己主义出发，单纯追求少数人的物质财富的增加，从而采取片面的非持续发展的方向。只有在社会主义条件下，通过精神文明建设，才能树立起共同的崇高理想和道德，倡导人的全面发展，以及人与社会、人与自然和谐发展的新型价值观，才能从整体、全局的观念出发，从实现共同富裕的目标出发，不断克服剥削阶级利己主义思想的影响，克服急功近利的短期行为，才能自觉地对经济体制进行改革，实现"两个根本转变"，从根本上克服粗放经营的陈旧观念，克服发家"自"富的自利行为和顾此失彼的片面发展观，从而保证可持续发展沿着正确的方向前进。

2. 精神文明建设为可持续发展提供正确的道德基础。

任何时代的人类生活方式都离不开人与人、人与自然、人与社会三种基本关系，正确处理好这三种基本关系，对可持续发展将起着举足轻重的作用。而要处理好这些关系必须具备高尚的思想道德。

一是在处理人与人关系上必须树立崇高的社会伦理道德。所谓人与人之间的关系，这里主要指代内和代际两个方面。在代内关系方面，任何国家、地区、种族、民族和个人的发展都不得对其他人、其他民族、国家的发展构成危害。也就是说，在同一时代处理国际关系时，发达国家不应倚仗其优势和有利条件损害发展中国家的利益；国际社会应当对发展中国家提供有效帮助，努力缩小富国与穷国在发展程度上的差距。在处理国内关系方面，先富裕起来的人们应带动后富的贫困地区发展，以实现共同发展和富裕。在处理代际关系时，前人不应仗着早出生的便宜，把尚未出生的后人那一份权利占有了，因此，要处理好代内和代际人与人之间的关系，需要以崇高的社会伦理道德为基础。在我国，就是要实行以为人民服务为核心，以集体主义为原则的社会主义道德观，坚持人人为我，我为人人，互相帮助，共同发展，最终实现共同富裕的目标。

二是在处理人与自然界关系上必须树立崇高的生态伦理道德。所谓人与自然界关系，主要指人们对自然界环境资源的利用、开发与爱护、保护的关系，把对自然的权利与义务有机地结合起来。也就是说，地球是人类赖以生存的家园，地球的自然环境给予人类以维持生存的条件，并给人类提供了在智力、道德、社会和精神等方面获得发展的机会。人类在享有对于自然的权利的同时，也应该承担管理和保护地球的自然资源和生态环境的伦理责任。要处理这一关系，就需要以正确的生态伦理道德作基础。在我国就必须坚持既充分享受地球给人们的权利，又要自觉地承担爱护和保护好地球自然资源、生态环境的义务和责任，特别要保护好不可再生资源，保持地球上生物的多样性和生态系统的良性循环。

三是在处理人与社会关系时，还要大力倡导科技伦理道德。人与社会这一关系所涵盖的内容很多，其中人所掌握的科技程度对社会的发展起着极为重要的作用。科技是人类认识和改造自然的有力工具，合理地选择科技行为，就能为人类谋福利，推动可持续发展；如果选择利用不当，就会以其负面效应危害人类，破坏可持续发展。可见，在选择和利用科技行为时，科学家负有不可推卸的道德责任。现代社会，由于科技的社会功能大大增强，技术的双重效应日益突出，尤其是当今核武器已经发展到可能摧毁地球和整个人类时，科学家面临着重大的道德责任与义务的选择。因此，要处理好这一关系，维护和平与发展事业，就需要大力弘扬科技伦理道德，树立热爱科学、造福人类、坚持真理、勇斗谬误的精神，只有这样，才能使科技在推动人类社会发展中起积极作用。

3. 精神文明建设能为可持续发展提供智力上的支持。

可持续发展是一个极为复杂的系统工程，它不仅涉及人与自然、人与人的关系，而且还涉及整个社会的经济、政治、文化、人口等方方面面，所以要正确制定和实施可持续发展战略，就必须正确认识、掌握它们的规律性。而对这种规律性的认识和把握，必须通过加强精神文明建设，大力发展科技教育文化事业，只有这样，才能为可持续发展提供智力上的支持。这种支持主要表现在两个方面：

一是表现在对可持续发展的认识能力上。人类真正走上可持续发展道路，一个重要的前提条件是人们对可持续发展有正确认识，比如，人类为什么要提出和实施可持续发展战略？它的含义和主要内容包括哪些？人类在当前的发展中到底遇到了怎样的难题？可持续发展有什么规律，我们能否认识这些规律？如何克服这些难点实施可持续发展？等等。这些认识问题不解决，可持续发展就无法提出来。而这些问题的解决，又取决于科学的进步和科技能力的发展。因此，对于一个文化落后的国家来说，是根本谈不上可持续发展的。

二是表现在对可持续发展问题解决的能力上。这也是主要通过发展科技来完成的。例如，当前影响全球可持续发展的重大问题中有温室效应、臭氧层的破坏、大气层和水环境污染、酸雨问题严重、淡水资源枯竭、人口暴增、耕地锐减、沙漠化进程加速、厄尔尼诺现象日趋严重等，而这些问题只有通过科技进步，加强科学研究，找出产生这些问题的原因及其内在机制，探寻解决这些问题的对策，发展各种无害化、低消耗、资源再利用技术，克服粗放经营和急功近利所造成的资源浪费，最大限度减少工业化带给社会经济结构、人文结构、自然资源、生态环境所造成的负面影响。因此，只有加强精神文明建设，才能为可持续发展提供思想道德基础、智力支持和方向上的保证。可见，精神文明建设对于可持续发展来说，绝不是可有可无的，而是至关重要的大事。我们在规划和实施可持续发展中，一定要切实加强社会主义精神文明建设。

三、精神文明建设必须与可持续发展相适应

为了保证正确制定和实施可持续发展战略目标，加强精神文明建设必须紧密围绕可持续发展这个战略目标和适应新一轮创业的需要，我们应该在以下几个方面下功夫，这不仅是可持续发展的迫切需求，也是精神文明建设深入开展的需要。

1. 扩大改革开放。

通过加强精神文明建设，推进深化改革，扩大开放。在深化改革方面，就是要加速实现"两个根本改变"，建立社会主义市场经济新体制，扭转我国长期以来经济发展主要靠资金、劳力的大量投入，靠资金、能源高度消耗的外延增长方式。在扩大开放方面，一是要在充分肯定西方工业革命对推动生产力发展所起的进步作用的同时，紧密结合我国改革开放和

现代化建设的实践，深入研究、总结西方工业革命以来那种"高生产、高消费、高污染"的传统发展模式和"先污染、后治理"的道路造成严重危害的经验教训，并以此教育我国广大干部群众，提高我们实施可持续发展的自觉性和紧迫性。二是要找出推行传统发展模式的道路的深层次的原因，学习、借鉴发达国家对节约资源、优化环境所采取的好的对策、经验、方法，以及综合治理的高新技术，增强我们实施可持续发展的能力。

2. 强化道德建设。

通过加强精神文明建设，坚持以邓小平理论价值观和道德论为指导，加强社会公德、职业道德和家庭美德教育，抓好社会、生态和科技伦理道德建设，逐步建立起社会主义市场经济条件下与可持续发展相适应的道德体系。在实施道德教育中，要坚持把道德的先进性和广泛性结合起来，不断克服由于市场经济发展不充分和法制不健全而出现的唯利是图、腐败受贿等不文明现象及其所导致的经济行为病态、失控和混乱，以及资源和环境遭到破坏等不道德行为。通过道德建设，提高全民道德素质，使之能够按照可持续发展战略的要求，做到把人民的眼前利益和长远利益结合起来，把发展的权利与保护自然资源环境的义务、责任有机结合起来，把当代人的发展与造福子孙后代结合起来，从而为可持续发展提供精神支柱。

3. 深化科技改革。

通过加强精神文明建设，深化科学教育文化的体制改革，推动"科教兴国"战略方针的落实。科技是第一生产力，在可持续发展的能力建设中居于不可替代的重要地位。我们在发展科技方面，一是要确立绿色科技观念，明确人类在利用科技成果变革自然时，必须把人与自然作为有机统一体进行考察，自觉地按自然规律办事，同时要重视科技发展对生态环境影响的预测，采取强有力措施，发挥其正效应，克服消极后果。二是要加大科技发展和普及的力度，提高科学研究能力、技术开发能力和科学技术转化为生产力及推向市场开发的能力，等等。同时要大力发展作为科技基础的教育，要加快教育体制改革，增大投入，变应试教育为素质教育。通过发展教育，为发展高新科技培养生力军，也可以利用文化教育和大众传媒，向人民群众宣传、解释有关可持续发展的新观念、新思想，引导人们放弃单纯追求物质享受的价值观，改变非持续发展的生产模式、消费模式和生活方式，帮助人们树立健康向上的、追求人的全面发展的价值观，鼓励人们接受可持续发展的生产模式，提高人们的环保意识等，以利于认识和把握客观世界发展的规律性，更好地指导可持续发展。

4. 搞好综合治理。

可持续发展被认为是科学技术能力、政府调控行为和社会公众参与的"三位一体"的复杂工程，只动员某一部分力量，采取某个单项的措施都是无济于事的。我们必须通过加强精神文明建设，在提高全民对可持续发展重要性、紧迫性的认识的基础上，把全国党政军、工农商学兵，以及社会各行各业的力量动员起来，积极参与可持续发展工程，并明确各自的任务和责任，组成整体合力，采取各种手段进行综合治理。这样不仅能使广大干部群众成为实施可持续发展战略的实践者，而且还能成为强有力的监督者；不仅能构建优美的自然环境，而且能构建安全、稳定、温馨的社会环境；不仅能对自然资源进行合理的利用和开发，而且使之得到精心的爱护和保护，真正做到人类和自然界、经济社会协调和谐地发展，既造福当代人，又为子孙后代的发展提供更大的潜力。

5. 加速建章立法。

通过加强精神文明建设，增强人们的法制观念，使立法工作适应可持续发展的需要。一是要求在制定和实施法律时要考虑和贯彻可持续发展战略，用法律手段保护人口、资源、环境政策的执行。而有些重要法律，如《企业法》《农业法》《对外贸易法》《乡镇企业法》等都应当有环境和保护的内容和条款。二是加快控制人口、节约资源和环境保护的立法工作。凡是尚未制定制度、法律和法规的地方，要抓紧调研制定使之早日出台；凡是制度、法律和法规不配套的，要尽快加以完善。三是加强执法力度。凡是具有比较完善的制度、法律和法规的地方，就要严格执行，坚决纠正那种有法不依、执法不严、违法不究的现象。四是要建立法制部门的责任制。凡是明知故犯、执法犯法的单位和主要负责人，要从严查处，同时还要利用多种形式，开展执法监督等，保证把可持续发展纳入法制化轨道。

（原载《江西社会科学》1998 年第 9 期）

试论知识经济与精神文明建设

我们正在进入一个崭新的知识经济时代。弄清知识经济与精神文明建设的关系，以及精神文明对知识经济发展所产生的效能，无疑对于促进精神文明建设，加速我国知识经济的到来有着极为重要的意义。

一、精神文明建设是知识经济发展题中应有之义

精神文明之所以成为知识经济发展题中应有之义是由其内在性质决定的。

1. 从知识经济的本质看，精神文明建设是其重要的内容。

知识经济是以知识为基础的经济，其实质就是智力经济。它以知识的创新和信息技术的革命提供了大量新的文化表现形式和传播手段，从而进一步推动了人类思想文化的发展。知识经济的性质和特征告诉我们：从知识经济的内容、实质到知识在生产中所占的地位的变化，从推进经济全球化到促进人类思想文化的发展等，都离不开精神文明建设。可见，精神文明建设是知识经济不可分割的重要因素。

2. 从知识经济形态的产生看，它是精神文明建设的产物。

发展生产力是人类社会追求的永恒主题。而生产力是依据科学技术发展为基础，以升级换代为形式的不断智能化的规律而发展的。随着新科技革命的迅猛发展，特别是信息技术浪潮的兴起，人类才逐步发展进入知识经济时代。可以这样说，农业时代的经济是劳力经济，工业时代的经济是资源经济，知识时代的经济则是智能经济。而这一发展过程，也是以智力和文化为基础的精神文明发展的产物，是精神文明建设为人类结出的美丽的花朵和丰硕的果实。

3. 从知识经济对人的要求看，人的全面发展是精神文明建设的出发点和归宿。

知识经济对人的素质提出了更高的要求。它要求人们转变旧的、传统的发展观和价值观，树立崇高的理想信念、科学的世界观和道德观；要求培养具有一专多能、知识丰富、能力很强的全面发展的人才，这样的人必须具有独立自主精神、对社会抱有高度责任感并富有创新的精神和能力。只有这样的人，才能掌握知识经济的本质，占领知识经济发展的制高点，推动知识经济的快速发展。

知识经济的发展不仅要求培养全面发展的人才，而且为实现人的全面发展提供新的机遇。因为知识经济大大提高了劳动生产率，创造了越来越多的物质财富，为人的全面发展提供了优厚的物质条件；知识经济的发展大大缩短了社会必要劳动时间，使人们有更多自由支配的时间去发展多方面才能；知识经济大大缩短了空间距离，打破了地域限制，可使人们在多方交流中促进人才的全面发展；而且先进的高新科技也为培养全面发展的人才提供了新的手段。

上述这些要求和机遇正是以培养"四有"新人，全面提高人的素质为根本任务的精神文明建设的出发点和归宿。可见，精神文明建设是知识经济内在不可缺少的重要组成部分，知识经济的发展必然要求加强精神文明建设。

二、精神文明建设是知识经济发展的强大保障

知识经济的发展，知识经济时代社会各种关系的协调和解决，都迫切需要精神文明建设对其进行整合、范导、支撑和保障，尤其对我们这样一个人口众多、资源缺乏、经济文化都较为落后的大国来说，就显得更为紧迫。

1. 精神文明建设为知识经济的发展提供重要的思想保证。

知识经济的发展，不仅带来丰富的物质财富，而且也对人的思想和道德提出了更高的要求。只有通过加强精神文明建设，才能有效地克服工业文明发展出现的精神颓废、道德沦丧、信仰危机、社会治安混乱等只靠物质文明发展所无法解决的社会病态，保证知识经济的发展有个正确的方

向。同时，知识经济是创新经济，它的发展关键在于要有高尚思想境界并富有创造性的人才，而这个问题要靠精神文明建设加以解决。只有通过加强精神文明建设，深入进行正确的思想教育，发扬爱国主义、集体主义、社会主义和艰苦奋斗精神，才能提高人们的精神境界和道德风尚，激发创新精神，从而为知识经济的发展提供思想保证和精神动力。

2. 精神文明建设为知识经济的发展提供强有力的智力支持。

知识经济把知识作为新的战略资源，作为生产力中的第一要素，在经济和社会发展中起着核心和决定性的作用。知识经济中所指的"知识"，最重要的是科学技术知识，其中又以信息技术为代表。同时，还包括人文社会科学知识，以及人们在各项工作和生活中所取得的经验等。所以，知识的产生、创新、分配和使用都离不开精神文明建设的进步。而我国社会主义精神文明建设是以教育、科技和文化建设为基础的。我们通过加强精神文明建设，可以提高人们对教育和科技在支持经济发展中的重要地位的认识，树立尊重知识、尊重人才的观念，从而激发广大人民群众，尤其是青少年学习知识、掌握科学技术的自觉性、积极性和主动性；可以推进教育和科技体制的改革，变应试教育为素质教育，变研究与应用相脱离为科技与社会生产、经济建设的紧密结合，使科技知识快速转化为现实生产力，从而不断缩小我国与发达国家在占有知识的质和量上的差距；可以加速科技知识的普及，使广大劳动者更好地掌握先进的科学技术，使经济建设更快地转到依靠科技进步和劳动者素质提高的轨道上来；可以使决策者更好地掌握科学的思想方法和工作方法，实现决策科学化，加快完成知识经济所要求的信息化、知识化的任务；可以加速国家知识基础设施的建立，把科研院所、高校、企业等知识机构与广大劳动者紧密联结在一起，形成社会的经济网络，把创新知识与经济的创新相结合，建立起国家知识创新体系，增强全民族的知识创新能力和实力，从而为加速我国知识经济时代的到来创造条件，等等。

3. 精神文明建设为知识经济发展创造良好的人文社会环境。

知识经济的发展总是在一定的社会环境中进行的。一个良好的社会环境会对知识经济的发展起巨大的推动和促进作用。而创造良好的社会环境是精神文明建设的一项重要任务。我们在加强精神文明建设过程中，可以通过学习邓小平理论，增强改革开放意识，并随着我国改革的深入，努力创造一个文明和开放的社会环境，以提高深化改革和对外开放的吸引力；通过加强思想政治教育和法制建设，加强综合治理，化消极因素为积极因素，创造一个政治和社会稳定、和谐的社会环境；通过加强党的建设和道德的教育，使广大干部群众增强反腐倡廉的自觉性，发扬艰苦朴素的优良传统，提高道德修养，坚决抵制个人主义、拜金主义、享乐主义思想，正确处理国家、集体和个人三者的关系，从而构建一个风气良好的社会环境；通过加强党的全心全意为人民服务宗旨和职业道德的教育，树立爱岗敬业、"人人都是服务对象，人人都在为他人服务"的思想，以保持整个社会生产、生活秩序有效地进行，从而形成各行各业服务优质的社会环境，这样就能为知识经济的发展提供一个良好的人文社会环境和空间。

4. 精神文明建设为知识经济发展提供健康的人力资源和体能条件。

知识经济发展需要具备体魄强健、精力充沛、思想敏锐、能坚持连续工作的人才。而文化、体育、卫生事业也是精神文明建设的重要内容。

由此可见，只有加强精神文明建设，才能为知识经济的发展提供思想保障、智力支持，以及和谐的社会环境和健康的人力资源。因此，我们在迎接知识经济的过程中，必须把精神文明建设放在突出的地位，充分发挥精神文明建设对知识经济发展的效能。

三、精神文明建设必须适应知识经济发展的要求，并为其服务

江泽民同志在北大百年校庆重要讲话中指出："知识经济已见端倪。"但我国还不具备全面进入知识经济的条件。为了迎接知识经济的到来，我国的精神文明建设必须适应它的发展需要，并为其服务，为此，要从以下几个方面努力。

1. 认真贯彻"三个代表"重要思想。

"三个代表"重要思想是江泽民同志在世纪之交、千年更替的重要历史时刻，基于对新中国成立以来，特别是改革开放以来经验的总结和当前国内外形势的分析，为我们面向新世纪巩固党和国家政权而提出的强大思想武器，它是我们党的立党之本，执政之基，力量之源。贯彻"三个代表"重要思想是全党和全国人民的共同任务。我们各项工作都必须贯彻

"三个代表"的要求，精神文明建设更不能例外。

精神文明建设贯彻"三个代表"重要思想，就是要体现社会主义文化前进方向，坚持以马列主义、毛泽东思想、邓小平理论为指导，重点要解决好如何在以经济建设为中心的前提下，使两个文明互相渗透、互相促进、协调发展；如何在深化改革、建设市场经济体制的条件下，形成有利于社会主义现代化建设和知识经济发展的共同理想、价值观念和道德规范，防止和遏制腐败思想和丑恶现象的滋生蔓延；如何在扩大对外开放的情况下，吸取国外优秀文化成果，弘扬祖国传统文化精华，防止和消除文化垃圾的传播，抵御敌对势力对我国"西化""分化"图谋，增强精神文明教育的功能，为知识经济的发展提供强大的思想武器。

2. 加大思想政治教育力度。

随着知识经济的发展，劳动力将从农业、工业经济部门向知识的生产、分配和使用部门及服务业大转移，并出现经济活动适时化、网络化、个体化，在这种情况下迫切需要培养具有崇高思想境界的、一专多能的、富有创新精神的全面发展的人才。

培养全面发展的人才是精神文明建设的根本任务。我们加大以思想道德为核心的精神文明建设，就是要通过加强和改进思想道德教育，马克思主义唯物论、无神论和科学知识及精神文明教育，提高广大人民群众的思想觉悟，树立正确的理想信念和世界观、人生观、价值观，在全党形成提倡科学、反对迷信愚昧、抵制各种歪理邪说的健康氛围，激发全民学习知识、掌握科技的积极性、主动性和勇于创新的精神，培养全面发展的人才，以适应知识经济发展的需要。

3. 突出科教文化建设。

科教文化是精神文明建设的基础和基石，它在发展知识经济过程中起着举足轻重的作用，因此，为迎接知识经济而加强精神文明建设，就必须突出科教文化建设。

我们突出科教建设，首先必须认真学习邓小平同志关于"科学技术是第一生产力""科学技术是精神文明建设的基石"的思想，提高对尊重知识、尊重人才重要性的认识，全面落实科教兴国战略；积极推进教育改革，优化教育结构，努力贯彻教育"三个面向"；加强科技基础研究，改革科技体制，实现科技与经济有效结合，科技、教育和经济一体化，以及科研院所、学校与企业紧密相连，加速科技成果的转化；积极开展科普工作，推进农业和工业科技进步，发展高新科技，实现产业化，提高科技进步在经济增长中的含量；加大科技事业投入，把科教放在优先发展的地位，动员和集中力量从财力和物力上保证科教的优先发展。同时，与此相适应的要培养一大批从事科技知识创新和高新技术产业化的领导、骨干人才，从而推动知识经济的快速发展。

4. 加速精神文明建设的法制化。

如果说市场经济是法制经济，需要完备的法律规范的话，那么发展知识经济更是如此，因为知识经济更需要严守法规，信守契约，恪守规范。

法制化建设也是精神文明建设的重要内容。我们强调精神文明的法制化建设，一方面，是通过普法教育，提高全民法制意识，推动国家立法，增强广大干部群众学法、知法、守法、护法的自觉性，贯彻和落实以法治国的思想，建立起有中国特色的社会主义的法律体系；另一方面，是要把精神文明建设纳入法律化、制度化的轨道。这样不仅要将精神文明建设中有关全局性、根本性的问题，如精神文明建设的地位、性质、任务、内容和保障等用法律形式加以确定，使之成为社会团体、党政机关及公民的行为准则，而且要使精神文明建设中各个要素，如科、教、文、卫、体等，根据需要，分门别类制定出有关的法规、制度来。从而使各项工作不仅有道德软约束，还有法律硬约束，把软硬约束、自律他律有机结合起来。因此，加强精神文明法制化建设，使物质和精神生产、分配、使用各个环节都建立起完备的法制，做到有法可依、有法必依、执法必严、违法必究，从而为发展知识经济提供良好的、有序的、健康的社会环境。

5. 精神文明建设必须创新。

知识的本质是创新，创新是知识经济发展的不竭动力和源泉，也是知识经济的灵魂。随着知识经济的发展，要求我们打破成规，在思维方式、工作方法等方面实行一系列创新。

精神文明建设要创新，首先要树立创新意识，敢于解放思想，善于总结经验，勇于自我否定和超越；其次要认真研究知识经济发展的特点、趋势和规律，使精神文明建设渗透到知识经济发展的各环节、各要素之中，使之紧密结合，防止"两张皮"和形式主义现象的出现，以加强精神文明建设的针对性；再次，根据知识经济发展的需要，努力开辟新途径，探索新方法，真正使精神文明建设与经济建设中心、群众思想实际、解决实际问题、载体建设、社会管理相结合，从而更好地为发展和迎接知识经济进行创造性的工作。

［原载《福建论坛（经济社会版）》2001 年第 11 期，并被收入人大《文明导刊》2002 年第 3 期］

必须加强市场经济条件下的精神文明建设

党的十四大指出："我国经济体制改革的目标是建立市场经济体制。"这是理论上的一个重大突破，丰富和发展了马克思主义。建立社会主义市场经济体制，将使我国社会经济、政治、思想、文化诸领域发生深刻变革，从而也对精神文明建设提出了新的更高的要求。

一、市场经济呼唤加强精神文明建设

马克思主义认为，经济是基础，政治是经济的集中反映，经济基础决定上层建筑，而上层建筑又反作用于经济基础，在一定条件下，经济基础起决定性作用。所以，一定的经济体制需要一定的精神文明建设与其相适应，而经济体制的转变也需要精神文明建设做相应的改变，并为其服务，两者相互依赖，相互促进，推动人类社会不断向前发展。

我国市场经济的发展给精神文明建设提供了契机。

首先，市场经济的发展给我国带来的经济腾飞，为社会主义精神文明建设提供了越来越雄厚的资金、设备和培养人才的物质基础。其次，随着市场经济的发展，势必冲破封建残余和小农观念，克服在计划经济体制下所形成的僵化思想，产生与市场经济相适应的商品意识、竞争意识、民主意识、平等意识、法制意识、效率意识、信息意识、信誉意识、人才意识等，这些观念的更新促进了人们思想道德的进步，为精神文明建设增添了新的内容。再次，改革开放使人民生活水平得到空前的提高。人民从实践中真实体会到现在党的政策好，从而更加坚定了走有中国特色社会主义道路的信念，这就为精神文明建设的发展提供了极为有利的条件。但同时还要看到，市场经济的建立和发展，迫切呼唤加强精神文明建设。

1. 是由我国市场经济的社会主义属性决定的。

市场经济是指适应社会化大生产和市场国际化的客观需要而出现的以市场配置资源为基础的一种经济运行方式。它本身没有社会制度的属性，但又总是同一定的社会制度相联系。所以，它既可以与资本主义制度结合，也可以与社会主义制度结合。正如邓小平在视察南方时的谈话中所指出的："计划多一点还是市场多一点，不是社会主义与资本主义的本质区别。计划经济不等于社会主义，资本主义也有计划；市场经济不等于资本主义，社会主义也有市场。计划与市场都是经济手段。"因此，与社会主义制度相结合的市场经济体制，一方面具有一般市场经济的基本特征，如资源配置市场化，市场机制成为推动生产要素流动和促进资源优化配置的基本运行机制；企业行为主体化，具有进行商品生产和经营的全部权力；宏观管理间接化，政府部门不直接干预企业的生产和经营活动，而是通过财政、税收、金融等政策，调节和规范企业的经营活动；经营管理法制化，整个经济运行都建立在法制的基础上；等等。另一方面又具有社会主义经济制度的本质规定性。这种特性主要表现为四个方面：第一，在政治制度上，是共产党和人民政权领导为全体人民利益服务；第二，在所有制结构上，以公有制包括国有和集体所有制为主体，个体经济、私营经济、外资经济为补充，各种经济成分和经营方式的企业都进入市场，平等竞争，共同发展；第三，在分配制度上，实行按劳分配为主体，其他分配方式为补充，兼顾效率与公平，运用包括市场在内的各种调节手段，既鼓励先进，促进效率，合理拉开收入档次，又防止两极分化，逐步实现共同富裕；第四，在宏观调控上，国家把人民的当前利益与长远利益，局部利益与整体利益结合起来，发挥计划和市场两种手段的长处，保持社会供求总量平衡和结构协调，为微观经济的发展提供一个良好的宏观环境。正是由于这些，决定了我们建立的市场经济不仅要遵循现代市场经济发展的一般规律，而且还要以马列主义为依据，加强社会主义精神文明建设，否则就不能保证市场经济的社会主义方向，建设有中国特色的社会主义就会落空。

2. 是由市场经济的双重效应决定的。

市场经济的双重效应主要表现为：一是在经济的发展上，它有利于解放和发展生产力，是振兴经济的必由之路。但它又不是万能的，它有自发性、盲目性、排他性和滞后性的弱点。二是在观念上，一方面可以促使人们观念更新，产生与市场经济发展相适应的新观念，另一方面也容易诱发人们思想道德的蜕化，使拜金主义思潮蔓延。有的人为了获取金钱，可以不择手段，甚至可以置起码的道德和法律于不顾。特别在当前新旧体制转换的过程中，这种不正之风、丑恶腐败现象就显得更为突出。三是随着市场经济发展，自发产生新观念也有两种发展的可能性。如平等观念、竞争观念和民主观念等都是好的观念。如果只满足于泛化的程度，那就很容易变成资产阶级观念，势必走上歪路。正是由于市场经济存在着正负两种效应，就特别需要加强社会主义精神文明建设，从而使市场经济的正效应得到最大限度的发挥，负效应受到最大限度的遏制。

3. 是由建立完善的市场经济体制的需要决定的。

改革十多年来，我国经济逐步向市场经济发展。党的十四大确定把建立社会主义市场经济体制作为改革的目标，进一步推动了市场经济的发展。但目前作为高层次的市场经济在我国发展还很不充分，旧的计划经济体制虽然已基本打破，但新的市场经济体系尚未完全建立。建立和完善社会主义市场经济，仍然是一项长期的艰巨的复杂的社会系统工程。要完成这样宏伟的工程需要加强精神文明建设，为其提供强大的精神动力，稳定有序的社会环境，完善的法制保障，科学和智力的支持。

由此可见，社会主义市场经济的建立和发展，既有利于精神文明建设，又迫切需要加强精神文明建设，只有两者有机结合才能保证社会主义市场经济健康顺利地发展。

二、精神文明建设必须适应市场经济发展的需要

随着经济体制的转换，精神文明建设也必将产生新的变化。过去，我们的精神文明建设是建立在高度集中的计划经济体制的基础上，是为计划经济体制服务的。改革开放以来，虽然精神文明建设在理论和实践上都有很大发展，但其内容和形式等方面仍然在不同程度上还留有计划经济的烙印，从而不能完全适应社会主义市场经济发展的需要。市场经济的发展势必引起社会结构的分化整合、社会运行机制的转换、社会利益格局的重新调整和社会观念的变化。比如，在传统计划经济体制下，整个社会结构呈

金字塔形，社会的运行主要通过垂直的行政系统来指挥，企业和个人对政府依附性强。而在市场经济条件下，整个社会结构已变成多元化的网状型，企业和个人的自主性增强，不再依附于政府。在计划经济体制下，整个社会环境较为封闭，人们的思想较为单纯，而在市场经济条件下，实行全方位开放，信息灵通，思想活跃，见多识广，主见性强，对信息的选择性增大。在计划经济体制下，由于政府直接管理微观经济，整个社会更多的呈现为静态管理的状态，而转向市场经济体制后，整个社会则更多地呈现出流动的状态，各种资金流、物资流、信息流、人才流、商品流在不断涌动。这一方面极大地拓展了人们之间的社会交往，使得人与地域、人与人、人与职业之间的联系已不像过去那样简单凝固，而是呈现出一种多角度、多侧面、多变化的人际关系网络。但与此同时，各种利益主体的多元化和差别化又必然带来一定的利益摩擦、思想冲突。所有这些都给精神文明建设带来新的情况和问题。因此，在当前要认真总结精神文明建设的经验教训，探索在市场经济下精神文明建设的新路子。

1. 在指导思想上要把为建立和完善市场经济体制服务作为精神文明建设的重要任务，并着重在建设上下功夫。

第一，要牢固树立为建立和完善市场经济体制服务的思想。精神文明建设必须以经济建设为中心，这是党的基本路线决定的。由于在当前和今后相当长的时间建立和完善市场经济体制是我国经济体制改革的根本目标，是发展经济的根本出路，所以，精神文明建设要以经济建设为中心，并为其服务，就是要把市场经济体制的建立和完善服务作为重要任务。精神文明建设的各项活动都要围绕着经济建设渗透到市场经济领域的各个方面，努力创造有利于社会主义市场经济体制的建立和完善的理论指导、舆论力量、价值观念和社会文化环境，为发展市场经济保驾护航。

第二，要把"建设"作为精神文明建设工作的出发点和落脚点。要以立为本，不搞大批判，不采取搞运动、大呼隆的方法，避免因无谓的争论浪费宝贵的时间。要从各地区、各单位的实际出发，制定切实可行的目标和规划，扎扎实实地把这项关键性的基础工程建设好，切不可停留在口头上、会议上、文章上。同时，必须实行对外开放，在弘扬中华民族优秀文化的基础上，善于吸收世界各国创造的文明成果来丰富和发展自己。

第三，要把精神文明建设与为民办实事有机结合起来。广大群众是精神文明建设的主体，只有广泛动员和组织群众参与，精神文明建设才能蓬勃发展。而要使广大群众积极参与，很重要的一条就是要把精神文明建设与为民办实事有机结合起来，使群众在参与中得到实惠，让群众唱主角，这样才能更加有吸引力，让广大群众积极参与；在参与中通过自我教育、自我管理、自我服务，达到实现自我提高、自我完善、自我发展的目的，也只有这样才能使精神文明建设深入持久地开展下去。

2. 在内容上必须根据建立市场经济体制的需要不断拓宽和更新。

当前要突出以下几个方面：

第一，要把解放思想、更新观念、加强对市场经济基本知识的系统教育作为精神文明建设的重要内容。建设有中国特色的社会主义，是前无古人的开创性事业，需要大胆探索，勇于创新，特别是在人们对它还不很了解的情况下，必然会遇到各种思想阻力。所以，当前精神文明建设的一个重要内容就是在加强对邓小平关于建设有中国特色的社会主义理论学习的过程中要特别重视开展社会主义市场经济理论的系统教育，从而进一步解放思想，走出传统封闭式计划经济观念的圈子，只有这样，才能纠正把市场经济与资本主义等同起来的传统意识，有效医治长期影响人们的"恐资病"，澄清人们在市场经济问题上的种种谬误和偏见，把人们的思想引导到建设有中国特色的社会主义，加速经济体制改革上来。

第二，要调整充实道德建设的内容，把建立安定、和谐的社会环境、团结友爱的人际关系及其伦理规范和社会风尚作为精神文明建设的重要任务。计划经济体制下的道德建设存在着重义轻利、重共性轻个性的倾向，这种状况当然不适应市场经济讲开放、求利益、讲竞争的需要，所以要根据社会主义市场经济要求，对道德建设做必要的调整。我们认为，在社会主义市场经济条件下的道德建设，应该包括两个方面：一是确立与市场经济相适应的道德观，即确立以保护竞争、鼓励竞争为核心的人才观、教育观、时间观、效益观、功利观等；二是确立与社会主义相适应的道德观，采取多种形式开展爱国主义、集体主义、为人民服务的教育，以及进行岗位学雷锋和社会公德、职业道德等教育，提倡先公后私、先人后己、互助互让精神，树立"我为人人，人人为我"的新风尚。

第三，要把发展科技教育作为精神文明建设的突出课题。市场经济是竞争经济，当今世界正经历着一场新的技术革命，世界经济竞争突出表现在科技和智力之争，归根结底是人才的竞争。所以要使精神文明建设适应市场经济的发展，对经济建设起重大的推动作用，一个突出的任务就是要抓好科学技术等精神产品的生产，使我国科技尽快赶上世界先进水平。同时要搞好基础教育、职业教育、技术教育，在提高人的整体素质、培养市场经济所需要的科技管理人才上用气力。

第四，把文化推向市场，采取有所吸引有所抵制的方针，加强对文化市场的管理，以促进文化事业的繁荣。在社会主义市场经济条件下，文化建设必须克服长期以来福利型的官办文化体制的弊病，把文化的教育功能同娱乐、审美、传播知识、宣泄情绪的功能，把社会效益同经济效益，把重视严肃艺术同重视通俗艺术有机结合起来。同时要按照市场开放性的原则，采取有所吸收、有所抵制、排污不排外的方针，一方面要善于学习和借鉴，包括资本主义国家优秀的文化成果，另一方面要加强文化市场的管理，不允许黄丑有害的文化产品充斥市场，以保证文化事业的健康发展。

第五，要在大力加强社会主义法制建设上发挥作用。市场经济是一种法制经济，在市场经济条件下的社会主义精神文明建设，也必须以法制建设作为坚强后盾。目前，我国法制体制还不完备，地方性法规不统一，法制意识薄弱等问题还较为突出，一些计划经济体制的条文还起着干扰作用，执法不严、有法不依的现象还大量存在，因此，精神文明建设的一个重要方面，就是要采取措施把过去那种单纯靠行政命令的做法转变到法制化的轨道上来。一方面要加强立法工作，完善各种法规，做到有法可依，有规可循，违者必究；另一方面要采取多种形式教育广大干部群众增强法制观念，自觉依法办事，从而加速市场经济新秩序的建立。

3. 在形式上必须创新。

过去，受"左"的思想影响，精神文明建设在形式上存在着一"大"、二"单"、三"虚"的毛病，搞了不少形式主义的说教。随着社会主义市场经济体制的建立，精神文明建设的形式也必须根据市场经济发展的实际要求不断创新。当前，群众在实践中创造的如下几种形式和载体，要很好地加以总结和利用。

一是共建载体。这是我国改革开放以来，加强精神文明建设的一项重点工程，也是新时期群众性精神文明建设的一种载体。这种共建在结构上可以实行工农商学兵警全社会参与，在内容上开展"六联六建"多种形式，适合群众需要，把精神文明建设化为群众的要求，落实到基层。

二是文化载体。通过提高人们的文化素质来提高人们的思想政治素质。在发展市场经济条件下，人们的平等意识日益强化，宣传教育采取"我说你听""我打你通"的方式，就会使人感到人格不平等，达不到预想的效果，甚至产生逆反心理。如果我们通过文化载体使人们增长知识，提高文化素质，人们就会乐于接受。由于市场经济的发展，成千上万的企业将成为社会的主要细胞，所以抓文化载体就是要以企业文化为龙头，逐步发展街道文化、社区文化、校园文化、家庭文化等，寓教育于文化之中，寓思想工作于娱乐之中，这比单纯的理论说教效果要好得多。

三是管理载体。民主、公平、规范的管理本身就是一种精神文明的境界。人的思想是客观存在的反映，如果我们的市场经济没有法制，毫无秩序，如果一个单位管理混乱，无章可循，这种客观情况反映到人的头脑中，必然产生思想混乱，在这种情况下开展思想政治工作，群众是听不进去的。所以，在市场经济条件下，抓精神文明建设的形式很多，但是，抓好立法建设，用法制这一载体规范人们的行为，是一种有效的形式。

四是活动载体。即通过群众参与来达到教育提高素质的目的。例如，许多地区开展创建文明城市、文明乡镇、文明区街，各行各业的文明单位、文明路段和文明户等多层次的文明单位系列活动；许多窗口行业、服务单位开展岗位学雷锋，讲文明、讲礼貌，创"三优"（优质服务、优良秩序、优美环境），评"三佳"（最佳服务员、最佳乘务员、最佳售货员）系列活动，以及许多城乡开展以婚事新办、丧事简办、神事不办为主要内容的移风易俗活动等都是精神文明建设的好形式，应该扎实深入地开展下去。

4. 方法上要进一步改进。

随着经济体制的转变，精神文明建设在方法上要注意改变过去那种脱离实际、搞"两张皮"，不讲实效、搞形式主义，指令性计划过多、尊重群众创造性不够等做法，探索一些群众乐于接受的行之有效的方法。例如，"虚功实做法"把精神文明建设作为一个系统工程，既要有整体目标，又要有各方面建设的具体规划，把实现规划与为群众谋福利、办实事有机结合起来；"渗透结合法"使精神文明建设活动渗透到经济建设的各项工作中，把"两张皮"变成"一张皮"，负责经济工作的干部同时要抓精神文明建设，负责精神文明建设的干部要熟悉生产经营活动；"循序渐进法"，开展活动，实施教育，要根据不同层次人的需要，区别对待，按照不同人的觉悟提出不同的要求，既要有远大的目标又要从实际出发，分步骤地逐步实施，切不可操之过急，这样才能使不同地区的精神文明建设在各自的基础上向新的台阶迈进，使每个人在各自觉悟的基础上向更高的道德水准发展；"求新多样法"，充分利用现代化的大众传播媒介进行多种形式的思想教育，使各种教育活动更有生气；"拓展业余法"，随着现代化程度的提高，工作节奏的加快，在工作时间内采取集中起来学习、灌输的可能越来越小，所以必须向业余时间延伸，向八小时之外拓展，采取多种形式，寓教于文，寓教于乐，使人们的精神生活更为丰富，更为充实。

总之，要适应市场经济体制建立和完善的需要，精神文明建设从指导思想、活动内容到建设的方式、方法都必须做必要的调整、充实、创新、改进。只有这样，精神文明建设才能充满生机活力，才能充分发挥思想活力、智力支持的巨大作用，才能使自身随着物质文明的发展不断迈上新的台阶。

三、精神文明建设与市场经济同步协调发展，必须正确处理好以下几个关系

1. 要正确认识和处理好市场经济双重效应的关系，保持清醒头脑，提高两手抓的自觉性。

市场经济的双重效应是客观存在的，关键在于我们能否正视并正确对待它的双重影响。首先要看到市场经济的正效应是主要的，它不仅有利于促进资源配置的优化，解放和促进生产力的发展，改善人们生活水平，更好地发挥社会主义制度的优越性，而且有利于推动精神文明建设，给它带来生机和活力。所以我们决不能因为它有的负效应，就因噎废食，不敢发展市场经济。另一方面也要看到市场经济的负效应，虽然不是主要的，但切不可忽视。因为市场经济强调物质利益原则，讲求竞争机制，容易诱发产生"拜金主义""一切向钱看"的思想，加上改革开放带进来的各种不健康的思想影响，一些在我们社会主义制度下早已绝迹的丑恶现象就会重新出现。这些现象污染社会风气，毒害人们灵魂，如不加以制止，就会出

现社会道德沦丧，引起社会的倒退，所以我们决不能以发展市场经济为借口，放松对这些丑恶现象的纠正和清除。

2. 正确处理精神文明建设内部破与立的关系，树立以立为本的观念。

破与立是辩证的统一，不破就难以立，不立就难以破，这是不言而喻的。从精神文明的本质来看，它是人类自身的进步和开化状态，表现为人类在改造客观世界中产生的进步、革命、前进、积极向上的精神成果，所以它要求以立为本，不断树立真、善、美的东西，同时破除假、丑、恶的东西。从我国新的历史时期社会主要矛盾看，已不是阶级斗争，而是人民日益增长的物质文化需要同落后的社会生产力之间的矛盾，所以我们必须坚持以经济建设为中心，而我们开展精神文明建设的宗旨也必须以立为本，通过提倡社会主义思想和道德，发展文化科学和教育，创立新的观念、新的风尚、新的生活。从历史的经验教训看，我国曾经历"怀疑一切""打倒一切""横扫一切"的年代，物质文化遭到空前的大劫难。当然，这并不意味着可以忽视、放松乃至放弃同错误思潮、腐朽思想和腐败现象做斗争，而是在以立为本的前提下，破立结合，以促进思想道德的提高和文化事业的繁荣。

3. 正确处理文化建设中传统文化和外来文化的关系。

文化建设是精神文明建设的重要内容。文化建设不能凭空而起，它是在前人和外人所创造的积极成果基础上向前发展的，所以处理好两者关系对精神文明发展有着重大影响。首先，我们不能割断历史，中华文化源远流长，是我们的宝贵财富，我们要加以继承和发展；同时我们又要看到，资本主义社会存在着值得我们学习和借鉴的精神文明，由于过去受"右"的思想影响，总认为资本主义文化都是腐朽落后的，不存在任何精神文明，实际上并非如此，资本主义存在着属于全人类的精神文明成果，如在法制建设、教育文化、科学建设及管理上都有许多好的做法和经验，值得我们学习和借鉴。因此，我们在立足本国的基础上还要面向世界，积极吸收人类创造的一切优秀文化成果。当然，无论是继承传统文化，还是在吸收外来文化方面，我们都不能皂白不分，全盘引进，而是有批判地吸收，只有这样，才能保证社会主义精神文明建设健康地发展。

（原载《福建省直机关文明建设论文集》1994 年）

试论精神文明法治化建设势在必行

精神文明法治化建设，是社会主义市场经济条件下精神文明建设的重大理论和实践问题。长期以来，由于法治一直被人们所忽视，因此精神文明建设的法治化也一直未能提上议事日程。为了从根本上推进"两个文明"建设，1996 年，江泽民同志根据邓小平同志的一贯倡导，明确提出了"依法治国"的重要思想。党的十五大又把"依法治国"提到了治国基本方略的高度。这既为社会主义市场经济条件下的精神文明建设指明了方向，也对转型期社会主义精神文明建设提出了更高的要求。

一、精神文明法治化建设的内涵和基本要求

所谓精神文明法治化建设，就是指把精神文明建设纳入法治化、制度化的轨道，从根本上改变精神文明建设的成败只取决于个别领导人的意志，改变只靠软约束没有硬约束的状况，从而把法律硬制约与道德软制约有机结合起来。其基本要求是：

1. 将精神文明建设中有关全局性、根本性的问题用法律形式加以确定。

如精神文明建设的地位、性质、任务、内容、保障等问题，使之成为社会团体、党政机关及公民必须服从的法律准则，使精神文明建设从法律上得到切实的保证。

2. 各级党政部门按照法律和党的政策制定具体的、明确的和有高度约束力的制度和措施。

如各级党政机关要把精神文明建设提上议事日程，实行两个文明建设同规划、同部署、同考核、同奖惩，并对精神文明建设中的突出问题实行

定期研究，及时采取措施加以解决；建立一个运转自如的精神文明建设协调指导机构，明确其职、权、利，并开展行之有效的活动；精神文明建设的资金投入，要列入各级财政预算，明确一定的比例，并随着社会的发展逐年增加；建立民主监督机制，党政领导定期向群众汇报精神文明建设工作的情况，自觉接受群众的监督，以确保精神文明建设落实到位；对那些严重忽视精神文明建设的领导干部，要有具体的组织措施加以处理等。

3. 运用法律手段来维护和保障精神文明建设的健康进行。

一是执法机关要加强执法力度，坚决反对、打击和制止腐朽思想文化的传播和违法犯罪活动。二是立法机关要尽快将那些尚未转化为法规的基本道德规范，通过民主科学的程序加以转化，使之成为公民必须严格遵守的法律义务。三是国家行政管理机关要依法行政，依法管理，充分发挥其维护和保证精神文明建设顺利开展的职能。

4. 共产党作为精神文明建设的领导力量，必须运用法律和制度来领导全社会的精神文明建设，同时自身必须成为自觉守法、严格执法的楷模，以实际行动来带动社会风气的根本好转。

由于社会主义精神文明建设是一项内容极为丰富而复杂的系统工程，所以在实施要求时，必须具体问题具体分析，绝不能做简单化、庸俗化的处理。从精神文明建设的科教文化方面看，它与物质生产和生活有直接的联系，因此，其法治化建设不仅没有疑义，而且在操作上也比较容易。从精神文明核心部分的思想道德建设方面看，这是较为复杂的领域，它并不直接与物质生产、生活相联系，而要通过经济、政治、法治等制度的中介作用才能得以实现。正是由于这种特殊性，决定了思想道德方面的法治化既不是把这方面的一切问题的处理，都诉诸法治解决，也不是把思想道德观念加以法治化，更不是排斥道德规范的作用，而是强调把带有全局性的根本问题和对思想道德建设工作及其管理方面实行法治化，只有这样才能有效地推动精神文明建设健康、快速和持续地发展。

二、精神文明法治化建设的必要性及其作用

我们应该肯定，改革开放二十多年来，我国社会主义精神文明建设取得了显著的成绩，但仍存在许多不尽如人意的地方，如党中央一再强调越

要改革开放越要坚持"两手抓，两手硬"。但在一些地方、部门和单位的实际工作中，精神文明建设这一手总是硬不起来，有时端正党风民风显得力不从心，致使一些消极腐败的现象得不到有效的遏制，有些地区的精神文明建设工作难以形成齐抓共管的合力。其原因是多方面的，其中很重要的是与精神文明法治化建设薄弱紧密相关。因此，我们必须站在时代和全局的高度，充分认识精神文明法治化建设的必要性及其重要作用。

1. 从道德和法律的不同功能看，两者必须相结合。

精神文明与法律的关系，实际上是道德与法律的关系，两者既有联系又有区别。它们都是社会规范系统的重要组成部分，不同的是，道德是以善恶评价来调整人们相互关系的行为准则和规范。它在社会发展中是约定俗成的，其功能是对人们的行动起着软制约的作用，是以自律为主的。而法律是立法机关制定的，由国家政权保护执行的行为规则和规范，其功能是对人们的行为起着强制的硬制约作用，它是以他律为主，强调绝对服从。由此可见，两者作用各有长短优劣，是不能互相替代的。因此，只有加强法治化建设与道德功能相配合，才能形成社会规范系统及其调控手段的严整体系，充分发挥其综合功能的作用。

2. 从人的本性看，软制约和硬制约必须相结合。

马克思主义认为，人们生活在非理性的现实社会中，人性除了有"善"的一面外，还有"恶"的一面。而法治就是以"人性恶"为哲学基础的，特别在社会主义市场经济初始阶段，其发育还不成熟。市场运作法规还不健全，思想工作还不适应，加上市场经济求利性、等价交换、自主性和竞争性等原则的作用，更容易诱发"人性恶"的负面影响。正是由于这方面的负面效应作用，人的种种罪恶每时每刻都在发生，这些罪恶也并不只是丧尽天良之徒、穷凶极恶之辈才能做得出来的，实际上它与"人性恶"有着千丝万缕的联系。我们今天强调精神文明法治化建设，就是着眼于对"人性恶"的防范，注重对国家权力的限制和约束。

3. 从新中国成立以来的经验教训看，精神文明建设的发展从来离不开法治化建设。

众所周知，新中国成立以来，我们党和国家在精神文明建设方面确实下了很大功夫，也取得了许多成绩。尤其是新中国成立初和 20 世纪 50 年代中期，全国人民的道德精神风貌在很短的时间里就发生了巨大的变化，文化建设也获得飞速发展。这些成就的取得，主要是由于党的路线、方针、政策的正确。然而不久，由于思想上的急功近利，导致了经济建设、道德和文化建设上的"大跃进"，造成了严重的损失。后来的"文化大革命"又使人民的道德和文化素质出现了全面的倒退。这一切，根本的原因还在于国家法治的缺乏。

同样，改革开放的发展现实也表明精神文明建设实现法治化的必要性。由于我国几千年的封建德治传统和长期以来人们在治国层次上忽视法治的关系，在精神文明建设领域往往只强调人的因素、思想教育的作用，而忽视法律手段的运用。由此产生的后果是，当计划经济向市场经济转型引起人们道德观念上乃至行为上的错位时，思想教育就变得极为乏力，而原有的法律对此也无能为力，导致了种种不道德现象和犯罪行为的迅速蔓延。这些经验教训都深刻说明加强精神文明法治化建设是极其必要的。

精神文明法治化建设的重要性不仅表现在上述的依据上，而且还表现在它对精神文明建设发展所起的重要作用上。

第一，可以较好地解决精神文明建设时紧时松的现象。由于我们的各级领导政务繁忙，不可能长期地集中主要精力抓这项工作，如果没有法治保障就可能出现随着领导干部，特别是党政一把手注意力的转移、重视程度的不同、人员的调动等因素产生精神文明建设时冷时热、时紧时松的现象。法律是程序化、制度化的社会规范，它借助国家的强制力直接作用于人们的行为。这样依靠法律"硬约束"的作用和保障，精神文明建设就能够连续地、规范地进行，有效地防止因领导干部注意力分散、认识不足、重视不够及领导人的调整而受到削弱，从而较好地解决有些地方或部门出现的精神文明建设时紧时松、说起来重要、做起来次要、忙起来不要的问题。

第二，可以从根本上解决"一手硬，一手软"的问题。从两个文明建设看，由于物质文明是人类生存和发展的基础，只有大力发展经济、增加生产，人类才能生存和发展，所以容易引起人们的重视。而精神文明建设虽然也十分重要，但在一定的历史阶段和时期，尤其是在经济比较落后时，却没有像对物质文明的需求那样直接和明显，这往往成为精神文明不被重视或被当作"软"任务的重要原因。如果有了健全的法制，把领导精神文明建设作为对各级领导干部提拔、奖惩的依据，就会迅速改正这种现象。此外，从科教文化与思想道德建设看。目前我国思想道德建设明显地滞后于科教文化的建设。思想道德建设得不到体制上的有力支持，要解决这种"一手硬，一手软"的现象，根本出路只有加强精神文明法治化建设。从科教文化建设中处理经济效益与社会效益的关系看，"一手硬，一手软"的问题也相当严重。这些现象的出现，除了因为一些单位思想政治工作薄弱外，与我们还没有建立起物质投入的保障机制不无关系。由此可见，要从根本上解决"一手硬，一手软"的问题，必须从精神文明法治化建设入手。

第三，可以通过惩罚，保障精神文明建设各项任务的落实。马克思主义认为，法治是代表国家的特殊力量，它主要具备两方面的功能：一是强制规范人们的社会行为。它规定人们在现实生活中什么样的行为是合法的、允许的，什么样的行为是非法的、禁止的。通过这种法律规范，保证马克思主义、毛泽东思想和邓小平理论的指导地位，提倡、支持和保护健康的积极向上的思想文化活动，繁荣文化市场。二是惩治功能。它可以起到打击各种不文明行为，惩治精神产品生产领域和精神生活领域各种犯罪行为的作用。比如，《刑法》规定对于"违反保护文物法规，盗运珍贵文物出国的"犯罪者的惩罚，对于"故意破坏国家保护的珍贵文物、名胜古迹"犯罪者的惩罚，对于"以营利为目的，制作、贩卖淫书、淫画的"犯罪者的惩罚等条文，都从打击刑事犯罪这一方面起到保障精神文明建设各项任务的落实，净化社会环境的作用。

第四，可以克服精神文明建设中的形式主义。目前，我国各地的精神文明建设虽然大大加强，但有不少地方形式主义还很严重。有的地区和单位的精神文明建设主要还是运动式的，比如经常在教育中搞"某某活动日""某某活动周"，在活动中过多地追求形式上的多样性、生动性、活泼性，在短时间内也搞得轰轰烈烈、热热闹闹，但时间一到，一年一度的活动也就结束了。有的单纯为了应付上级的检查评比，搞许多不切实际的指标、图表和活动，结果劳民伤财，收效不大，反而引起群众的反感，大大挫伤了群众参与的积极性。出现这种情况的原因，最主要的还在于没有形成制度，缺乏约束和法治的权威，因此，只有加强精神文明的法治化建设，才有可能避免"运动式""阵雨式"的方式和各种各样的形式主义，从根本上保证精神文明建设长期稳定、持续有效地进行。

三、实现精神文明法治化建设的基本途径和方法

精神文明建设的法治化，既是保障其健康发展的强有力举措，也是衡量自身发展程度的重要标志。因此，我们要给予高度重视，努力探索其建设的基本途径和方法。

1. 加强立法，建立精神文明建设法规体系。

精神文明建设要实现法治化，加强立法是首要的环节。在邓小平同志提出的法治建设十六字方针中，摆在第一位就是"有法可依"。没有立法就谈不上有法可依。改革开放以来，我国的法治建设取得了很大的进展，尤其是立法工作成绩显著。过去多年空缺的民商事、刑事、行政管理、国家机构，以及适应市场经济条件下反映精神文明法治化建设要求的《合同法》《产品质量法》《反不正当竞争法》《消费者权益保护法》《教师法》《科学技术进步法》《专利法》等方面的基本法律都制定出来了，这对社会主义精神文明建设起到了重要保障和推动作用。但是，仍有不少法律的制定滞后，精神文明建设领域的不少问题还等待着制定相应的法律予以解决。在当前，精神文明建设的立法必须坚持以下几点：

第一，立法工作必须统筹兼顾，在整体上体现精神文明发展的要求，体现"两手抓，两手都要硬"的思想。不论是直接还是间接的，凡是具有精神文明内容的法规，都要在这个基本精神上协调统一起来。

第二，要从国情出发，从各地不同的实际情况出发进行立法。由于我国是社会主义发展中国家，人口多、底子薄，政治、经济、文化发展不平衡，目前又处在进一步改革开放之际，精神文明建设的立法要从这一国情出发，既要积极，又要慎重，既要考虑必要性，又要考虑可行性。要成熟一个制定一个，能制定一部分就制定一部分，不搞贪大求全。要掌握好原则性规定和具体规定的尺度，在全国范围内，有些法律只能做出原则性规定，地方立法机关又可根据自己的情况做出具体的可操作的规定。

第三，要根据精神文明建设的长远目标，结合当前实际，特别是人民群众普遍关心的问题，选好立法项目。在当前，制定以下几方面的法规十分紧迫。如：市场法规，必须通过立法来确定市场主体秩序，明确规定哪些机构和个人可以或不可以进入市场，并确立市场运行秩序，使得进入市

场者依法竞争、依法交易；教育法规，主要是思想教育、青年教育方面的法规；行为法规，不少地方都制定了市民行为规范，这些行为规范有可能的应上升为地方性法规；文化法规，主要是进一步完善新闻出版事业、文化娱乐事业的管理和有关保护知识产权等法规，从而逐步建立起完善的精神文明建设法规体系。

2. 严格执法，加大精神文明建设的力度。

严格执法最能体现法律的强制性特点。一个健全的法治社会，除了完善的立法外，严格执法必不可少，否则，法律再多再完善也只能是一纸空文。法律法规能否在实际生活中产生作用，最终取决于是否严格执法这个环节。

完整意义上的执法包括了司法和行政执法，当前，我国执法在司法方面的主要问题表现为少数司法人员不依法严格办案，办"人情案""关系案"、以权谋权、滥用权力、贪赃枉法、搞不正之风等。在行政执法方面存在的问题主要表现为执法不严、违法不究、放任自流、放弃法定职责的现象在许多部门和行业存在，越权处罚、滥施处罚、以罚代刑的现象时有发生，执法部门之间职责不清、互相扯皮、互相推诿、互相争夺管理权，在执法过程中搞地方保护主义，等等。这些问题，既严重损害了党和政府的形象，也严重阻碍了精神文明建设的发展。为此，要从严执法，就必须通过以下途径解决。

第一，建设一支合格的执法队伍。在现实生活中，执法不严与执法人员的素质不高有直接关系。因此，必须采取各种措施努力提高执法队伍的政治、道德和业务素质。要建立完善的考核、任用、奖惩制度。要从严整治执法队伍中的违法违纪行为，对有法不依、执法不严、违法不究的执法人员要严肃处理。唯其如此，才能建立起一支纪律严明、清正廉洁、作风过硬、得到党和人民依赖的执法队伍。

第二，建立健全公正的司法制度。这是司法机关秉公执法的先决条件。为此，必须坚持司法机关依法行使检查权、审判权，坚决纠正司法活动中的地方保护主义和部门保护主义，建立和完善更为科学、更加公正、符合现代法治要求的司法制度，为司法机关严格执法提供良好的外部环境，等等。

第三，加强和改善行政执法。行政机关在执法中要坚持执法主体、执法程序和执行行为的合法性。要明确执法职责，提高执法效率。要实行执法责任制，严肃处理有法不依、执法不严、放弃法定职责的行为。要理顺执法机关之间的关系，搞好协调以避免扯皮现象，同时还要进一步完善执法程序。

第四，健全执法的监督和制约机制。要充分发挥党委、人大、政协、法律监督机关对执法热点问题的监督作用，同时还要动员人民群众和新闻媒介进行舆论监督，等等。只有这样，才能把"软""硬"约束有机结合起来，加大精神文明建设的力度。

3. 强化普法，提高广大干部群众守法的自觉性。

加强法律法规的宣传教育，不断提高广大干部群众的法律意识，是精神文明建设法治化的一项基础性工作。改革开放以来，特别是 1985 年开始进行全民性的普法教育以来，广大人民群众的法律意识得到很大的提高。但是，由于我国封建社会遗留下来的人治观念很难在短期内彻底消除，在现实生活中，尤其是在领导干部中，以权代法、权大于法的现象还很严重，而在一些群众中，特别是在青少年中，不知法、不懂法、不畏法、不守法、横行蛮干的现象也依然存在，这些现象都说明，把加大普法教育作为精神文明建设的重要内容是十分必要的。

第一，深入开展全民普及法律知识的教育。

第二，坚持把国家机关工作人员，特别是各级领导干部作为法治宣传教育的重点对象。

第三，根据不同对象，采取不同的方式进行普法教育。例如，对学生可开设法治课程，进行系统的讲授学习。对机关、团体和企事业单位可以组织定期集中讲课，脱产轮流学习，也可以组织业余学习。各行各业的领导应参加各级党校和培训班等，进行脱产、半脱产的集中学习。应把掌握与本行业有关的法律法规知识作为考核干部的一个重要方面，以督促他们成为自觉守法的模范。这样，通过精神文明法治化的普及宣传教育，必然有利于联络和吸引广大人民群众参与精神文明建设，充分调动其积极性，从而有力地推进精神文明建设的深入发展。

（原载《江西社会科学》2000 年增刊）

试论反腐倡廉监督制约机制的建立与完善

加强对反腐倡廉监督制约机制的研究，使之不断健全和完善，对于我国反腐倡廉、加强党和政权的建设具有十分重大的现实意义。

一、不受监督的权力，必然导致腐败

从理论上看，权力失控就会蜕变为谋取私利的工具。权力具有强制性和诱惑性的特性，这种强制性如果受不到监督制约，往往会无限地扩张。同时，权力运行过程也是社会价值和资源的分配过程，这对掌权者具有强烈的诱惑性。如果说腐败的实质是滥用公共权力、以权谋私的话，那么产生腐败的重要土壤和条件就是权力的失控，得不到有效的监督和制约。

从历史上看，权力失控必然腐败盛行。迄今为止，古今中外有许许多多的政权就是因为腐败严重而垮台的。从我国历史上朝代兴亡更替看，每个朝代初建时期的统治阶级，往往能汲取前朝腐败导致亡国的教训，对于基业初定期的腐败容易引起警觉，因而能采取较为严厉的法纪和监督措施，使政权得到巩固和发展，从而出现盛世之治、汉朝的"文景之治"，唐朝的"贞观之治"就是有力的佐证。但到了后期，由于统治阶级骄奢淫逸、朝纲不治、监督放松，腐败现象就越来越盛行，最后导致朝代灭亡。

从当前我国出现的腐败"高发期"情况看，是与缺乏严格的监督制约机制紧密相关的。我国目前正处在新旧体制转换时期，它从本质上讲是权力结构的再调整和物质利益的再分配，同时也是权力由集中到分散的过程。在这个过程中，有许多空隙。如旧的制度没有完全退出，新的制度不健全不完善，监督制约体制、机制严重滞后等，正是因为转型期存在着许多空隙和漏洞，所以就会有人利用这种空隙实现以权谋私、权权交易、权钱交易，使腐败呈现出"高发期"的情况。

可见，失控的权力必然导致腐败。

二、建立和完善监督机制的着力点

反腐败必须标本兼治。从严治标，从重从快处理大案要案固然重要，但建立和完善反腐倡廉的监督制约机制则是更为重要的一项治本举措。邓小平同志在《党和国家领导制度的改革》一文中指出，"我们过去发生的各种错误，固然与某些领导人的思想、作风有关，但是，组织制度、工作制度方面的问题更重要。这些方面制度好可以使坏人无法任意横行，制度不好可以使好人无法充分做好事，甚至会走向反面"，"这种制度问题，关系到党和国家是否改变颜色，必须引起全党的高度重视"①。因此，我们在建立和完善反腐倡廉监督制约机制时，根据我国的实际情况要着力抓好以下几个方面：

1. 在党内监督方面。

一是要对已有的组织生活会、民主评议党员、干部考核交流和回避，以及群众来信来访等制度加以完善，采取具体措施，制定必要的实施细则，努力克服各种形式主义、走过场、有名无实的现象，保证这些制度得以贯彻执行。二是要完善和实施领导干部收入申报、收受礼金礼品申报、个人和家庭重大事项报告、财产申报登记和公布等新的监督制度，使党内监督进一步规范化。以权谋私是权力腐败的主要表现形式，从世界许多国家的经验看，建立领导干部财产申报、登记和公布制度对于监督预防领导干部的腐败行为有着十分重要的意义，因此，我们必须加快财产申报立法。三是各级监督机制要建立定期对干部执行党的制度、纪律等情况进行严格的检查，兑现奖惩等制度，使党内监督逐步制度化。四是要把党政"一把手"作为党内监督的首要对象。我们党是执政党，各级党组织"一把手"的权力最大，影响也最大。我们党的事业的成败与国家兴旺与否，很大程度上是由他们决定的。而目前党政机关确有不少"一把手"权力过分集中，一个人说了算，缺乏应有的监督，违法违纪的案件呈上升趋势，

①　中共中央文献编辑委员会：《邓小平文选》第2卷，人民出版社，1983年，第333页。

其影响极坏。因此，把这些人作为党内监督的首要对象，完全符合党内监督的现实要求，也是广大党员干部的共同愿望。

2. 在权力监督方面。

邓小平同志十分重视以权制权，他说："最重要的是要有专门的机制进行铁面无私的监督检查。"① 我们认为，在健全和完善权力制约机制方面应该"三管齐下"：一是要加速立法，从严执法。当前在立法方面要在总结经验的基础上，克服过去法规存在的缺乏整体性和配套性，应急性多、稳定性少，惩罚性规定多、预防性规定少，原则性多、可操作性少的通病，尽快制定出《廉政法》《政务公开法》《行政程序法》《从政道德法》《公务员财产申报法》《经济活动实名法》《监督法》《公众举报法（或申诉法)》《新闻监督法》等，把廉政建设用法律的形式固定下来。同时，要从严执法，并增加经济上的惩罚内容，绝不许有"空档""特区"和"刑不上大夫"现象存在。二是要实行权力制衡。在发展社会主义市场经济的条件下，要转变政府职能，实行政企分开，精简机构，提高公务人员的素质，把公务人员可以利用手中权力干扰市场经济的机会减少到最低限度；分解过分集中的权力，对行政行为和管理行为的全过程按运作程序做适当分解，把法规的制定权和执行权、执行权和处罚权、处罚权和审批权、管理权和稽查权分岗设人合理配置权力，以避免权力过分集中；实行权力交叉管理，在权力运作适当分解、分岗设人之后，要实行权力交叉管理，使权力得以被"约束"，以防止各行其是，导致权力失控。三是增加权力机关监督力度。宪法赋予人大对"一府两院"及其领导者有监督权。根据这一精神，建议在县级以上人代会下设专门的监督委员会和审计委员会作为常设机构对行政和司法机关进行经常性的监督。同时要明确廉政监督职责，通过这两个委员会或其他监督机构的提案落实调查权、听证权、质询权、弹劾权，对构成严重违法违纪的领导者提出弹劾或罢免等，充分发挥各级人大在反腐倡廉中的作用。

3. 在社会监督方面。

社会监督主要包括群众监督、新闻监督及各民主党派的监督。人民群众是国家的主人、社会发展的动力，对各级领导实行监督是他们应有的权

---

① 中共中央文献编辑委员会：《邓小平文选》第2卷，人民出版社，1983年，第292页。

利。各级党政领导都应该为人民群众、各民主党派、人民团体及新闻界创造条件，广开监督渠道，保障人民群众的民主权利。在这方面，首先要实行政务公开，增加使用权力的"透明度"。凡是与人民群众切身利益密切相关的单位和部门，都要实行"两公开一监督"制度，使人民群众了解情况，让人民群众有可能对全体干部进行评议，否则，群众监督就只能是一句空话。其次，要建立保障制度。如建立完善的信访制度、举报制度，推行社会承诺制度和民主协调制度，尽快出台《人民参与监督法》，明确规定人民群众参与监督的条件、程序、方式等，做到有举必查，举报有功，使参与监督的群众有法律上的保障。同时，要尽快出台《新闻监督法》充分保障新闻工作者对腐败现象有公开曝光和追踪权，从而充分发挥社会舆论在反腐败浪潮中的扶正压斜作用。再次，要从各单位和各民主党派、新闻部门等社会各界聘请党风廉政特邀监督员，建立监督员联系制度和信息反馈制度等，这些都是加强社会监督制约的重要措施。

4. 在综合监督协调方面。

要使监督制约机制形成整体合力和综合的立体网络体系，还必须建立强有力的反腐倡廉领导管理机制。党的十四大以来，我们已经成功地建立起这样的机制，其主要内容是：在党委统一领导下，党政齐抓共管，主要领导亲自抓，纪委监察部门各自负责，依靠群众支持参与。要使这一机制得到落实，关键在于建立起党风廉政建设责任制。1998 年 12 月，中共中央、国务院颁发了《关于党内廉政建设责任制的规定》（以下简称《规定》），为确保这一机制的落实将起到极为重要的作用。根据这个《规定》，主要抓：一是领导责任。各级领导干部，特别是主要领导干部要带头遵守党纪国法，执行廉洁自律的各项规定。认真履行职责，管理好领导班子成员、自己的配偶、子女亲友和身边的工作人员，对他们当中有工作失职和违法违纪的，追究其责任。各级党政机关主要领导要把反腐倡廉工作列入党委、政府的重要议事日程，亲自过问，做到廉政、勤政一起抓。有关部门和干部出了问题，又不能及时认真处理的，既要追究分管领导的责任，也要追究主要领导的责任。二是教育责任。各级党政机关和领导干部要认真组织党员干部学习邓小平关于党风廉政建设的理论，学习党风廉政法规，进行党性党风和廉政教育，树立正确的世界观、人生观、价值观和权力观，使干部在群众中树立起"廉政、高效、求实、为民"的新形象。三是考核用人责任。要根据江泽民同志的指示精神，对党员干部要严格管理、严格要求、严格监督。要建立筛选、奖惩机制，选拔和提拔干部要坚持四化方针和德才兼备的原则，特别是把廉洁从政行为作为考察干部政治道德水平的重要内容，把选拔、培养、考核、任用、教育、监督等环节有效地结合起来，坚决杜绝要官、跑官、买官行为，防止和减少在用人上的失误。对于违反《党政领导干部选拔任用暂行条例》规定的，严重用人不当的要追究领导和有关人员的责任。只要我们全面坚决贯彻《规定》，各级领导带头廉政勤政，党政齐抓共管，各级纪委精心协调，各部门通力合作，广大群众积极参与，就能形成反腐倡廉的合力，建立起立体型的网络式监察体系，产生监督制约的整体效能，有力地遏制腐败现象的产生。

三、坚持"三个结合"，充分发挥监督制约机制的作用

十五大报告明确指出：反腐败，"教育是基础，法治是保证，监督是关键"，而且要从源头上治理腐败，就要坚决地推进改革。所以，我们要充分发挥反腐败监督制约机制的作用，卓有成效地遏制腐败的产生，必须坚持以下"三个结合"。

1. 硬监督与软监督相结合。

所谓硬监督，简单地说，就是指靠法治的力量实行的监督制约。我们建立和完善的各种法纪、法治的监督制约都属于硬监督。要实现硬监督，就是要建立起完备的法律体系并严格执法，严肃惩治违法违纪行为和腐败分子，创造党员、干部特别是领导干部产生"不敢腐败"的法律环境。所谓软监督就是指通过强化思想政治教育，提高党员干部的素质，增强抗腐能力。这种监督，主要立足于内在信念的养成，使正确的权力规范逐步在思想上内化，进而在行动上自觉实行自律。实现这种监督，着重要实行四个方面的教育：一是权力观教育。使人们正确认识手中的权力，懂得权力、责任、义务的三者统一，懂得权力是人民给予的，不是商品，更不是个人牟私发财的工具，因此，不能滥用权力，搞权钱交易。二是价值观教育。强化为人民服务宗旨的意识，把党章和为人民谋福利作为全党的共同价值观，使每个党员干部树立起立党为公、执政为民的观念，同拜金主义、个人主义思想划清界限。三是艰苦奋斗教育。使广大党员干部充分认

识艰苦奋斗是党的性质和历史使命决定的，也是我们取得革命和建设胜利的法宝，从而与贪图享受、追求时髦、挥霍浪费、玩物丧志划清界限，增强抗腐防变的能力。四是法纪教育。克服与党性原则和人民利益不相容的个人意愿，增强法纪观念，自觉用法律纪律约束和规范自己的行动，这样就能使党员、干部在思想上构筑起"不想腐败"的牢固防线。因此，实行这两者相结合的监督，把启发内在自觉的软监督与发挥法规强制监督作用的硬监督有机结合起来，互相配合，就可以有力地防止权力滥用，遏制腐败现象的滋生和蔓延。

2. 监督与严惩相结合。

所谓监督，就是在充分发挥民主的氛围中，在人民群众积极参与的情况下，依据党纪国法对国家权力进行监控和制约，使之在法定的轨道上正常运行。但要使之充分发挥防范和遏制的作用，还必须与严厉的惩处相配合。首先，要突出严惩重点，从部门看，主要是党政领导机关、司法机关、行政执法机关和经济管理部门等；从内容看，主要是贪污受贿、敲诈勒索、以权谋私、挥霍人民财产、腐化堕落等行为；从对象看，主要是违法违纪的党政领导干部和搞权钱交易的党政工作人员，特别是处级以上领导干部的违法违纪案件。其次，要加大严惩力度。不论官职大小，血缘关系的亲疏，也不论是上下级，还是对自己的老同学老朋友，都必须一视同仁，按法律规定办事。不仅要有撤职、降职、降级、给予党纪政纪处分，而且还要依法给予制裁。第三，要建立惩治腐败高额罚金制度。对被查处的腐败者，除在经济上追缴其非法所得外，还要处以几倍以上的罚款。从而使一切腐败分子不仅受到法律制裁，而且要付出高额罚金。这样，就使腐败者意识到腐败行为是真正的高成本、高风险、低收益的亏损行为，受制于反腐败的威力而"不敢"去腐败。

3. 监督制约机制建设与体制改革相结合。

目前，我国的监督制约机制还不适应市场经济发展的需要。一是监督相对独立性差。其重要原因在于我国现行体制规定，监督机关要受同级党委、政府和上级主管部门的双重领导，并以前者为主。由于经费、装备及干部职务的任免、福利、待遇、离退休安置等切身利益由当地党委政府管理，从而出现了监督与被监督的错位：被监督者领导监督者，监督者依附被监督者的状况，致使监督者反受制于被监督者，监督者缺乏执法的自主权，监督权力与责任无法统一，客观上使监督主体难于发挥监督职能。这样，势必产生弱监、虚监、失监等严重现象。由此可见，要建立和完善监督制约机制，必须与监督体制的改革密切结合起来。为此，我们认为，在深化改革的过程中，应该在借鉴国外廉政建设经验的基础上创造出具有我国特色的做法。如通过改革，首先把现有的纪检、监察、审计和反贪局合并成一个独立的有权威的监督机构，直接隶属中央（或者省以下直接隶属于省），其经费及物资装备由中央（或省里）专门渠道拨足，干部任免及福利待遇由上一级机关负责；其次，赋予这种新的监督机构以纪检监察权、侦查权、审计权、拘留权和刑事起诉权，才能冲破"关系网"和地方保护主义的障碍，充分发挥监督机构的职能和效力。

[原载《福建论坛（经济社会版）》1999 年第 3 期]

面对市场经济大潮

——石狮市精神文明建设

北方的一张大报，整版商业广告，赫然跃动着这样一排大字："到南方去！到石狮去！到发财机会最多的地方去！"在市场经济大潮澎湃中，"全国跑石狮，石狮跑全国"，成了引人瞩目的经济现象。市场经济给石狮带来了怎样的变化，给石狮的精神文明建设带来了哪些新情况、新问题？就此，我们做了调查研究。在对调查研究所得到的实际材料和理论思考前，有必要对石狮的人文社会背景和市场经济发展轨迹做简要的介绍。

一、石狮的人文社会背景

石狮位于福建省闽南金三角地带的北端，介于厦门经济特区与泉州历史文化名城之间，三面临海，深沪湾和泉州湾南北相夹，海岸线长 68 千米，海上交通便利。

石狮面对台湾海峡，与台湾省相距仅 134 海里，辽阔的海洋通向东南亚各国，在对外交往中占有重要位置。

作为城市，石狮属于"小字辈"。全市面积 160 平方千米，人口 27 万多人。市区面积 5.8 平方千米，常住人口 8 万人，辖石狮办事处和蚶江、永宁、祥芝三镇，100 个行政村（街），是被人称为"弹丸之地"的"袖珍城市"。

石狮虽小，但历史却十分悠久。据史书记载，早在隋朝，地处泉州港南面的石狮，就是沿海各地与泉州往来的通道中心。运盐贩鱼者络绎不绝，过往行人在这里建起一座石亭以避风雨。后又有虔诚者挨着石亭盖起一座凤里庵，庵前置着一尊石狮，号称"镇山雄狮"。

到了唐朝，朝廷在凤里庵附近设立驿馆，这是石狮历史上最早的官方机构。零星商贩在驿馆周围筑屋居住，逐步发展成石狮历史上第一个村落——西林村。北宋时，泉州设"市舶司"，成为法定的商港，到了南宋，这里的交易额压倒广州，位居全国之首，并成为著名的"海上丝绸之路"的起点。当今石狮所辖的蚶江、永宁、祥芝三镇在那时都是泉州港的附属港口，这就强化了石狮作为这一带交通枢纽的地位和作用。随着商业活动的扩大和人口的增多，原来的村逐步发展为乡，凤里庵周围的小摊点也变为小店铺，小店铺多了就出现了街。

与石狮历史悠久、地理位置优越、海上交通发达的情况出现的极大反差，就是石狮长期以来经济上一直处于贫困落后的状态。造成这种局面，除了社会制度因素外，与自然条件的制约也分不开。

石狮自然条件差，资源匮乏。当地群众把这种状况概括为"三多二无一少"。"三多"，即沙多、风多、岩石多。传说这里在远古时代是一片汪洋大海，经过千万年的地壳变化，海水冲刷，淤沙沉积，逐步形成沙石之地。1991年，振狮开发公司在石狮北环路附近施工打桩时，一口气打到30多米深处还是泥沙。沿海台风多，每年有几次大台风的袭击。"二无"，即无矿物资源，无溪河水资源。"一少"，即耕地少，人均不到0.3亩，土质贫瘠，不足以养活人。到目前为止，总耕地面积也只有8.1万亩，过去只能种植地瓜、杂粮。一个地域特殊的人文地理环境，往往能孕育出它独特的经济现象。石狮的生存条件也决定了它具有不同于其他地区的鲜明特色。

特色之一，具有悠久的商品经济历史。石狮最早的经济活动就与"商"字结下了不解之缘。从隋唐时商贾贩货摆摊，到清代发展成商店密集的街道，都与商业的扩大分不开。作为一条生路，这里的人不经商几乎就难以生存和繁衍后代。

特色之二，具有著名的侨乡优势。作为石狮人的另一条生路，就是出海过番。石狮人为了生存，只能不畏艰险，不辞辛劳，背井离乡，去开创自己的事业。无论是台湾、香港，还是菲律宾、新加坡、马来西亚、印度尼西亚、缅甸、日本、加拿大、美国……哪儿有青山绿水，哪儿能发展事业，哪儿就成为他们的栖身繁衍之地。特别是在兵荒马乱或歉收之年，更有大批百姓登舟冒死漂洋过海。所以，石狮三胞（侨胞、台胞、港胞）特别多，分布在三十多个国家和地区。据不完全统计，海外侨胞约有27万多人，和石狮本土人口几乎相等，祖籍地为石狮的台湾同胞有30万人以上。当今石狮，有80%以上的住户与海外有关系，成为福建著名的侨乡和台胞重要的祖籍地。不少海外巨富，如亚洲第二大富豪郑周敏先生和在菲律宾素有"钢铁大王"之称的蔡清洁先生等都来自石狮。石狮的侨乡优势不仅对过去，而且对今天的经济发展都有重大影响。可以说，没有"三胞"就没有石狮的繁荣。

特色之三，具有外来的特殊影响。石狮与台湾只是一水之隔，石狮的蚶江与台湾的鹿港两地对渡已有210年的历史。石狮与东南亚诸国联系也非常密切。海外"三胞"，经常回乡寻根访祖，兴办公益事业，带来海外的资金、技术、信息。所以，外来文化对石狮有很大影响。

以上特色，与石狮的经济、政治、文化和社会的发展关系重大，尤其为石狮市场经济的发展创造了十分有利的条件。

二、历史重负下的艰难跋涉

历史发展规律和新中国成立以来的经验都证明，商品生产是社会主义不可逾越的阶段，市场经济作为商品经济发展的高级形态，是振兴社会主义经济的必由之路。石狮人既有经商的传统，又有侨乡的优势，按理说，市场经济应该可以发展得更快些。

但是，在新中国成立以来的相当长的一段时间里，在"左"的思想影响和高度集中的计划经济体制下，石狮的市场经济发展经历了一个艰难跋涉的过程。

1. "三起三落"，几经折腾。

长期以来，石狮人凭借侨乡的优势，利用"三胞"寄回或带回而自身又用不完的"小洋货"，搞起了"估衣摊"式的"地摊经济"。但在过去一段时期，这种"地摊经济"往往被当作资本主义的东西受到限制或打压，形不成规模，发展极为艰难。"文化大革命"期间，聪明的石狮人抓住机会，把商品经济一度搞得活跃起来。例如，以吴夏云为首的几位石狮汉子，适应了当时特殊政治环境所造成的市场需求，做起制造、出售纪念章的生意，接着，30多家像章、纪念章工厂应运而生。但是好景不长，1972年"割资本主义尾巴"运动像暴风雨一样把它摧残了。

经济规律总是顽强地表现着自己的作用，行政力量的强制打击并没能完全摧垮石狮的"地摊经济"，到了"文化大革命"后期，它又再度萌生。原先只有9家县办集体企业，7家国有企业及318个取得营业执照的个体户，这时却冒出1千多户个体企业和600多户无执照商贩。按当时的观点看，石狮的资本主义又泛滥了。1975年，有一位领导到石狮视察，曾痛心疾首地说："石狮的资本主义复辟，只差插一面国民党旗了！"紧接着，工作队便多次进驻整顿，把上千名个体商贩，不论有无营业执照，统统送进"学习班"，加以"严打"。对一些"性质严重"的，如螺丝、烟丝、水果、水产等"八大王"实行问罪，拍成《铁证如山》纪录片广为放映，还办展览馆并进京展出。经过"办学习班""罚款""取缔""关押""批斗""判刑"等一番折腾，原来喧腾热闹的石狮街面，又变得萧条冷清。

1979年，中国海关总署下文，放宽了华侨回国探亲携带物品的范围，石狮的商品经济再度活跃起来。每天，邮电局的邮包都堆得像小山包一样，最多一年达11万包。大批华侨、港澳同胞返乡探亲、旅游。他们随身带来许多写着洋文的物品，吃的、穿的、用的、玩的，琳琅满目。这些物品在市场上成为抢手货，石狮很快以贩卖"小洋货"而被称作"小香港"，驰名全国。与此同时，中国沿海刮起一阵巨大的走私风，石狮也成为走私货的集散地之一。80年代初，国家下达"坚决打击走私活动"的指示后，石狮的走私活动成为打击的重点目标。在这种形势下，石狮市场又沉寂了。

2. 改革开放，走出新路。

在石狮，市场经济的真正发展是从改革开放开始的，改革开放以市场经济为取向，给石狮的市场经济发展带来了强大的动力。正如市委书记、市长刘成业所总结的，改革开放以来，石狮经历了买卖"洋货"、仿造"洋货"和制造"洋货"的过程，走出了一条发展社会主义市场经济的新路，形成了利益主体多元化、资源配置市场化、经济运行管理法治化的雏形。

买卖"洋货"，就是指改革开放后，由于认真落实了华侨政策，石狮"三胞"带回或寄来了大量小商品（洋货），通过买卖洋货，一部分人赚了大钱，增强了市场经济意识和经营才能。从某种意义上讲，这个阶段为石狮市场经济的发展起了原始资本积累的作用。

仿制"洋货"，是指洋装的来料加工，款式是海外的，工艺是石狮人的。富有智慧的石狮人仿制的服装相当精致，可以与舶来品相媲美，深受全国各地消费者的喜爱。广阔的市场推动了石狮充分利用侨区的三闲（闲房、闲人、闲资）加速办企业，仿制"小洋货"，从而实现了石狮市场经济发展中的一个重大突破。这标志着石狮从单纯以经商为主向贸工结合的道路迈出了决定性的一步。

制造"洋货"，是指在仿制"洋货"的基础上，创造自己的品牌。如优秀企业家宋太平创造的驰名中外的爱花牌内衣产品，蔡友镖的"全家福"成为中国服装界的名牌商标，等等。这个阶段，有些企业随着市场经济的发展，技术设备、产品、质量等方面都上了新的档次。产值也从十几万元猛增到百万元、千万元。它标志着石狮工业生产已由初创进入了初具规模的阶段。截至 1986 年，石狮已拥有 500 多家工业企业，其中 600 多种产品获得部、省、市优秀产品荣誉证书，工业产值近亿元。

3. 建市以后，飞速发展。

1987 年 12 月，经国务院批准，石狮由晋江县的一个农村集镇升格为省辖县级市。1988 年 9 月 30 日，中共石狮市委、市政府正式挂牌对外办公。建市后，石狮就被省委、省政府定为福建省综合改革试验区。在改革试验中，石狮市委、市政府坚决贯彻党的"一个中心、两个基本点"的基本路线，解放思想，大胆探索，从石狮实际出发，初步闯出一条"侨乡优势、贸工结合、轻型主导、外引内联、城乡一体、目标外向"的发展路子，形成了"小商品、大产值，小洋货、大创汇，小企业、大联合，小城市、大网络，小政府、大社会"的鲜明特色，社会主义市场经济新体制及运行机制的雏形在石狮已经形成，主要表现在以下五个方面：

一是建立了以民营经济为主、投资主体多元化、多种经济成分共同发展的格局。建市前，石狮是个农村集镇，地处海防前线，长期以来国家投入极为有限；建市后，政府也只给政策，几乎没有投资，因此，石狮公有制经济非常薄弱。改革开放以后，特别是建市以来，石狮充分发挥侨乡优势，制定优惠政策，调动各方面积极性，大搞"外引内联"，大力发展"三资"、私营企业，形成了以民营经济为主，多种经济成分相互竞争、互相促进、优势互补、合力发展的局面。到目前为止，有股份合作制民营企业 3000 多家，这些企业已成为石狮经济发展的主要形式。人们把这种经济发展的格局称为"民办特区"。

二是建立适应市场运行的企业制度。由于石狮的企业绝大多数是群众集资合股和利用外资创办起来的民营企业，这些企业从诞生之日起，就摆脱了对政府的依附关系，企业产权关系明晰，劳动用工、工资分配、原材料供应和产品销售等直接与市场挂钩。即使是国有企业，也通过承包、租赁、与外资嫁接等办法，转换企业经营机制，逐步走上了市场经济的轨道。现在石狮的企业，不论是国有、集体，还是"三资"、私营、个体，都开始成为实行自主经营、自负盈亏、自我发展、自我积累的生产者和经营者。

三是有一个发展较好的市场体系。全市各类商品价格，包括生产资料价格已全部放开。以服装为主的商品市场异常发达，全市拥有 4 座商业大厦，18 条商品街，有 8000 多家商业和服务性企业，市区平均每七八人就有一家店面，被誉为"有街无处不经商"。全国各地商贾云集，每天进入石狮的流动人口多达 6 万多人次。石狮在全国 20 多个大中城市的大型商场设立了 1300 多个销售专柜，3000 多个供销人员，地域遍布大江南北，57 家民办联运站根据用户要求，及时将产品运往全国各地，形成了以石狮为中心，以联运站为纽带，以各个销售专柜为依托的四通八达的销售网络和市场体系。要素市场也初具规模，企业所需生产资料全部由市场解决，劳动力通过市场招聘，金融市场方面也形成了以人民银行为领导、专业银行为主体、其他金融机构并存的金融体制。此外，技术、信息、人才等要素市场也逐步形成。目前，石狮市场覆盖了社会再生产的全过程，微观经济活动基本上靠市场机制进行调节，市场在资源配置中起着主导作用。

四是以外向型为主，对内对外全面开放。这几年，石狮的外向型经济从发展"三来一补"到兴办"三资"企业，从零星布点到系列开发，经历了一个由小到大、由少到多、由低到高的发展过程，并逐步进入了国际经济大循环的轨道。石狮的产品销往世界五大洲，吸引外资额占总投资额的 30%，外向型经济已成为石狮国民经济的重要组成部分，其产值占社会总产值的 60%。同时，与国内人才、资金、技术、信息、商品市场等方面的联系也越来越密切，辐射力越来越强。1992 年引进内联企业 102 家，比 1991 年增长 112.5%，协议投资额达 20.8 亿，增长 7 倍，到目前，内联企业累计达 204 家。同时，他们还采取中外结合的方法，加速第三产业的发展步伐，形成了一批"中外""中中外"型企业。

五是政府建立了与市场经济相适应的机构模式。为适应市场经济发展的需要，石狮一建市就根据省委的要求，实行"小政府、大社会"的体制，建立了精干的党政机构。政府只设经济局、国土局、侨台外事局、内务局和科卫文体局等 18 个工作部门，编制 332 名，现实有 276 人，相当于一般县级市的 1/3。其中经济局就相当于其他县级市的经委、计委、农委、财委、物委及其下属的 27 个单位。市 5 套班子只配 14 个职位，不到其他市县的 1/2。这样的机构，人员精干，办事效率高，以"规划、协调、监督、服务"为主要职能，政府行为摆脱了传统的对微观经济的直接干预，而转为着重间接的宏观调控。政府与企业之间出现一种"你投资、我欢迎；你赚钱、我收税；你违法、我查处；你倒闭、我同情"的新型关系，有利于市场经济的发展。

由于石狮曾经被认为是全国三大"黄源"之一，走私商品一度泛滥，在全国产生了不良影响。建市后，发展市场经济，走的又是以"民营经济为主""市场调节为主""外向型为主"的道路。加上"左"的思想的影响，一些人在思想上产生了疑虑：石狮到底姓"社"，还是姓"资"？在邓小平同志视察南方重要讲话发表以前，石狮的干部群众对这个问题在认识上也没有真正弄清楚，谈起这个问题不能理直气壮，往往采取回避的方式。这就成为石狮经济发展的主要思想障碍。

1992 年春，邓小平同志视察南方发表重要讲话，精辟地揭示了社会主义的本质，科学地分析了姓"社"姓"资"的标准，给石狮广大干部群众拨开了迷雾，澄清了理论是非，群众思想更解放了，胆子更大了，方向更坚定了，干劲更足了。目前，石狮人民在市委、市政府的领导下，正团结一心，努力创造条件，促进石狮经济向着规模生产和集团经济的新阶段迈进，从而进一步推动社会主义市场经济的发展。

三、市场经济呼唤精神文明建设

石狮市场经济的发展给精神文明建设提供了新的契机，注入了生机和活力。

首先，市场经济发展增强了经济实力，为精神文明建设提供越来越雄厚的资金、设备和培养人才的物质基础。以教育为例，建市四年多来，政府对教育的投入近 4000 万元，"三胞"捐赠投资 1 亿 1 千多万元，还有大量群众集资，从而使石狮市原来十分落后的教育面貌得到了较大程度的改变。这在计划经济体制下是难以想象的。

其次，市场经济的发展有力冲击了封建思想残余和小农观念，冲击了在计划经济体制下受"左"的思想影响所形成的僵化思想，萌发了与市场经济相适应的开放和竞争、效率和效益、价值和平等、信息和创新、权利和义务、能力和人才、民主和法治等许多新观念。凡到石狮与当地人民群众接触过的人，无不感到那里的群众思想解放，敢闯敢干，开拓创新的精神特别强烈。观念的更新，使精神文明建设增添了新的时代精神。

再次，石狮人民在改革开放、发展市场经济的过程中，生活得到了较大改善。他们从切身体会中真心实意地拥护党的路线、方针、政策，增强了社会主义信念和爱国主义精神，为精神文明建设奠定了坚实的思想基础。

在肯定市场经济发展对精神文明建设所起的积极作用的同时，也不能不看到它所带来的负效应，主要表现在：有的人受拜金主义、享乐主义、极端个人主义的影响，理想、道德、法治观念淡薄了；有的受资本主义腐朽文化的腐蚀，造"黄"贩"黄"、卖淫嫖娼、贩毒吸毒等丑恶现象沉渣泛起；有的不择手段地赚钱，造假售假、强买强卖、欺行霸市；政府个别公职人员也存在以权谋私、贪污、行贿、受贿等不正之风；等等。这些情况说明，越是改革开放，头脑越要清醒，市场经济越发展，越要加强精神文明建设。只有坚持"两手抓，两手都要硬"，才能使市场经济的正效应得到充分发挥，负效应受到最大限度的遏制。石狮建市以来，狠抓精神文明建设，化解各种消极因素的事实，也从正面说明了这一点。

再从经济建设的角度看，石狮的市场经济虽然发育较早，发展较快，形成了新体制和运行机制的雏形。但建立完善的社会主义市场经济仍然是一项长期的艰巨的复杂的社会系统工程。要实现这种伟大变革，需要不断加强精神文明建设，为其提供思想保证、精神动力、智力支持和舆论环境。

由此可见，在市场经济条件下，物质文明和精神文明的建设是相互渗透、相辅相成、密不可分的。

四、精神文明之花结硕果

石狮一建市，市委、市政府就十分重视精神文明建设，他们从农村集镇刚刚升格所带来的起点低、素质差、情况复杂的实际出发，坚持重在建设，狠抓基础工作。1990年在三明召开的全省精神文明工作会议后，他们根据省委提出的"石狮要作为全省军民共建文明城试验点"的要求，制定了三年创建社会主义文明城市的实施规划，积极探索在改革开放、发展市场经济的条件下建设精神文明的新路子。短短几年，两个文明的建设都取得了丰硕的成果。在今年召开的全省精神文明建设工作会议上，被省委命名为"创建文明城市活动先进城市"。

1. 市民素质显著提高。

昔日粗野的习气开始改变，反映市场经济不成熟而出现的尔虞我诈、造假售假、走私贩私、欺行霸市等行为减少了。取而代之的是"讲团结、勇开拓、守信誉、做奉献"的群体精神大为发扬。遵守"两德"、文明经商、热情待客到处可见；拾金不昧、见义勇为、一方有难八方支援蔚然成风；移风易俗、婚事新办、丧事简办、神事不办的社会新风正在形成。这里的干部群众有大胆的创新精神，强烈的竞争意识，务实的工作态度。这里的军民关系融洽，鱼水情深，先后被命名为"全国双拥共建先进单位"和福建省"双拥模范城"。这里的"三胞"热爱祖国、热爱乡土，以其资金、技术、管理、信息等方面的优势，为石狮的物质文明和精神文明建设做出了巨大贡献。

2. 科教文卫蓬勃发展。

建市后，创建民办科研所、科技企业34家，成立了市级自然科学学会12个，各类学会、协会、研究会的会员发展到2000多名。引进各类技术（管理）人才3000多人，引进开发新科技项目100多项，筹建高科技开发区2个。开发高新技术产品28项，其中，有9项被列入省高新技术和火炬计划，5个项目通过省级新技术鉴定，2家企业被省科委认定为全省第一批高新技术企业。服装科技先进设备已接近国际水平。各村普遍建立了科普组织，科技网络初步形成。

教育工作取得突破性进展。三年来多方筹资4000多万元投入教育，新办小学 15 所，新建、扩建普通中学 5 所，职业中学 1 所。全市已依法实施初等义务教育，覆盖适龄儿童率达 100％。市区和永宁镇已实施中等义务教育。教学质量普遍提高，全市小学"四率"达到省颁一类标准要求，高考升学率比建市前翻一番。职业技术教育和成人教育体系发展完善。

文体事业成果突出。建市后，通过"三胞"捐资、群众集资、政府投资等渠道，先后兴建了文化中心、展览馆、度假村、风景区、公园、游乐园、电影院、灯光球场等文体娱乐设施 100 多座。建立民办文体活动团体 30 多个，80％的村建立了文化室、灯光球场和露天剧场。书籍报刊发行量达 900 多万份，人均 32 份，名列全省前茅。石狮还是全国著名的"武术之乡"。今日石狮，社区文化、企业文化、家庭文化犹如百花争妍，异彩纷呈。

3. 城市环境日趋优美。

建市后，市政府为改善城市设施已投资 10 多亿元，出台了两个"十大工程"方案。第一个"十大工程"已全部完成，第二个"十大工程"在陆续动工。到目前为止，全市电话容量达 4 万门，平均每 8 人拥有一部电话，其密度居全国前列。22 万伏输变电站于 1990 年建成，可确保全市今后 15 年内经济建设和人民生活用电需要。着眼于长期发展，去年又建成了祥芝 11 万伏输变电站。日产 3 万吨的自来水厂已投产使用，供水能力比建市前提高了 10 倍。供水能力为 20 万吨的第二个自来水厂的前期工程已于去年动工。先后建成了石泉路和 5 公里长的东西两路，拓宽进入市区五大交通路口，开通市区三条环城大道，改建街道 10 条，通往沿海三镇 38 米宽的水泥大道今年可以竣工。继千吨级码头建成后，又积极筹建石湖、祥芝万吨码头。这些城市基础设施的建设从根本上改变了昔日那种"道路不平、通讯不灵、电灯不明、自来水常停"的落后状态。

城市绿化美化工作也取得明显效果。城镇干道建设与绿化同步进行，排水沟两侧都建有绿化带。几年来，先后建成湖东公园、草坪音乐喷泉街心公园，占地 13.4 公顷的鸳鸯池公园正在兴建。单位庭院绿地也常抓不懈。目前，城区绿化覆盖率和人均公共绿化地指标均已达到省绿化委员会 1992 年下达的考核要求。

如今的石狮，一座座高楼大厦拔地而起，一条条通衢大道不断延伸。白天，车水马龙，商贾云集，一派繁荣景象。夜晚，万家灯火，笙歌箫曲，市中心的霓虹灯一条街流光溢彩，真是火树银花不夜天。一座优美有序的文明城市正展现在人们的眼前。

4. 经济建设超常规发展，人民生活水平大幅度提高。

精神文明建设的发展，提高了人的素质，创造了良好的社会环境，促进了石狮市改革开放和经济建设的飞跃发展。1991年，全市工农业总产值11.7亿元，国民生产总值8.7亿元，财政收入8925万元，分别比建市前的1987年增长了3.8倍、3.5倍、4.5倍，各项经济指标递增速度都在40％左右，在省组织的全省1991年县（市）经济综合实力评价中名列第四。

1992年，石狮经济呈现出超常规、跳跃式、高速度、好效益的势头。全市实现国民生产总值18亿元，国民收入14.4亿元，社会总产值30亿元，分别比1991年增长104.5％、83％和103％；完成工农业总产值23亿元，其中工业产值20亿元，农业产值3亿元，分别增长95.9％、122％和9.9％；完成财政总收入1.47亿元，其中工商税收1.26亿元，分别增长66％和79.9％；新批三资企业245家，合同投资总额18.6亿元，分别比1991年增长190％和193％；乡镇企业完成总产值19亿元，比1991年增长126％；其他各项经济指标均有大幅度增长。全市国民经济总体水平实现"一年翻一番"的目标，经济总量与增幅是前三年的总和，发展速度名列全省首位。

随着经济实力的增长，石狮人民生活水平显著提高。1991年城市居民人均生活费2500元，农民人均收入1250元。1992年，城市居民生活费收入3558元，农民人均收入1920元，比1991年分别增加42％和54％。市民开始购买商品房，农家小院新居连片盖起，电话、摩托车等标志现代生活方式的交通、通信设施开始进入家庭，城乡差距进一步缩小。追求物质生活的富裕和精神生活的充实已成为石狮人文明程度提高的重要表现。

［原载《福建论坛（文史哲版）》1993年增刊《迈向现代文明——石狮市精神文明建设专辑》（一）］

厦门特区精神文明建设的有益启示

在改革开放和发展社会主义市场经济条件下，如何坚持"两手抓、两手硬"的方针，这是摆在各级党和政府领导面前亟待解决的重大历史性课题。党的十四届六中全会通过的《中共中央关于加强社会主义精神文明建设若干重要问题的决议》指出：在一些地方和部门的领导工作中，忽视思想教育，忽视精神文明，"一手比较硬，一手比较软"的问题还没有解决，其中原因值得人们深思。最近笔者参加了在厦门召开的福建省精神文明建设工作会议，有机会对厦门特区精神文明建设进行较深入的考察，获得了不少有益的启示。

一

厦门市是继三明之后出现的福建省精神文明建设的又一个先进典型。这个典型是在发展社会主义市场经济和对外开放的新的历史条件下，在建设经济特区的过程中诞生的。作为经济特区的厦门市，处于改革开放的前沿，市场经济比较发达，拥有较为雄厚的物质条件。中共厦门市委、市政府以邓小平建设有中国特色的社会主义理论为指导，借助这一有利条件不断加大精神文明建设的力度。他们紧扣经济建设，促进两个文明协调发展；立足根本任务，着力提高人的整体素质；突出建设主体，广泛吸引群众积极参与；坚持重在建设，不断提高文明建设的整体水平；把握发展规律，吸纳兼容中外优秀文明成果；抓住关键问题，加强和改善各级党的领导，使精神文明建设取得丰硕的成果。

厦门市精神文明建设，首先突出表现在厦门广大干部群众素质的全面提高上。如今的厦门市，邓小平建设有中国特色的社会主义理论深入人心；热爱党、献身改革开放和现代化建设事业的人越来越多；爱国主义、集体主义、社会主义精神得到弘扬，社会公德、职业道德和家庭美德建设显著加强；新型的社会主义人际关系正在形成，一代新风逐步树立；市民科学文化素质有了明显提高，成为全省率先实现"基本普及九年义务教育"和"基本扫除青壮年文盲"的城市。随着人的精神素质的提高，厦门市的城市文明程度也得到极大的提高，成为厦门精神文明建设的又一显著标志。厦门市区基础设施较为完善，市容环境显著改观，城市环境综合质量八项指标全部超过国家"九五"规划要求，社会治安综合治理成绩显著，刑事案件呈逐年下降趋势。此外，文化事业日益繁荣，社区文化、村镇文化、企业文化、校园文化、旅游文化、酒店文化、广场文化、节庆文化等群众性文化活动蓬勃发展。

厦门市精神文明建设的这些成效不但赢得了人们的众口称赞，也赢得了来自上级党组织和政府的充分肯定。七年来，厦门市先后获得"全国双拥模范城"三连冠、"国家卫生城市"、"全国共建社会主义精神文明口岸"、"全国职业教育先进单位"、"全国'二五'普法教育先进集体"、"全国园林绿化先进城市"、"全省精神文明建设优胜城市"、"全省计划生育先进城市"等荣誉称号。

精神文明建设得益于物质基础，其健康发展又反作用于物质文明建设，使之迈上新台阶。1996 年厦门市国内生产总值达 305 亿元，分别比 1991 年和 1981 年增长 1.94 倍和 14.2 倍；人均国民生产总值连续数年居全国前列，工业总产值达到 420 亿元，分别比 1991 年和 1981 年增长 1.22 倍和 1.8 倍，外贸进出口总额达 66.45 亿美元，分别比 1991 年和 1981 年增长 2.75 倍和 43 倍；五年累计实际利用外资 42.9 亿美元，占特区建设 15 年利用外资总额的 85.7%；财政收入将达 42.08 亿元，分别比 1991 年和 1981 年增长 2.55 倍和 20.6 倍；城镇居民人均收入达 7500 元，农民人均收入达 3100 元。1992 年，厦门市进入了全国大中城市综合经济实力前 10 强，并被列为全国投资硬环境 40 优城市之一。

这些成就足以表明，厦门市是我省坚持"两手抓，两手硬"的先进典型。这些巨大成就的取得，是两个文明互相促进、协调发展的结果。

二

在一些地区、单位长期存在"一手硬，一手软"的倾向时，厦门市为什么能做到"两手抓，两手都硬"呢？据笔者对该市精神文明建设历程和经验的认真考察和剖析，认为他们之所以能取得成功，就在于能够做到"三个到位""三过硬"。

1. 认识到位，思想过硬。

所谓认识到位，思想过硬，就是指各级党委对精神文明的认识能够上升到建设有中国特色的社会主义理论的高度，自觉地把精神文明建设放在现代化建设的战略位置上来抓，这是使精神文明建设这一手真正硬起来的思想基础和前提。厦门市委、市政府领导重视理论学习。他们通过党委"学习日"、每周一晚学习活动、结合工作实践自学等多种形式学习邓小平建设有中国特色的社会主义理论和中央有关加强精神文明建设的精神，领会"两手抓，两手硬"的真谛，从思想上和理论上弄清了三个关系：

一是精神文明建设与社会主义的关系。认识到任何一个社会都是由一定的经济、政治和文化组成的，社会主义社会也不能例外，也必须是两个文明全面发展的社会。邓小平同志所深刻阐明的社会主义本质，就包含着两个文明协调发展的内容。所以精神文明建设是"中特理论"的重要组成部分，是社会主义的本质特征，也是社会主义优越性的体现，只有两个文明都搞好，才算是有中国特色的社会主义。在这一认识的基础上，他们就把是否坚持"两手抓，两手硬"同社会主义事业的兴衰成败紧密联系起来，从而增强了坚持"两手抓"的使命感。

二是精神文明建设与"现代化"建设总体布局的关系。市委、市政府领导认识到，精神文明建设在"现代化"建设总体布局中占有极为重要的地位，它既是总体布局的重要内容，又是实现总体布局的重要保证。在邓小平同志视察南方中的重要谈话发表和党的十四大召开之后，他们更加深刻地认识到，特区的发展必须两个文明建设协调同步，并行不悖，只有把两者都搞好，才能真正把厦门特区建成社会主义的现代化城市，从而提高了他们坚持"两手抓，两手硬"的责任心。

三是精神文明建设与物质文明建设的关系。市委、市政府领导认识到，两个文明是辩证发展的统一体，物质文明是基础，精神文明是物质文明发展的精神动力、文化条件和思想保证。在整个人类历史进程中，两个文明在总体上表现为一致的关系，但在一定时期内又表现为不平衡、不协调、不同步。精神文明一旦滞后于物质文明，就会对物质文明起阻碍和破坏作用。对此，厦门市委、市政府始终保持着清醒的头脑。在创办经济特区的初始阶段，他们针对所谓"先后论""自然论""代价论"，就鲜明地提出"必胜论""攀登论"和"社会工程论"。即对作为实现建设有中国特色社会主义这一目标的两翼之一的社会主义精神文明建设，由于其代表和符合绝大多数人的利益，应当确立必胜的信念；精神文明建设具有长期性和艰巨性，更需要树立坚韧不拔的攀登意识；精神文明的内涵既丰富又深刻，牵涉面广，是一个典型的系统工程，必须齐抓共管才能出成效。这一认识大大提高了他们"两手抓，两手硬"的自觉性。

正是由于中共厦门市委、市政府领导对精神文明建设认识到位，思想过硬，所以能长期坚持做到"一摆、二抓、三切入、四结合"。

"一摆"，即把精神文明建设摆到市委、市政府的重要议事日程上，对重大问题都及时进行研究。仅去年一年，他们就多次召开市委常委会研究精神文明建设情况，及时解决了精神文明建设中遇到的一系列问题。

"二抓"，即一抓规划，二抓落实。他们通过抓规划，把两个文明建设作为经济社会发展进步的统一目标加以实施。例如，他们在制定特区"七五""八五"国民经济和社会发展规划的同时，也制定了特区"七五""八五"精神文明建设规划，并提出了"树鼓浪、带两翼、上新区、促乡镇"的总体布局和思路。第七届市委任期内的各次重要扩大会议都是在部署经济建设工作的同时，对精神文明建设做出具体部署。市八次党代会明确指出，到2010年，要把厦门建成"经济繁荣、科技发达、法制健全、社会文明、环境优美、人民富裕"的社会主义现代化国际性港口风景城市。同时，通过实施规划，把会议上制定的、文件上写的、口头上说的对精神文明建设的要求落到实处，真正做到两个文明一起部署，一起落实，一起检查。近五年来，厦门市每年都要召开一次全市性的会议，对年度的精神文明建设工作进行总结检查、评比，同时提出新要求，做出新部署。

"三切入"，一是从解放思想、更新观念上切入经济建设。厦门市从姓"资"姓"社"的争论到特区要不要"特"，从依靠优惠政策到依靠功能开发，都伴随着思想解放和观念的更新。1992 年以来，他们先后组织了关于"三个有利于"标准的讨论；关于进一步解放思想，加快改革开放步伐的讨论；关于"增创新优势，更上一层楼"的讨论。每次大讨论都冲破了一些旧思想的束缚，出台了一些新的举措，推动了特区两个文明建设迈上新的台阶。二是从办好事、办实事上切入经济建设。结合经济建设和社会发展的需要，围绕群众盼望解决的问题，多办一些实事好事，将精神文明建设抓实抓好。厦门厦禾路改造工程，全长 4.6 公里，涉及 2056 户、7000多居民的拆迁安置。市委、市政府从解决交通瓶颈和改善提高人民的生活环境和质量出发，在深入调研的基础上，做出道路改造与改善拆迁户居住条件同步实施的决策，并建立相应制度，严格办事纪律，深入做好思想工作，取得民众的全力支持，工程如期完成，受到群众的广泛赞誉。三是从解决热点、难点问题上切入经济建设。几年来，他们把经济建设中的热点、难点作为精神文明建设的重点来抓，以促进经济发展。1995 年初，厦门市引进外资出现滑坡，原因在于有些部门单位乱收费，影响了外商投资的信心。为此，他们把制止乱收费作为纠正不良风气的重要内容，下大力气整治，先后取消和降低了 143 个收费项目及标准，每年可减轻企业和群众负担 1.9 亿元，改善了投资环境。当年 8 月份，引进外资就全面回升，实际到资达到了历史最高水平。

"四结合"，一是从发展社会事业上实现两个文明建设的结合。如发展科教文卫体事业，这既是培育社会主义"四有"新人的需要，又是把经济增长转移到依靠科技进步和提高劳动者素质上来的需要。所以，他们始终把发展社会事业作为精神文明建设的重要工程来抓，有力地推动了经济的发展和社会的进步。二是从加强城市建设和管理上实现两个文明建设的结合。他们把城市规划、建设和管理作为两个文明建设的结合部，狠抓不懈，使特区城市面貌发生了深刻变化，载体功能不断强化，提高了厦门参与国际交往与合作的能力。三是从强化社会治安上实现两个文明建设的结合。他们从抓稳定入手，促进改革和发展，社会治安不断好转，创造了经济发展的良好环境。四是从军民共建上实现两个文明建设的结合。他们通过抓军民共建单位和片区，使共建活动向共育"四有"新人、共树社会新风、共建优美环境、共建优良秩序、共创文明单位的更高层次发展。

从以上论述我们可以看出，认识到位、思想过硬是厦门市委、市政府能够使精神文明建设这一手硬起来的根本原因，正因如此，从创建特区以来，无论发生什么变化，他们都能坚定不移地把精神文明建设摆到特区建设的战略地位上，决不以牺牲精神文明为代价，来换取经济的一时发展。

2. 组织到位，制度过硬。

所谓组织到位，制度过硬，就是各级党政领导能够根据精神文明建设的需要，建立起与其相适应和配套的制度、法规，使精神文明建设规范化、法治化。这是精神文明这只手能够硬起来的重要保障，因为认识是基础、前提，而制度是重要保障。正如邓小平同志曾经指出的，"制度是决定因素""制度好可以使坏人无法随意横行；制度不好可使好人无法充分做好事，甚至会走向反面"。厦门市委、市政府在特区建设的实践中越来越认识到体制与制度的重要性；精神文明建设仅仅依靠领导重视是不够的，即使制定出很好的发展规划与目标，如果没有相应制度的配合，也是落实不了的。只有围绕发展规划和目标，制定出相应的、配套的、带有强制性的法规和规章制度，领导的重视才不至于变成"说起来重要，做起来次要，忙起来不要"，也不至于导致各敲各的鼓，各打各的锣，形成不了合力。因此，厦门市委、市政府特别重视组织制度建设，通过几年实践的摸索，他们卓有成效地抓了如下两个方面：

第一，建立和完善强有力的精神文明建设领导体制和工作运行机制。

一是建立和实行"一把手"总负责制度。规定各级党委"一把手"亲自抓，带动人大、政府、政协、纪委"一把手"一齐抓；党委"一把手"对涉及精神文明建设的规划、机构、经费及热点难点问题等，坚持亲自调查、亲自研究、现场办公、亲自解决问题。在各级党委"一把手"的带动下，各级政府和各部门、各单位也普遍建立健全了以"一把手"为主要责任人的制度，从而形成了从市委到基层一级抓一级、一级带一级、一级促一级的领导格局。

二是建立分工合作制，形成合力。他们在精神文明建设中，坚持党委统揽，但并不包办，而是建立党政、人大、政协、纪检等几套班子分工合作、形成合力的制度。各级政府充分发挥行政职能，负责规划、组织实施和经济保障；各级人大发挥决定、立法、任免、监督的作用，在做好法规保障的同时，加强法律监督工作；各级政协充分发挥参政议政、民主监督作用，特别是发挥人才智囊优势，主动献计献策；纪委狠抓惩治腐败、纠正行业和部门不正之风，从而使几套班子同心同德，拧成一股绳，形成了强大而有效的合力。

三是签订"责任状"，建立责任制。他们每年都把精神文明建设的主要目标和任务进行量化分解，落实到各部门，然后各级领导代表本部门、单位签订责任状，每年年中和年底结合工作总结开展统一检查。同时把精神文明建设的成果作为考核衡量领导班子和领导干部政绩的一项重要内容，作为使用、提拔干部的重要依据，从而使各级领导干部出现既挂帅又出任、两个文明建设的担子一起挑的可喜局面。

四是健全组织机构，建立强有力的工作运行机制。市委成立了精神文明建设领导小组，下设办公室（简称文明办），具体负责精神文明建设的指导、协调和检查工作。县（区）镇（街）和市直各系统，以及基层企业单位都相应成立了由书记担任组长的领导小组和配备得力干部的文明办。同时市委还十分重视机构和队伍的建设，如在去年研究机构改革时，市委常委决定，市和县（区）等各级文明办机构不撤，编制不减，经费适当增加，队伍建设加强。从而使领导小组、办事机构和专业队伍形成纵向到边、横向到边、专项创建、条块结合的工作运行机制，为精神文明建设提供了强有力的组织保障。

第二，抓建章立制，把精神文明建设纳入法治化轨道。

一是重视立法，建立与精神文明建设相适应的法律制度。厦门市委、市人大、市政府极为重视为精神文明建设立法。他们除了制定带有指导性的"八五""九五"期间精神文明建设规划外，还先后制定出一系列涉及精神文明建设的法规和规章制度，使精神文明建设有法可依、有章可循。在全国人大授予厦门经济特区地方立法权后，市里颁布的第一项法规就是《厦门市环境保护条例》。随后，又出台了推动精神文明建设的其他法规：《厦门大屿岛白鹭自然保护区管理办法》《厦门市禁止赌博条例》《厦门市城市房屋拆造管理规定》《厦门市城市规划条例》《厦门市沙石土资源管理规定》《厦门市城市园林绿化条例》《厦门市学校用地保护规定》等，另外，还制定了《厦门市民公约》《厦门市"十不准"规范》《厦门市市容卫生管理办法》《厦门市客运出租小汽车管理办法》《厦门市外来劳动力管理暂行办法》《厦门市廉政建设》《厦门市关于市区禁鸣喇叭的通告》等规章制度，使厦门市的精神文明建设沿着法治的轨道运行。

二是抓宣传教育，使法规制度家喻户晓。每当一个新的法规、规章制度出台，都进行广泛地宣传发动。1995年10月《厦门市"十不准"规范》出台时，市委、市政府连续召开三次贯彻动员大会，组织上万人上街宣传、劝导、分发宣传品。据不完全统计，总共分发《十不准规范》及相关的宣传材料50多万份，并在重要地段、旅游景点、机场、火车站等处设置大型宣传牌、分送宣传品，使外来人员一进入厦门市就能了解当地的法规、规章制度，有利于遵守及参与宣传。一个检查组曾赴鼓浪屿区检查宣传情况，路上遇到一队由老师带队出来游玩的幼儿园小朋友，检查组随便找了两个小朋友，问其"十不准"的具体内容，没想到他们都回答得很好。由于宣传深入，广大群众充分发动起来，使"十不准"规范贯彻活动取得明显成效。在1996年初开展的1995年厦门城市管理十件大事评选活动中，"十不准"规范活动得票数位居第三。

三是严格执法，保证精神文明建设健康发展。为使每个法规、规章制度落到实处，厦门市党政领导除实行宣传教育外，十分重视加强执法的检查监督，严格执行，依法依章惩处违法、违规人员，并抓住其中典型案例，及时通过新闻媒体进行曝光，让民众感受到法律、规章制度的存在和威严。如为了加强城管执法，厦门市成立了由14个部门领导参与的城管办公室，并组建一支由公安交警等5个部门人员组成的综合执法大队，在全市开展城市管理行政执法。与此同时，利用公共场所和新闻媒体公布了各种监督举报电话。1994、1995两年，纠正、查处违章事件35万起。如保护市鸟白鹭的法规出台后不久，几个小青年仍无视法规，打死了两只白鹭，结果被带到拘留所，受到应有的处罚。《厦门市禁止燃放烟花爆竹规定》刚实施时，一个市民不相信这是真的，明知故犯，立即被带到拘留所，在社会上引起强烈关注。法规规章很快为市民所接受。某建筑公司的运输车将泥沙漏在大街上，根据泄漏的面积和里程，这家公司一下被罚了30多万元。

由于加强监督，严格执法，人的精神状态和市容市貌都大有改观。拥有十多万辆机动车的厦门市，几乎听不到喇叭声，到处是建筑工地，却不见尘土飞扬、满街泥沙、碎石的景象，人们自觉遵纪守法已蔚然成风。

3. 工作到位，方法过硬。

所谓工作到位，方法过硬，就是能着眼本地区、部门、单位的特点和发展，讲究工作的科学性和艺术性，善于把党中央有关精神文明建设的理论、观点和指示精神贯彻于各项工作的始终，把各级党政关于执行"两手抓，两手硬"的方针和举措落到实处。这也是使精神文明建设这只手硬起来的重要环节。厦门市委正是基于这种认识，主要抓了以下几个方面的工作：

一是加强理论探索，提高工作的预见性。厦门市委深刻意识到理论上的成熟是行动上的成熟的基础。创办经济特区以来，他们十分重视结合实际，探索经济特区在发展社会主义市场经济条件下建设精神文明的新路子，并于1993年在充分准备的基础上，召开了全国性经济特区社会主义意识形态建设研讨会。通过研究，明确经济特区最大特点是市场经济和大开放，与此相适应的意识形态建设必然具有本质上的先进性、内容上的经济性、现实上的多样性、内在趋向上的融合性，以及开拓发展上的创造性，充分认识特区意识形态的这些特点，对特区精神文明建设有重要的指导意义。1994年，他们又结合学习贯彻江泽民总书记视察厦门特区所做的"增创新优势，更上一层楼"的重要讲话精神，由市委文明办和福建社科院联合组成"厦门特区市场经济与精神文明研究"课题组，集中了十多名领导、专家和实际工作者，经过两个多月的深入实际调查研究，写出了《厦门特区市场经济与精神文明研究》一书，对厦门成立特区以来开展精神文明建设所取得的成果和基本经验做了比较系统的总结，有力增强了落实"两手硬"工作的预见性。

二是着眼特点求对策，提高工作的全面性。厦门经济特区是我国对外改革开放的前沿，与台湾隔海相望，毗邻港澳，是著名的侨乡，与东南亚及世界各国有着广泛的交往。随着改革开放的深入和社会主义市场经济的发展，厦门的特殊地理位置和人文条件，使特区社会环境由原来的封闭状态转向全方位对外开放，对外交流日益频繁，外资企业迅猛发展。厦门市委针对这一特点，采取全面分析的态度，一方面看到这一特点有利于引进国外资金、先进技术和管理经验，有利于更好地吸收世界一切优秀文化成果，有利于拓宽人们的视野，使思想更加活跃。另一方面，又看到这一特点势必带来西方消极的思想文化、价值观念和生活方式，严重影响和冲击人们的思想。面对这一特点，他们遵循"吸纳兼容"中外优秀文化成果的原则，把握"有所引进，有所抵制"的方针，采取既坚决排污，但不排外的做法，刻意扬弃，大胆创新，以改革的精神解决开放过程中精神文明建设面临的困难和问题。在吸引国外资金、技术和管理经验的同时，坚决抵制一切消极腐败思想和生活方式的侵蚀，努力清除同社会主义精神文明及中华民族传统美德不相容的社会现象。如这几年他们在实施可持续发展战略时，吸收了环境质量就是城市价值的观念，加大城市净化、绿化和美化的力度；建中心绿地，搞夜景工程，提高城市环境品位。他们还引进外资建设高尔夫球场、网球俱乐部、保龄球俱乐部、电影大厦等文体设施，组织接纳国外优秀的文化团体，举办各种国际学术交流活动，促进了中西文化的交流和融合。而对于外来腐朽思想和文化的渗透问题，他们除了注意大力弘扬时代主旋律，抓好文化精品的生产和文化宣传队伍的建设，为人民群众提供更多更好的精神食粮外，还采取了各种有效方式强化社会文化市场的管理。如对歌舞厅、音像播放、营业性游戏机和广播电视出版物等规范化管理方面都做了严格的规定。对境外、国外电台、电视台的渗透，一方面严格控制收看、收听，另一方面则加大本市电台、电视台的发射功率，丰富节目内容，提高节目质量。同时还通过组织"扫黄打非"专项治理活动，不断清除文化垃圾和精神糟粕，从而达到"扶植有益的、提倡健康的、允许无害的、抵制有害的、取缔违法的、打击犯罪的"目的，净化了社会环境和社会风气，把消极影响减小到最低。

三是着眼于发展变化，充分调动各方面的积极性。处于改革开放窗口地位的经济特区，随着改革开放的不断扩大和深入，其政治、经济和社会面貌都在迅速地发生变化，这种变化既为特区的发展带来生机活力，也给精神文明建设提出新的课题。所以，厦门市委注意运用邓小平建设有中国特色的社会主义理论分析研究和解决特区改革开放和两个文明建设发展中出现的新情况、新问题，使"两手硬"的方针不断得到落实。

人口的大量流动是改革开放和发展社会主义市场经济的必然结果，但对这一问题处理得好坏，直接影响到两个文明建设。厦门市创办特区以来，流动人口每年增幅很大，到了1995年，在厦门的外来人口达到近40万。市委、市政府并没有将其当作包袱来对待，而是积极地从发展中把握观念更新，做到"三个明确""三个树立"，即明确大量人口涌入厦门是伴随改革开放和建设社会主义市场经济体制而出现的一种必然现象，树立对外来人口持欢迎态度和依法严格管理的观念；明确厦门市面积不大、人口不多、自然资源和劳动力较为缺乏，外来人口进入特区是建设和发展的需要，树立加强外来人口管理为经济建设服务的观念；明确外来人口给社会治安等方面会带来双重效应，树立加强外来人口管理能积极维护社会政治稳定，改善投资环境的观念。这样，在总体规划和工作部署上，就有了明确的对策：把外来人口的管理纳入社会经济发展总体规划一并考虑；把管理纳入法治轨道；在加强管理中注意维护外来人员的合法权益。同时把管理与关心、爱护、教育结合起来，通过建造一大批"外来人口公寓"，评选"十佳外来青年""十佳外来妹"等活动，提高外来人口的素质，并维护其合法权益，使外来劳动力成为特区两个文明建设的生力军。

切实加大投入，完善并落实有关经济政策，也是精神文明建设这只手硬起来的一个重要标志。厦门市自成立特区以来，政府拨款逐年增加，但由于几十年来地处前线，基础设施投入有限，社会事业欠账多，许多地方都要花钱，政府财政能拿出来投入精神文明建设的钱也是有限的。为解决随着经济发展而出现的精神文明建设投入滞后的矛盾，他们不断更新旧的单一的投入观念，树立新的多渠道投入的观念，用改革的办法筹集资金、增加投入，如改革投资体制，变政府行为为企业行为。为此，他们组建了路桥公司、市政工程公司、航空港公司、民力公司等一批经济实体，专门从事城市基础设施工作。政府只提要求、给政策，让企业通过筹资经营发行建设股票等办法去进行建设。结果，政府没花多少钱，一批批高标准、高档次的市政设施很快建成；此外，他们还通过进行国有资产优化配置，利用产权转让滚动发展，根据互惠互利原则向社会筹集资金，以及利用片区共建等方法调动方方面面的积极性来增加投入。所以，他们深有体会地说："只有着眼于发展，不断更新观念，增加精神文明建设投入就不用愁"，"观念大更新，就会带来精神文明建设的大投入"，从而较好地解决了在精神文明建设方面投入不足的问题，有力地促进了两个文明建设的协调发展。

三

从实行改革开放政策以来，党中央就确立了"两手抓，两手硬"的方针，从这以后，党中央一再反复强调要加强精神文明建设。但长期以来，一些地方和部门仍然出现"一手硬，一手软"的倾向而难以得到纠正，因此曾被称为"无法治的顽症"。如果说，这个形容仅仅说明要使精神文明这只手真正硬起来并非易事，那么，这个"顽"还颇有一定的道理，因为"两手硬"是一项极为复杂艰巨的庞大系统工程，它不但涉及精神方面的条件，而且必须有物质条件作基础，不仅有思想认识因素，而且也关系到对新时期精神文明建设规律性的认识，等等。坚持"两手硬"的确有难度，需要花大力气才行。但如果因此就认为它"无法治"，那就不是事实。厦门市委、市政府"三个到位"的成功经验告诉我们：只要各级党政领导，尤其是主要领导，对社会主义的本质和精神文明建设的规律有深刻的理解，把本职工作与社会主义事业兴衰成败紧密地联系在一起，在思想上树立强烈的责任感，自觉地把精神文明建设放在重要战略位置上来抓；只要各级领导把加强思想政治工作与加强法治建设有机结合起来，在充分发动群众的基础上，建立起强有力的精神文明建设领导体制和工作运行机制，建立与精神文明建设发展相适应的法规，做到制度过硬，把精神文明建设真正纳入法治化轨道，实现领导和群众的有机结合，把各方面的积极性调动起来，形成强大的合力，从而使精神文明建设获得强有力的保障；只要各级领导及抓精神文明建设的骨干能注意着眼于本地区、本单位的特点，深刻认识两个文明建设之间的内在关系，正确把握精神文明这一系统工程的层次性和结构性，不断探索社会主义市场经济条件下精神文明建设的新路子，做到讲究领导艺术，方法过硬，努力克服工作中的盲目性、片面性，就能使精神文明建设得到持续健康的发展。

由此可见，厦门市"三到位、三过硬"的成功经验是十分可贵的，它对各地加强新时期精神文明建设具有较大的借鉴意义。

[原载《福建论坛（文史哲版）》1997年第3期，并被收入《新华文摘》报刊文章篇目辑览1997年第9期]

抓住"三性"，促使省会
精神文明建设新发展

近年来，福州市的精神文明建设在市委、市政府的正确领导下，在文明委（办）的有力组织和指导下，经过全市人民的共同努力，获得了显著的成绩，取得突破性的进展，成为"全国创建文明城市工作先进城市"。

俗话说：山外有山，楼外有楼，无限风光在后头。为了巩固福州创建文明城市的成果，拓展丰富其内容，保证世纪之交福州市的两个文明建设取得可持续发展，必须根据江泽民总书记在 1999 年年底对宣传思想工作和精神文明建设的重要指示精神，结合福州的实际情况，在抓好"三性"上下功夫。

一、认识上的深刻性

江泽民同志在宣传思想工作的重要批示中指出："宣传思想工作和精神文明建设，事关建设有中国特色社会主义事业的大局。越是深化改革、扩大开放，越是发展社会主义市场经济，越要重视和加强这方面的工作。这一点，要在全党特别是领导干部中经常讲、反复讲。"江泽民同志之所以如此强调，就是因为它包含着极为深刻而丰富的内容，而且对它的认识还有一个不断深化的过程。关于对社会主义精神文明建设的认识，主要应包括以下三个方面：

第一，精神文明建设的重要性。精神文明是有中国特色社会主义的重要特征，是社会主义现代化建设的重要目标。正是基于这种地位和作用，邓小平同志才深刻指出只有两个文明都搞好，才是有中国特色的社会主义。福州市的广大干部和群众经过多年的宣传教育和实践，对于这方面的认识有很大的提高，这也就是福州市精神文明建设取得长足进步的重要原因。

第二，精神文明建设的艰巨性。我们今天所进行的精神文明建设是在改革开放、发展社会主义市场经济这个大背景下进行的，它对精神文明建设发展来说，既是重要的机遇，又是严峻的挑战，因为改革意味着人的利益关系的重新调整，这种改革越深入，对人们思想的冲击也越厉害，思想也就越活跃，宣传教育工作的任务就更加繁重；因为扩大开放意味着在引进、接纳和吸收外国，特别是西方发达国家高新科技、管理经验和资金的同时，资本主义意识形态、生活方式也会不断侵袭我们的社会，我们与他们西化、分化、弱化的图谋的斗争也愈加激烈，从而也增加了精神文明建设的复杂性和难度。同时，越发展社会主义市场经济，它的双重效应发挥得也越明显：一方面既有利于解放和发展社会主义社会的生产力，增强社会主义国家的综合国力，提高人民的生活水平，也有利于增强人们的自立意识、竞争意识、效率意识，民主法治意识和开拓创新精神，使社会主义的优越性进一步发挥出来，从而为精神文明的发展提供更加雄厚的物质基础和新的机遇；另一方面，市场经济自身的弱点，如自发性、盲目性、利己性和"物化性"，即马克思所指出的"拜物教性质"等，暴露得也越加明显。这种"双重效应"对社会主义的全面发展和人的素质的提高提出了更高的要求，从而使精神文明建设的任务更为繁重，加强的需要也更为迫切。对此，人们的认识并不完全一致，有的人认识会好些，但就整个社会，包括一些领导干部在内，并没有完全解决。在他们那里，"自然论"即随着改革开放的发展，物质文明和生活水平的提高，人们的思想道德水平就会自然而然地提高；"先后论"即认为物质文明是基础，先把物质文明抓上去，然后再回过头抓精神文明还为时不晚；特别是所谓"代价论"，即以牺牲精神文明为代价获取物质文明的发展，等等。这些错误的认识如不加克服，不仅不利于精神文明建设的可持续发展，而且还会成为深化改革，扩大开放，大力发展社会主义市场经济的严重障碍。所以，广大干部群众，尤其是领导干部对此的认识必须深化，务必始终保持清醒的头脑。

第三，精神文明建设的长期性。精神文明建设是以物质文明为基础的动态发展过程。从整个历史发展长河或大的历史发展阶段而言，尽管精神文明对物质文明有巨大的反作用，但归根结底，有什么样的物质文明就有什么样的精神文明。目前，我们要建设高度的社会主义精神文明将是长期的任务。首先，我国还处在社会主义的初级阶段，即不发达的阶段。近年来，生产力和人民生活水平虽然有较大的提高，但与发达资本主义国家相比，还有不小的差距，因此，我们的精神文明建设，即使像福州市那样已经成为全国精神文明建设的先进城市，也总是相对的，从总体来说仍然处于初级阶段，即水平较低的状态，离发达社会主义和高度发展的精神文明阶段还有很长的路要走，缩短这种距离要花很大的气力，做出很大的努力。其次，我们要看到，精神文明发展不仅受经济基础制约，而且还受国内外政治的影响。当前在国际上，我们同资本主义国家西化、分化、弱化的斗争还有增无减，而我们国内政治体制改革也不充分，这种状况，对精神文明建设也会产生不同程度的制约作用。再次，精神文明建设还要受意识形态发展自身相对独立性规律的影响。由于我国有两千多年封建社会的历史，又经历了百年的半封建半殖民地社会，封建主义意识在人们头脑里的影响还是根深蒂固的。所以，要在广大干部群众中树立正确的理想信念，树立正确的世界观、人生观和价值观，在全党形成讲学习、讲政治、讲正气的良好氛围，在全社会形成反对迷信愚昧、抵制各种歪理邪说的健康气氛，绝不是一朝一夕就能实现的，非经过长期的艰苦努力不可。由此可见，只有我们不断加深对精神文明建设重要性、艰巨性和长期性的认识，正确对待已有的成绩，克服自满情绪，增强责任感和危机感，才能不断提高加强领导和积极参与精神文明建设的自觉性，推进精神文明建设的可持续发展，这也是福州市精神文明建设提高水平的重要思想保证。

二、结合上的渗透性

所谓结合上的渗透性，是指精神文明建设必须向物质文明建设和人的思想方面渗透。精神文明建设的价值体现在多方面，归纳起来，主要有两点：一是作为自身的独立价值，如社会主义精神文明是社会主义社会的重要组成部分和表征，是社会主义现代化的重要目标和优越性的表现。邓小平同志高度评价这种价值，指出：只有两个文明建设都搞好，才是中国特色的社会主义。二是作为手段的精神文明建设，这种价值又主要体现在两个方面：一方面表现为对物质文明有巨大的反作用。它围绕服务物质文明这一中心，通过精神文明建设这一手段对物质文明发展起到智力支持、精神动力、发展方向和思想保证的作用。另一方面表现为促进人的素质的全面提高。通过精神文明建设这一手段，加强思想道德和科学文化教育，培养有理想、有道德、有文化、有纪律的社会主义新人。这就是说，要实现精神文明建设作为手段的价值，要求我们的精神文明建设要做到两个"渗透"。

1. 精神文明建设对物质文明建设的渗透。

福州市精神文明建设的成功经验完全证实了这点。近20年来，福州市由于不断加强精神文明建设对物质文明建设的渗透，从而在经济建设方面取得了丰硕的成果。福州在新中国成立后长期处于海防前线，执行等打完仗以后再建设的方针，因此经济建设相当滞后，城市功能建设几乎没有大的动作。党的十一届三中全会以来，由于实行改革开放，并狠抓了精神文明建设，在与经济建设相结合、相渗透工作上下功夫，从而有力地推动了福州市物质文明建设。1991年该市被评为中国城市实力50强和全国投资硬环境40优。1997年综合实力跃居全国219个地级市以上城市经济综合实力的第24位，投资环境进入前10名。1998年在"6·23"特大洪灾和东南亚金融危机等不利因素的情况下，福州市国内生产总值、地方财政收入、外贸出口总量仍分别高居全国26个省会城市的第6位、第8位和第2位，全市国内生产总值达863.92亿元，比1978年的12.68亿元增长23.39倍，年均增长17.3%。地方财政收入42.54亿元，比1978年的2.4亿元增长16.7倍，年均增长15.5%。但是，就全国范围来说，这种渗透并没有完全解决，福州也不例外，有的仅仅把精神文明建设看作消除对物质文明负面影响的"消防队"，单纯被动应付，缺乏主动性；有的"穿鞋戴帽"，搞形式上的结合，始终没有在渗透到物质文明建设内部上下功夫，致使物质文明建设发展不快。为了改变这种状况，较好解决渗透的问题，必须采取一系列切实可行的措施。如在指导思想上要实现两个转变：一是实现精神文明对物质文明的适应取向为主到自主取向为主的转变，即不能把精神文明只作为一种依附物而被动应付的工具，而要充分发挥其自身的主导性，对改革开放、经济发展加以规范、引导和制约；二是实现以相对地外在于物质文明建设到内在有机结合的转变，使精神文明建设达到文化与经济、经济与伦理、法律与道德、道德规范与实际工作职责有机结合起来，把精神文明渗透到物质生产和经济工作的各个环节中去；在领导组织者方面，除要认真学习邓小平理论外，还要认真学习经济工作、管理和科技方面的知识，了解市场经济发展的规律，而从事生产和经济工作的人员必须懂得和自觉地参与精神文明建设，提高科学文化素质，这样才有利于"渗透"或结合，从根本克服"两张皮"的现象；在渗透的切入点方面一定要突出重点，要结合福州省会经济建设发展的情况，在国企改革、民营经济发展、港口经贸、高新技术、农业产业化、基础建设等重点领域渗透方面下功夫，这样才能取得渗透的突破性进展。

2. 精神文明建设要向人的素质全面提高方面渗透。

近几年，福州市的精神文明建设坚持以科学的理论武装人，以正确的舆论引导人，以高尚的精神塑造人，以优秀的作品鼓舞人，从而在广大干部群众中使邓小平理论日益深入人心，对社会主义的信念日益坚定，社会道德风尚得到日益改善，人的综合素质有明显的提高，这也是精神文明建设与人的素质渗透的结果。但也要看到在这方面尚存在许多薄弱环节：有的在教育上要求不严，存在着形形色色的教条主义、形式主义现象；学习不联系思想，不结合实际，说起来头头是道，行动起来我行我素，学习上走过场；对干部群众中出现的问题不敢教育、不敢批评、不敢处理，听之任之，思想工作软弱无力，等等，所以实际收效甚微，达不到提高人的素质的目的。因此，搞好精神文明建设向人的素质的渗透是至关重要的。

首先，要加强学习、宣传和教育工作的目的性和针对性，正如江泽民所指出的，要深入进行邓小平理论和党的基本路线的教育，深入进行马克思主义唯物论、无神论和科学精神的教育，目的是要树立正确的理想信念，树立正确的世界观、人生观、价值观，在全国形成讲学习、讲政治、讲正气的良好氛围，在全社会形成反对迷信愚昧，抵制各种歪理邪说的健康气氛。

其次，在学习宣传和教育中要特别强调理论联系实际，把学到的理论运用于改造世界观，抵制和克服各种非无产阶级思想，使科学的理论入耳、入脑、入心，树立起正确的世界观、人生观和价值观，做个有益于社会和人民群众的"四有"新人。

再次，要坚持"关键在党"的原则，贯彻"治国必先治党，治党务必从严"的方针，狠抓干部，尤其是各级领导干部的教育、管理和监督，搞好反腐倡廉，使我们的党始终代表中国先进生产力的发展要求，代表中国先进文化的前进方向，代表中国最广大人民的根本利益，使广大党员、干部都能成为全心全意为人民服务的勤务员，以身作则，模范带头，以榜样的力量来带领、影响广大人民群众，促使精神文明建设向提高群众思想道德素质方向渗透。因此，搞好上述两个方面的"渗透"，对于福州市两个文明的发展更上一层楼，提高到新水平有着重要意义。

三、发展上的创新性

时代在前进，事业在发展。成绩只能说明过去，只能为今后的发展创造有利的条件。而要巩固和发展精神文明建设已经取得的成果，福州市还必须下气力进行创造性的工作。这是发展的前提和动力。正如江泽民同志所指出的："创新是一个民族进步的灵魂，是国家兴旺发达的不竭动力。"没有创新，因循守旧，就无法发展。

1. 要创新就要树立创新意识。

所谓创新意识，是指人们不满足于现状，在预测人类实践和生活乃至整个社会发展需要及其未来趋势的基础上形成的关于改变现实和创造未来的动机、观念、思想或理论的总和。它的基本特征，就在于它是认识或实践主体对自我的否定和超越。而要做到这点，首先必须解放思想，善于听取各方意见，善于总结过去，不断提高自身的创造性思维能力，只有这样，才能根据现实情况变化，勇敢地否定自我、超越自我，实现理论和实践的变革和创新。

2. 从实际出发突出时代特色。

当今世界，从国际方面看，在和平与发展这个时代主题的大前提下，其发展呈现出许多新的特点。知识经济时代的来临，经济的全球化、一体化发展迅猛，高新科技高速发展，综合国力竞争更加激烈，文化霸权主义抬头，其意识形态的渗透将进一步加剧。就国内本身来说，我们正处在承前启后的历史转型时期，我国改革开放和现代化建设正处在关键时刻。福州市发展的战略要求是把福州建设成为省会中心城市、著名的历史文化名城、海峡两岸繁荣带、科教文化和信息中心、园林港口城市等，这是十分艰巨的任务。在这种情况下，新的机遇与挑战并存，对精神文明建设提出新的更高的要求。因此，在千禧之年，世纪之交，福州市文明城市创建工作必须紧紧围绕上述情况展开，才能有新的突破。

3. 着眼新情况，探索新规律。

江泽民同志最近说："希望宣传思想战线的同志们，牢牢把握正确舆论导向，适应形势发展的要求，深入研究人们思想活动的新情况新特点，探索新形势下做好思想政治工作的规律和办法，把工作做得更好。"这为我们进一步搞好精神文明建设指明了方向。

精神文明建设从根本说是人的建设，它的根本任务是培养"四有"新人，其核心内容是思想道德建设，其主要手段是思想政治教育工作。所以，要想在世纪之交把福州市精神文明建设做得更好，就需要认真研究在新的形势下人们思想活动新的情况和特点，研究做好思想政治工作的规律和办法，使学习、宣传和教育工作做到入脑入心，更有成效。据此，要紧紧围绕这些新的情况、特点和规律，突出抓好理想信念和"三德教育"、进一步搞好各类学校、城乡社区和窗口行业的精神文明建设，加强文化市场和外来人口管理工作，不断拓宽其内容，改进其方法，从而为福州市的精神文明建设发展创造新的业绩。

（原载《福州社会科学》2000 年第 2 期）

社会主义市场经济初始阶段精神文明
建设的战略地位、指导思想和根本任务

在以经济建设为中心的前提下，如何使两个文明建设互相促进、协调发展，防止出现"一手硬，一手软"的现象，是社会主义市场经济初始阶段必须认真解决的重大课题。长期以来，正反两个方面的经验告诉我们：成功的行动来自正确的思想。处在社会主义市场经济初始阶段的我国，精神文明建设搞得如何，能否长期坚持"两手抓，两手硬"的方针，并卓有成效，关键在于各级领导，特别是主要领导对精神文明建设战略地位的认识是否正确，对精神文明建设的指导思想和根本任务是否有深刻的理解。因此，要坚持"两手硬"，搞好社会主义市场经济初始阶段的精神文明建设，切实把它放在更加突出的地位，就必须从理论和实践结合上弄清在社会主义市场经济初始阶段精神文明建设的战略地位、指导思想和根本任务。

一、社会主义市场经济初始阶段精神文明建设的战略地位

所谓战略地位，是指这一事物在全局中处于具有决定性作用的位置。而社会主义市场经济初始阶段精神文明的战略地位，是指它决定我国市场经济的社会主义性质和发展进程，直接影响我们党和国家的前途和命运。要真正认识这种作用，必须从以下几个方面加以理解：

1. 两个文明都搞好，才是有中国特色的社会主义。

这是邓小平同志反复强调，并在实践中不断得到证明的真理。

首先，它是中国特色社会主义的重要特征。没有它，我国实行的市场经济就会脱离社会主义轨道。马克思主义认为，社会主义同其他任何社会

形态一样，都是一定的经济、政治和思想文化的统一体。这统一体内的经济、政治和思想文化又是相互依存、相互贯通、相互作用的。经济是基础，政治是经济的集中表现和保证，思想文化则是政治和经济的反映，又反作用于政治和经济。社会主义社会就是社会主义经济、政治和思想文化的统一体。我们实行的市场经济是社会主义的重要经济基础，而所要建设的精神文明则属于社会主义思想文化范畴，也就是说，有中国特色的社会主义社会是在物质文明、精神文明和民主政治的交互作用中生存与发展的。如果离开了作为社会主义重要特征的精神文明建设，这种市场经济就失去了社会主义性质，这一点在我国实行市场经济的初始阶段尤其要加以强调，否则，头脑就不可能清醒，如果一开始就迷失了前进的方向，其后果自然不堪设想。

其次，它是社会主义现代化建设的重要目标。党的十四届六中全会指出：社会主义社会是全面发展全面进步的社会。这种"全面性"主要是指整个社会的经济、政治、文化几个方面协调发展，物质文明和精神文明共同进步。它要求我们在注重经济发展的同时，还要注重社会各项事业的发展；在注重物质文明进步的同时，还要注重精神文明建设的进步。因此，邓小平同志和党中央在十一届三中全会以来，反复强调"两手抓，两手都要硬"，并指出：社会主义的建设，除了经济建设任务外，还包括社会主义民主法治建设和社会主义精神文明建设。1982年党的十二大把建设高度的民主和精神文明同经济建设翻两番的目标放在同等重要的战略地位上，要求全面开创社会主义现代化建设的新局面。到了1986年，党的十二届六中全会通过了《中共中央关于社会主义精神文明建设指导方针的决议》，提出"以经济建设为中心，坚定不移地进行经济体制改革，坚定不移地进行政治体制改革，坚定不移地加强精神文明建设，并且使这几个方面互相配合，互相促进，这是我国社会主义现代化建设的总体布局"。1987年10月，党的十三大在把精神文明建设作为我国现代化建设整体布局的重要组成部分的基础上，又把精神文明建设作为我国社会主义现代化建设的重要目标。后来，党的十四大、十五大都反复强调了这一点。可见，离开了作为社会主义建设重要目标和总体布局的重要组成部分的精神文明建设，社会发展必然是畸形的、片面的，完全背离了社会主义现代化建设的基本要求，从而也失去了我们建立市场经济体制的意义。

再次，它是我国社会主义现代化建设的重要保证。党的十四届六中全会指出，精神文明建设不仅是现代化建设的重要目标，而且是重要保证。所谓"重要保证"，是指它能为我国改革开放和现代化建设提供精神动力、智力支持和方向保证。因为社会主义精神文明建设，以培育"四有"新人为根本任务，用共同理想动员教育人民树立和发扬社会主义道德风尚。这样做，一方面有利于全社会形成团结互助、平等发展、共同前进的人际关系，为改革开放、现代化建设创造良好的社会环境；另一方面可以提高人的思想道德素质，培养为国争光、为民奉献的革命精神，为改革开放和现代化建设提供强大的精神动力。而且在当今现代化建设中，科技是第一生产力，劳动者的科学文化素质愈来愈重要，正如邓小平同志所指出的："我们国家，国力的强弱，经济发展后劲的大小，越来越取决于劳动者的素质，取决于知识分子的数量和质量。"① 所以，加强精神文明建设，大力发展科学教育事业，提高人民的科学文化素质，就能为现代化建设提供文化条件和智力支持。同时，社会主义精神文明建设是以马克思主义理论为指导，以建设有中国特色社会主义共同理想为目标的。如果忽视了精神文明建设，人民就失去了共同理想和目标，现代化建设就不能保证社会主义方向。因此，发展社会主义市场经济不能失去精神文明建设的支持。

由此可见，没有精神文明建设的社会主义就不称其为社会主义，更谈不上社会主义现代化建设的成功和社会主义市场经济体制的建立。正是因为这样，邓小平同志才深刻指出：只有两个文明都搞好，才是有中国特色的社会主义。

2. 只有深刻认识两个文明的辩证关系，社会主义建设才能健康、持续、快速地发展。

江泽民同志在党的十四届六中全会上指出：现在许多同志都在考虑，为什么邓小平同志对两个文明一起抓，两手都要硬做过那么多的指示，一再要求从各方面加强，而有的领导却至今依然重视不够、执行不力呢？究其原因是多方面的，其中，很重要的一条就是对两个文明之间的关系缺乏全面的认识。所以，要提高对精神文明建设战略地位的认识，就必须加深对两个文明关系的理解。

---

① 中共中央文献编辑委员会：《邓小平文选》第 3 卷，人民出版社，1993 年，第 120 页。

精神文明和物质文明，是人类社会文明的两种不同的表现形式。物质文明是人类改造自然、改造社会的物质成果，表现为人们物质生产进步与生活改善的总和。人类在改造自然和社会的客观世界的同时，也改造着人类自身，改造其主观的精神世界。所谓精神文明，就是指改造主客观世界过程中所取得的精神生活的积极成果。这两方面的成果是互相联系、互相渗透、互为条件、互为目的的辩证关系。

首先，物质文明是精神文明的基础。邓小平同志指出：精神文明归根结底是从物质文明中来的。这就是讲，物质文明是精神文明的基础，其表现主要有以下三个方面：

第一，物质文明为精神文明提供物质条件。从精神文明的观念存在，到生产制作过程，直至社会精神生活，每一个基本环节都离不开一定物质文明所提供的物质支持。观念形态要发挥认识、教育、审美、娱乐、传播、熏陶等社会功能，也必须有相应的物质依托，没有物质作载体，精神文明建设就无法开展。至于为精神文明建设提供的楼馆建筑、娱乐场所、文化设施等，更是对精神文明的物质支持。没有这些，它就失去了用武之地。

第二，物质文明的实践经验为精神文明提供了强大的动力源泉。任何一个时代精神文明的发展，固然需要继承自身精神文明与文化的历史积累作为起点，但是对于一个新的时代来说，仅仅继承优良传统文化是远远不够的，更重要的是必须在现实物质生产实践经验的基础上开拓精神文明发展的新源头。在社会实践中，科学技术与物质生产的实践是最基本的实践。正是在这些实践中涌现出来的先进人物、英雄业绩、发明创造、新鲜经验、丰富多彩的生活样式和斗争形式，为精神生产和加工制作提供了取之不尽的原材料，为哲学的抽象思维、自然科学的发现、社会科学的概括、文学艺术的创作、伦理道德的冶炼、审美情趣的培育等提供了无限丰厚的基础。

第三，物质文明是精神生产者的物质支柱。自从人类社会出现生产分工以后，就出现了物质和精神这两类最基本的生产者。人们进行物质生产所取得的物质财富，不仅仅是为了满足物质生产者自身生存和发展的需要，也是为了满足专门从事精神生产的劳动者的物质需求，从而使精神生产者解除后顾之忧，保证其能集中精力创造高产优质的精神产品。

正是因为物质文明对精神文明起着基础性的决定作用，党中央和邓小平同志都十分强调经济建设在现代化建设这个中必须始终处于中心地位，精神文明建设要围绕经济建设这个中心，并为其服务。

其次，精神文明对物质文明有巨大反作用。党中央和邓小平同志认为，虽然精神文明建设要受物质文明的制约，但它绝不是消极被动的，相反，它有巨大的反作用，这种反作用主要表现在以下三个方面：

第一，智力支持。这种支持侧重精神文明内容中的教育、科学和文化方面。这三者既是物质文明发展的重要条件，也是提高人们思想道德、审美水平的重要条件。以科技教育为例。邓小平同志指出："经济发展得快一点，必须依靠科技和教育。我说科学技术是第一生产力。"① 我们国家要赶上世界先进水平，要从科学和教育着手，四个现代化关键是科学技术的现代化。人是生产力中最活跃的因素，这里讲的人，包括有一定的科学知识、生产经验和劳动技能来使用生产工具、实现物质资料生产的人，这样的人才能在现代化的生产中发挥更大的作用，而教育则是培养科技人才、提高劳动者科技文化素质的根本途径。文化是意识形态的综合表现，又是历史的积累。发达的文化，可以积极、综合地影响物质文明的发展，从而成为物质文明发展的精神基础。由此可见，精神文明对物质文明的智力支持是巨大的，它将直接影响物质文明建设的质与量，发展的规模与速度。

第二，精神动力。社会主义现代化事业是人民群众自己的事业，必须有人民群众的广泛参与及其积极性、创造性的充分发挥才能成功。而要把广大人民群众吸引到社会主义现代化建设上来，特别是把广大人民群众蕴涵的积极性和创造性充分发掘出来，除了大力发展生产力，正确贯彻按劳分配原则，不断满足人民群众的物质利益和要求外，还要靠大力加强思想政治工作，使人们树立起革命的理想和信念，具备高尚的道德情操和严明的纪律。这样，才能增强人们的主人翁责任感，激发人们建设社会主义的巨大政治热情和劳动积极性，从而使精神力量转化为物质力量。正如邓小平同志所指出的，我们今天干的社会主义事业，最终目标是实现共产主义，这就必须靠理想和信念，没有这样的理想和信念，就没有凝聚力，就没有一切。所以说，精神文明的思想道德为物质文明建设提供了强大的精

① 中共中央文献编辑委员会：《邓小平文选》第3卷，人民出版社，1993年，第377页。

神动力，没有这种动力，要实行经济体制改革和建设现代化是不可能的。

第三，思想保证。我们进行的是社会主义现代化建设，我们的改革是社会主义制度的自我完善和发展。如何确保我国改革开放和现代化建设的社会主义正确方向？如何体现现代化建设从目的、途径到方法都能体现出具有中国特色社会主义的特点？最根本的是靠坚持四项基本原则，靠加强社会主义民主政治和社会主义精神文明建设，否则，物质文明建设就要受破坏，走弯路。正如邓小平同志所强调的："经济建设这一手我们搞得相当有成绩，形势喜人，这是我们国家的成功。但风气如果坏下去，经济搞成功又有什么意义？会在另一方面变质，反过来影响整个经济变质，发展下去会形成贪污、盗窃、贿赂横行的世界。"[①] 所以，不加强精神文明建设，现代化建设和改革开放就不能保证社会主义的方向，社会主义也会改变性质。

我们要加深对两个文明辩证关系的理解，除了在理论上弄清其内在的相互关系外，还要在思想上克服对两个文明相互关系的错误认识，消除诸如"自然论""先后论""主次论"等误区。所谓"自然论"，就是认为随着物质文明的发展和生活水平的提高，人们的思想道德水平就自然而然地提高。这种观点实质是把辩证唯物论关于物质决定精神的原理庸俗化，只看到前者对后者的决定作用，而看不到后者对前者的反作用，从而陷入了庸俗唯物论的泥坑。所谓"先后论"，就是认为既然物质文明是精神文明的前提和基础，那么理所当然应该先抓物质文明，等物质文明上去了，再回过头来抓精神文明。持这种想法的人实际上看不到两者互为依存、不可分割的关系，从而陷入了形而上学的误区。所谓"主次论"，则认为既然经济建设是"中心"，那么就应该以抓物质文明为主，抓精神文明为次。这些认识曲解了"以经济建设为中心"的科学含义，不能正确理解两个文明作为我国社会主义现代化目标和总体布局重要组成部分是处于同等重要地位的，没有主次之分。总之，这种认识都是犯了把两者对立起来，割裂开来的错误。

3. 只有精神文明建设与市场经济共同进步，才能保证社会主义事业健康发展。

当前，有些人甚至有的领导也认为，加强精神文明建设会阻碍市场经

---

① 中共中央文献编辑委员会：《邓小平文选》第3卷，人民出版社，1993年，第154页。

济的发展，于是主张发展市场经济必须以牺牲精神文明建设为代价，这就是所谓的"代价论"。这种论点也是造成忽视精神文明建设的一种认识上的重要"误区"，存在这种认识的根本原因，也是在于把物质文明建设与精神文明建设对立起来。

马克思主义认为，经济基础决定上层建筑，上层建筑又反作用于经济基础，只有当经济基础与上层建筑互相适应时，社会才能稳步发展。根据这一基本原理，我国发展的社会主义市场经济是建设有中国特色社会主义的经济基础，加强社会主义精神文明建设是完善有中国特色社会主义的上层建筑，两者既要互相适应，又能互相促进，从而推动有中国特色的社会主义事业不断健康地向前发展。认识这一点在社会主义初始阶段显得尤其重要，其原因可以从它们的互相作用的关系中充分显示出来。

首先，市场经济为精神文明建设提供了新的发展契机。

第一，市场经济的发展引起我国经济的腾飞。我国实行以市场为取向的改革开放，有力地促进了生产力的解放和发展，使我国经济综合实力有了很大提高，从而为社会主义精神文明建设提供越来越雄厚的资金、设备和培养人才的物质基础。

第二，随着市场经济的发展，必然要冲破封建残余和小农观念，克服在计划经济体制下所形成的僵化思想，形成与市场经济相适应的商品意识、竞争意识、民主意识、平等意识、法律意识、效率意识、信息意识、信誉意识、人才意识，等等。这些观念的更新，将有力促进人们思想道德的进步，为精神文明建设增添了新的内容。

第三，改革开放使人民生活水平得到显著的提高。比如：1978 年福建省城镇居民的人均收入只有 339 元，到 1992 年就提高到 2087 元；农民人均收入在同期内由 113 元增加到 984 元，超过全国平均水平，分别提高6.15 倍和 8.7 倍。广大人民群众从切身得到的实惠中真正体会到党的政策好，从而更加坚定了走有中国特色社会主义道路的信念。上述这些都为精神文明建设的发展提供了极为有利的条件。

其次，市场经济的发展及其体制的建立，迫切需要加强精神文明建设。

第一，只有加强精神文明建设，才能保证我国市场经济的社会主义性质。市场经济是指适应社会化大生产和市场国际化的客观需要而出现的以市场配置资源为基础的一种经济运行方式。它本身不具有特定的社会属性，所以，市场经济既可以与资本主义制度相结合，也可以为社会主义制度所利用。我们所要建立的是与社会主义制度相结合的市场经济体制。它一方面具有一般市场经济的基本特征，如资源配置市场化、企业行为主体化、宏观管理间接化、经营管理法制化，等等。另一方面又必须具备社会主义经济制度的本质规定性，如在政治上，属于共产党的人民政权领导；在所有制结构上，以公有制为主体，多种经济成分共同发展；在分配制度上，实行按劳分配为主，其他分配方式为补充，以效率优先，兼顾公平，逐步实现共同富裕；在宏观调控上，国家把人民的当前利益与长远利益、局部利益与整体利益结合起来，发挥计划和市场两种手段的长处。这些特性，决定了我们建立的市场经济不仅要遵循现代市场经济发展的一般规律，而且还要以马克思主义为指导，加强社会主义精神文明建设，否则，就不能保证市场经济的社会主义方向，建设有中国特色的社会主义就会落空。

第二，只有加强精神文明建设，才能有效克服市场经济的负面效应。市场经济与其他任何事物一样具有两重性。市场经济的双重效应主要表现为：在经济的发展上，它有利于解放和发展生产力，是振兴经济的必由之路，但又不是万能的，它有自发性、盲目性、排他性和滞后性的弱点。在对思想的影响上，一方面它可以促使人们的观念更新，产生与市场经济发展相适应的新观念，另一方面也存在诱发唯利是图的因素，容易使一些人思想蜕化，道德滑坡，有的人为了捞取金钱，可以不择手段，连起码的道德和法律都不顾，做出有损人格、国格的行为，以致出现各种社会腐败丑恶现象，如钱权交易、以权谋私、贪污受贿、欺诈勒索、损公肥私、损人利己、任意挥霍，以及新中国成立之后迅速消灭的黄、赌、毒等都有所滋长、蔓延。这些负效应无不冲击着人们的社会主义价值观、人生观和中国人民的传统美德，严重影响着广大青少年的健康成长。在观念上，随着市场经济发展而自发产生的观念也有两种发展的可能性，如平等观念、竞争观念和民主观念等本来都是好的观念，但如果只满足于泛化的程度，就很容易变成资产阶级的东西，势必走上歪路。正是由于市场经济存在着正负两种效应，所以必须通过加强社会主义精神文明建设，才能使市场经济的正效应得到最大限度的发挥，负效应受到最大限度的遏制。

第三，只有加强精神文明建设，才能加速市场经济体制的建立。江泽民同志在《什么是社会主义市场经济》一书的序言中指出：迄今为止，市场经济都是在资本主义制度下搞的，在社会主义制度下怎么实行市场经济，是前无古人的事业，没有现成的经验可循。从计划经济向社会主义市场经济制度转变，两种不同的经济体制如何有效地衔接和更替，其间有许多复杂的情况需要研究，有许多突出的矛盾需要解决。党的十四届三中全会也指出：在本世纪末初步建立起社会主义市场经济体制，而且要使之完善还要做出艰苦的努力。因此，建立和完善社会主义市场经济体制，是一项长期的艰巨的复杂的任务。要缩短这一过程，就得加强精神文明建设，为其提供强大的精神动力，优美有序的社会环境，完善的法制保障，充足的智力支持。

可见，社会主义市场经济体制的建立和完善，既有利于精神文明建设，又迫切呼唤加强精神文明建设，只有两者有机结合起来，才能保证社会主义市场经济健康顺利地发展。而所谓"代价论"完全是错误的，在理论上，它认识不到社会主义市场经济和精神文明建设的辩证关系；在思想上，它忘记了我们所搞的市场经济是与社会主义制度相结合的，它不仅具有一般市场经济的特征，更重要的必须具备社会主义性质；在实践上，它看不到市场经济的负面效应所产生的严重破坏作用。因此，"代价论"者就无法了解在社会主义市场经济初始阶段精神文明建设的战略地位。

4. 只有加强精神文明建设，才能使市场经济在排除国内外各种干扰中不断前进。

为了更深入地了解社会主义市场经济初始阶段，以致建设有中国特色社会主义的整个过程的精神文明建设的战略地位，党的十四届六中全会通过的《中共中央关于加强社会主义精神文明建设若干重要问题的决议》（以下简称《决议》）强调，要坚持以全面的、历史的、发展的观点，把精神文明建设放在国内外的大局中来考察。所谓放到大局中，就是指既要联系十一届三中全会开始，以市场为取向的改革以来的历史经验教训，又要联系社会主义市场经济初始阶段所面临的国际形势的挑战，来认识精神文明建设的战略意义。

首先，从我国新时期以来的经验教训看精神文明建设的重要作用。

从党的十一届三中全会召开，标志着我国以市场为取向的改革的开始，至今已有 21 个年头了。而这 21 年国内大局的特点可以用一句话来概括——历史大转折和事业大发展。正如十四届六中全会《决议》所指出："这是我们党领导全国各族人民扫除'文化大革命'十年内乱造成的严重局势，从困难中重新奋起，为中国社会主义发展开辟新道路的伟大进程；又是我国经受 80 年代末、90 年代初国内国际风波的严峻考验，把我国改革开放和社会主义现代化建设推进到新阶段的伟大进程。"在这两个伟大进程中，我们实现了从以阶级斗争为纲转到以经济建设为中心、从封闭到开放、从固守成规到各方面改革、从传统计划经济体制到建立社会主义市场经济体制、从粗放型经营到集约型经营的大转折，从而带来了举世瞩目的事业大发展。人民生活正在由温饱迈向小康，农村贫困人口已由 1978 年的 2.5 亿减少到 1998 年的 4200 万人；科技、教育、文化、卫生等各项社会事业全面发展，综合国力显著提高。

我们事业的大发展是来之不易的。这场史无前例的以市场为取向的改革是十分复杂而艰巨的，如果没有通过精神文明建设所带来的强大精神动力是不可想象的。这种精神力量主要表现为四个方面：一是解放思想，实事求是，以实践为检验真理标准的思想路线的重新确立，有力地推动和保证了拨乱反正的进行；二是对"什么是社会主义，怎样建设社会主义"的重新认识，从而对于社会主义的认识突破一系列僵化观念而提高到新的水平；三是党的思想路线和指导理论的拨乱反正，启发、保护和发挥了广大人民群众的积极性和创造精神；四是不信邪、不怕压、维护国家主权、冲破西方制裁的民族自立精神的发扬。从这里我们可以看出，以市场为取向的改革取得了这样伟大的历史性成就，归根到底，既是同邓小平建设有中国特色的社会主义理论和党在社会主义初级阶段的基本路线的形成和发展分不开的，也是同我们党不断加强精神文明建设分不开的。

但是，我们还要看到，由于精神文明建设在时空上发展的不平衡性，一些地方和部门的领导在工作中忽视了精神文明建设，"一手硬，一手软"没有从根本上解决，从而使我国社会精神生活方面存在不少问题，严重影响了市场经济的发展和现代化建设。可见，加强精神文明建设是何等重要。

其次，从我国所处的国内外形势大局看，加强精神文明建设至关重要。

从现在到 2010 年，是我国建设有中国特色社会主义承前启后、继往开来的重要时期。这个时期大局的特点告诉我们，切实加强精神文明建设刻不容缓。

第一，从实现跨世纪发展目标的关键是"两个根本转变"看，它将引起我国经济和社会生活的重大转变，即经济运行方式、所有制结构、分配结构、产业结构、人口流动、人口结构等一系列重大变动。在一个 10 多亿人口的经济文化比较落后而且发展很不平衡的东方大国进行如此深刻的改革，是人类历史上从未出现过的重大课题。而且在从领导到群众的思想准备不足，我们的体制、法制、政策、管理还不完善的情况下，加强精神文明建设，努力发挥社会主义思想、信念、道德等这些精神动力的作用，就显得更为重要和紧迫。如果我们精神文明建设搞得好些，精神动力作用就会发挥得更大些，转变过程就能进行得更顺利一些，建设社会主义市场经济初始阶段所需的时间就会更短一些，相反的话就会增加转变过程中的艰难、混乱和动荡，甚至造成严重后果。

第二，从实现跨世纪的发展目标所处的国际环境看，将面对世界范围各种思想文化相互激荡、科学技术迅速发展，以及迎接综合国力剧烈竞争的挑战。因此，要在这种挑战中站稳脚跟，不仅要增强自己的物质力量，而且要大大增加自己的精神力量。因为我们面临挑战的形势是严峻的。在两极格局结束后，西方资本主义发达国家对社会主义国家和发展中国家加紧推行他们的人权观、主权观、价值观等，世界范围思想文化激荡在加剧。所以，十四届六中全会《决议》要求我们，在改革开放中，要坚定不移地坚持四项基本原则，加强精神文明建设，有力地粉碎西方资本主义的渗透和敌对势力对我"西化""分化"的图谋。这种挑战形势的严峻性，决定了我国加强精神文明建设任务的紧迫性。

第三，从历史上种种原因看，我国封建社会、半殖民地半封建社会遗留下来的腐朽思想仍有相当大的影响。这种影响在市场经济发展的初始阶段，在社会主义优越性未充分发挥的条件下是难以消除的，而且随时可能滋生蔓延。这也对加强精神文明建设提出了更高的要求。

综上所述，在建设有中国特色社会主义整个过程中，尤其是在社会主义市场经济发展的初始阶段，必须切实把精神文明放在战略地位上来抓，因为它是社会主义社会的重要特征，是现代化建设的重要目标和重要保证，是推进社会主义市场经济发展的强大的精神力量。这关系到跨世纪宏伟蓝图的全面实现，关系到社会主义事业的兴旺发达，关系到建设有中国特色社会主义顺利发展，一言以蔽之，是直接关系到党和国家前途命运的大事。我们只有这样认识，才能真正做到"两手抓，两手硬"，把两个文明作为统一的奋斗目标，一起部署，一起落实，一起检查。也只有这样做，我们各级领导才能算是头脑清醒的、合格的、成熟的革命者。从厦门和三明两个全国精神文明建设先进典型的经验看，完全证实了这一点。正是由于两地领导对社会主义市场经济初始阶段精神文明建设的战略地位有深刻的理解，所以，在推进本地区精神文明建设中，能够做到思想、领导、措施、工作、投入"五到位"，真正把"两手抓、两手硬"落实到实处。

二、社会主义市场经济初始阶段精神文明建设的指导思想

党的十四届六中全会《决议》指出：根据党在社会主义初级阶段的历史任务，根据新中国成立以来特别是改革开放以来的历史经验，我国社会主义精神文明建设的指导思想是："必须以马克思列宁主义、毛泽东思想和邓小平建设有中国特色社会主义理论为指导，坚持党的基本路线和基本方针，加强思想道德建设，发展教育科学文化，以科学理论武装人，以正确的舆论引导人，以高尚的精神塑造人，以优秀的作品鼓舞人，培育有理想、有道德、有文化、有纪律的社会主义公民，提高全民族的思想道德素质和科学文化素质，团结和动员各族人民把我国建设成为富强、民主、文明的社会主义现代化国家。"这一指导思想既具有鲜明的时代特征，又有很强的现实针对性，完全适用社会主义市场经济初始阶段的精神文明建设。这一指导思想内涵十分丰富，主要包含理论基础、基本路线、主要内容、根本任务等方面。这些既是精神文明建设的指导思想，也是精神文明建设总的要求。认真贯彻这一指导思想和总的要求，对于我们搞好社会主义市场经济初始阶段的精神文明建设有着重要意义。

1. 它指出了马克思主义是指导精神文明建设的理论基础。

马克思主义不仅科学地揭示了人类社会物质生产力发展的规律，而且也科学地揭示了人类精神领域的发展规律。马克思主义同中国实际结合的

过程中形成的毛泽东思想和邓小平理论，不仅指导中国革命和建设取得了伟大胜利，也把中华民族的精神文明推向了新的高度。马克思主义既是社会主义事业和党的领导的理论基础，也是指导精神文明建设的理论基础，是社会主义意识形态的最重要的组成部分，对整个精神文明建设起着重大的指导作用。我们的理想建设、道德建设、民主法治建设等，都离不开马克思主义的指导，离不开马克思主义的理论建设。

马克思主义是在历史和科学前进中不断丰富和发展的科学。只有从实际出发，以实践作为检验真理的唯一标准，勇于突破那些已被实践证明不正确的或不适合变化了的情况的判断和结论，马克思主义才能随着生活前进并指导生活前进。离开实践的观点，就谈不上坚持马克思主义。把马克思主义当作僵死的教条，是错误的；否认马克思主义的基本原则，认为马克思主义"过时"而盲目崇拜资产阶级某些哲学和社会学说，也是错误的。因此，我们精神文明建设坚持以马克思主义为指导，就必须旗帜鲜明地反对否定马克思主义的错误观点，克服脱离实际的把马克思主义当作僵化的教条的错误思想，及时排除各种错误思想倾向的干扰，保证精神文明建设的健康发展。

2. 它突出了邓小平理论对精神文明建设的指导地位。

邓小平理论是马克思列宁主义基本原理与当代中国实际和时代特征相结合的产物，是毛泽东思想的继承和发展，是当代中国的马克思主义，是我们党在新时期各项工作的根本方针和中华民族振兴的强大精神支柱。正因为这样，以江泽民为核心的党的第三代中央领导集体对邓小平理论在全党的指导地位做了许多科学的概括和阐发，指出：马克思主义是发展的科学，在当代中国，马克思列宁主义、毛泽东思想、邓小平理论是一脉相承的统一科学体系。在十五大报告中，江泽民同志又郑重地向全党提出高举邓小平理论伟大旗帜的任务。人大第九届二次会议通过的《宪法修改案》还明确规定把邓小平理论的指导思想地位写进宪法。因此，我们全面、正确、积极地坚持和实践这一理论，是我们党和国家经受各种风险考验，实现社会主义现代化的根本保证。

邓小平理论包含着极其丰富的关于精神文明建设的思想。《决议》用"八个强调"阐明了邓小平同志关于精神文明建设的一系列重要观点。

第一，强调精神文明建设的战略地位。邓小平在 1979 年 10 月就强调，我们要在建设高度物质文明的同时，建设高度的社会主义精神文明。1992年他在南方考察时又进一步强调，要坚持"两手抓，两手都要硬"，两个文明建设都搞好，这才是有中国特色的社会主义。

第二，强调精神文明建设包括思想道德建设和教育科学文化建设两个方面的主要内容。邓小平指出，精神文明，不但是指教育、科学、文化，而且包括共产主义思想、理想、信念、道德、纪律、革命的立场和原则，人与人的同志式的关系，等等。他还指出，要教育人民成为"四有"公民，教育干部成为"四有"干部是精神文明建设的根本任务。

第三，强调必须坚持马克思主义，对马克思主义的信仰是我们的精神动力。实事求是是马克思主义的精髓，解放思想、改革开放要贯穿社会主义现代化全过程，坚持四项基本原则、反对资产阶级自由化也要贯穿社会主义现代化全过程。

第四，强调改革开放是解决中国问题的希望，实行开放政策也会带来一些坏的东西，影响我们的人民。我们要用教育和法律手段解决这个问题。

第五，强调要继承和发扬民族优秀文化传统和党的优良传统，吸收和借鉴人类社会创造的一切文明成果，反对封建主义残余影响，抵制腐朽思想的侵蚀。

第六，强调要尊重知识、尊重人才，培养一大批优秀的科学家、教育家、文学艺术家和其他各种专家，思想文化和教育战线上的同志都应当是人类灵魂的工程师。

第七，强调思想政治工作和思想政治工作的队伍决不能削弱。对思想上的不正确倾向要以说服教育为主，开展批评与自我批评，不能简单粗暴，也不能不闻不问。

第八，强调要加强党对精神文明建设的领导，关键是党风建设和领导干部以身作则。抓精神文明建设，抓党风、社会风气好转，必须狠狠地抓，一天不放松地抓，从具体事件抓起。

邓小平同志的这些思想，深刻回答了新时期精神文明建设的一系列基本问题，是我们进行精神文明建设的强大思想武器。改革开放以来的实践证明，深刻理解邓小平理论，认真实践邓小平同志关于精神文明建设的思想，就一定能体现人民的意愿、时代的要求，把精神文明建设搞好。

3. 它强调了精神文明建设必须贯彻党的基本路线。

历史经验证明，精神文明建设是与党的政治路线紧密联系着的。政治路线制约着精神文明建设，精神文明建设对政治路线有巨大的能动作用。正确的政治路线，推动我国精神文明建设的发展；错误的政治路线，导致精神文明建设遭受挫折。今天，我们党已有了一条正确的基本路线，社会主义精神文明建设必须坚持这条党的基本路线。党的十四届六中全会《决议》指出：“我们进行的精神文明建设，是以经济建设为中心、坚持四项基本原则和改革开放的精神文明建设。”这就是说，必须是推动社会主义现代化建设的精神文明建设，是促进全面改革和实行对外开放的精神文明建设，是坚持四项基本原则的精神文明建设。正是因为这样，精神文明建设在贯彻党的基本路线时必须处理好以下三个关系：一是处理好精神文明建设与物质文明建设的关系。一方面，物质文明的发展为精神文明的发展提供物质条件和实践经验。没有物质文明的发展，社会发展和精神文明建设就没有物质基础。另一方面，精神文明发展为物质文明发展提供精神动力和智力支持，为它的正确发展提供有力的思想保证。二是处理好精神文明建设与改革开放的关系。改革开放给精神文明建设带来积极效果的同时，也伴随某些消极因素，而搞好社会主义精神文明建设，就能充分发挥改革开放和发展市场经济所产生的正效应，并把其负效应减小到最低限度，促进全面改革和对外开放。三是处理好精神文明建设与坚持四项基本原则的关系。坚持四项基本原则是搞好精神文明建设的根本保证，而搞好精神文明建设就必须有效地坚持和发展四项基本原则。同时，要贯彻改革、发展、稳定这个基本方针，把这三者有效地统一起来。

4. 它规定了精神文明建设的主要内容和根本任务。

精神文明建设必须着眼和围绕着提高人的素质。因为人的素质是历史的产物，又给历史以巨大影响。在社会主义条件下，努力提高全体公民的素质，必将使整个社会的面貌发生深刻的变化，创造出一个社会主义现代化的新世界。

在社会主义初级阶段，特别是在社会主义市场经济发展的初始阶段，虽然社会主义的意识形态和先进的思想道德已占统治地位，但在道德文化领域、意识形态领域仍然存在不少问题，有的还相当严重。教育科学文化虽然也已取得巨大成绩，但面对日新月异的世界科技革命和中国经济建设，还不能适应形势需要。因此，必须把加强思想道德建设，发展教育科学文化，以科学理论武装人，以正确的舆论引导人，以高尚的精神塑造人，以优秀的作品鼓舞人作为精神文明建设的主要内容；把培育有理想、有道德、有文化、有纪律的社会主义公民，提高全民族的思想道德素质和科学文化素质，作为精神文明建设的根本任务。

"有理想"是指人们的精神支柱，是人们社会政治立场和世界观在奋斗目标的集中表现，它表示着人们对于美好未来的追求和向往。按其内容来说，它是由社会理想和个人理想所构成。社会理想包含着不同层次的内容，分为现阶段建设有中国特色的社会主义共同理想和共产主义的远大理想；个人理想又分为道德理想、职业理想、生活理想三个部分。有理想是总的要求，但如何培养有正确理想的人，却要从实际出发，对不同的人提出不同的要求。我们对广大共产党员和先进分子要求他们树立共产主义的理想，但对于广大人民群众则只能要求他们树立把我国建设成富强、民主、文明的社会主义现代化国家的共同理想。

"有道德"是指人们的行为规范，这是同有理想紧密联系的。一个有理想的人，就会用良好的道德规范自己的行为。社会主义道德建设要以为人民服务为核心，以集体主义为原则，以爱祖国、爱人民、爱劳动、爱科学、爱社会主义为基本要求，积极开展社会公德、职业道德、家庭美德教育。

"有文化"是指人们要掌握科学文化技术。在科学技术高度发展的当今世界，科学文化技术水平的高低成为衡量劳动者素质的一个主要标志。生产力的发展水平，越来越依赖和取决于智力开发的状况。

"有纪律"是人们行动取得成功的保证，是人们富有崇高理想和良好道德的表现。有理想、讲道德和守纪律有内在一致性，而丧失理想、道德堕落和违法乱纪也是常常联系在一起的。因此，在党政机关、军队、企业、学校和全体人民中，都必须加强纪律教育和法制教育。大、中、小学的学生从入学起，工人从入厂起，战士从入伍起，公务员从入职起，就要学习和服从各自必须遵守的纪律。纪律是多方面、多层次的，随着市场经济的发展，经济活动各个环节上的纪律要求也更为细密，更为复杂，更为严格。

"四有"几个方面是互相配合、互相促进、缺一不可的有机整体，共同体现社会主义经济制度、基本政治制度对全社会成员的政治觉悟、精神状态、道德素质、文化素质及民主、法制、纪律等方面全面发展的要求。有理想、有道德、有纪律，归纳起来就是提高思想道德素质；有文化，就是提高科学文化素质。这个根本任务贯穿改革开放和现代化建设的全过程。精神文明建设的主要内容和具体任务及阶段性目标，既依据根本任务来确定，又推进着根本任务的实现。在"四有"中，邓小平同志特别强调有理想和有纪律。一靠理想，二靠纪律，才能有效地把全党和全国各族人民的积极性、创造性凝聚到建设有中国特色的社会主义事业上来，把我国建设成富强、民主、文明的社会主义现代化国家。

三、社会主义市场经济初始阶段精神文明建设的根本任务

从 20 世纪末到 21 世纪初的前 10 年，是我国改革开放和社会主义现代化事业的关键时期。之所以说"关键"，因为这个时期是我国社会主义市场经济的初始阶段，如果搞得好，将为我国跨入竞争更为激烈、形势更为多变的 21 世纪，跻身世界强国之列打下坚实的基础；为我国社会主义改革，实现新的飞跃创造良好条件；为解决我国现代化建设过程中出现的许多新情况、新问题提供新的契机。因此，党中央高度重视这一时期的发展，为了与十四届三中全会规划的我国经济和社会发展跨世纪宏伟目标相适应，十四届六中全会通过的《决议》提出了今后 15 年我国精神文明建设的奋斗目标。《决议》指出："今后 15 年，我国社会主义精神文明建设的主要目标是：在全民族牢固树立建设有中国特色社会主义的共同理想，牢固树立坚持党的基本路线不动摇的坚定信念；实现以思想道德修养、科学教育水平、民主法制观念为主要内容的公民素质的显著提高，实现以积极健康、丰富多彩、服务人民为主要要求的文化生活质量显著提高，实现以社会风气、公共秩序、生活环境为主要标志的城乡文明程度的显著提高；在全国范围形成物质文明建设和精神文明建设协调发展的良好局面。"

《决议》中的这段话，指明了社会主义市场经济初始阶段精神文明建设的奋斗目标和近期精神文明建设的阶段性任务。

1. 社会主义市场经济初始阶段我国社会主义精神文明建设的主要奋斗目标。

社会主义市场经济初始阶段精神文明建设的目标概括起来就是要做到"两个牢固树立"，实现"三个显著提高"，形成"一个良好的局面"。

关于做到"两个牢固树立"。

第一，牢固树立建设有中国特色社会主义的共同理想。这个共同理想，集中了我国工人、农民、知识分子和其他劳动者、爱国者的利益和愿望，是保证全体人民在政治上、道义上和精神上团结一致，克服任何困难，争取胜利的强大的精神武器。为了实现这个共同理想，一切有利于建设现代化、振兴中华、统一祖国的积极思想和精神，一切有利于民族团结、社会进步、人民幸福的积极思想和精神，一切用诚实劳动争取美好生活的积极思想和精神等，都应当尊重、保护和发扬。这样，才能使全体劳动者和爱国者紧密团结起来，积极行动起来。

我们要善于运用改革开放和社会主义现代化建设的成就和群众的切身经验进行生动地理想教育，在教育中要注意把共同理想同各行各业、各个地方、各个单位的发展目标和建设任务结合起来，同各自的岗位和个人的理想结合起来，立志建设，立志改革，努力奋斗，勤俭建国，脚踏实地干事业。同时，要采取多种形式，帮助广大干部和群众特别是青年逐步深入地理解马克思主义世界观和社会发展规律，理解我们民族的光辉历史和革命传统，理解一百多年来我们民族的深重灾难和反帝、反封建的英勇斗争，理解当代世界的进步和人类的进步，以提高民族自尊心、自信心和自豪感，把理想建立在科学基础之上。

第二，牢固树立坚持党的基本路线不动摇的坚定信念。在建设有中国特色的社会主义理论的指导下，我们党形成了社会主义初级阶段的基本路线，这就是：领导和团结全国各族人民，以经济建设为中心，坚持四项基本原则，坚持改革开放，自力更生，艰苦创业，为把我国建设成为富强、民主、文明的社会主义现代化国家而奋斗。

"一个中心，两个基本点"，是这条路线的主要内容。党的基本路线是建设有中国特色社会主义理论的集中表现。坚持党的基本路线不动摇对我国社会主义事业至关重要，因此，邓小平同志郑重地提出，"基本路线要管一百年，动摇不得"，因为这是关系党和国家兴衰成败的问题。历史、现实的经验告诉我们，只有坚持党的基本路线，才能得到人民的信任和拥护，才有可能实现社会主义现代化。

我们坚持党的基本路线不动摇，关键是坚持以经济建设为中心不动摇，除非发生大规模战争，都要始终以经济建设为中心；坚持党的基本路线不动摇，必须把改革开放同四项基本原则统一起来，在把握"一个中心，两个基本点"上，在党内特别是领导干部中要警惕"右"，但主要是防止"左"；坚持党的基本路线不动摇，必须始终如一贯彻自力更生、艰苦创业的精神，如果丢掉自力更生和艰苦创业的精神，奢侈浪费，贪图享受，势必动摇党的执政地位，最终影响和阻碍党的奋斗目标的实现；坚持党的基本路线不动摇，必须巩固和发展团结稳定的政治局面，没有稳定，社会动荡不安，改革开放、经济建设统统搞不成。同时还要看到，坚持党的基本路线不动摇，关键在于我们党，首先在于县以上党政领导干部。对于我们这样一个国家来说，各级领导干部尤其是高级干部的思想理论水平，治党治国能力如何，贯彻执行党的基本路线的自觉性、坚定性如何，直接关系到社会主义现代化的成败。

关于实现"三个显著提高"。

第一，实现思想道德修养、科学教育水平、民主法治观念为主要内容的公民素质的显著提高。提高公民素质，培养有理想、有道德、有文化、有纪律的社会主义新人，是精神文明建设的根本任务。《决议》把公民素质的显著提高作为跨世纪精神文明建设的目标，这就把目标和任务有机统一起来。公民整体素质的内涵十分丰富，而道德修养、科学教育水平、民主法治观念是人的现代化素质最本质的特征。这对民族精神面貌的改善、国家综合实力的提高、社会主义法治的建设具有重要作用。

为此，我们要在人民群众特别是青少年中加强以爱国主义、集体主义、社会主义为核心内容的思想教育。爱国主义历来是中国人民团结奋斗的一面旗帜。在当代中国，爱国主义同社会主义有机地统一于建设有中国特色社会主义的伟大实践。要把现代化建设的伟大成就和宏伟目标，中国近现代史、中共党史和基本国情，中华民族优秀传统和革命传统，民族团结和祖国统一，国防和国家安全，作为新时期爱国主义教育的主要内容。要运用各种宣传方式和活动，大力开展道德建设，在全社会形成自觉遵守道德规范和团结互助、平等友爱、共同前进的人际关系。要通过教育，引导人们树立正确的世界观、人生观和价值观，反对拜金主义、享乐主义、个人主义，抵御资本主义和封建主义腐朽思想的侵蚀。

社会主义理想道德的形成、巩固和发展，要靠教育，也要靠法治。我们在加强爱国主义、集体主义、社会主义教育的同时，必须建立健全规范道德行为的法律、法规和制度，加强对社会生活各方面的管理、规范，养成良好的行为习惯，约束和制止不文明行为。要综合运用教育、法律、行政、舆论等手段，形成扶正祛邪、扬善惩恶的良好氛围。

物质文明和精神文明的基础在教育，科技是关键。要实施科教兴国战略，国家要从政策上、资金上保证教育和科技的发展，并且鼓励社会各方面的力量支持这些事业。基础教育是提高民族素质的奠基工程，必须大力加强，确保《中华人民共和国义务教育法》的贯彻执行。要积极发展职业技术教育、成人教育、高等教育，重视和扶持少数民族教育事业和残疾人教育事业，使全民族教育水平有明显提高。要大力发展科学事业，开展科学普及，发扬尊重科学、追求知识的精神，反对各种愚昧和封建迷信的东西，在全社会形成爱科学、讲科学、用科学的良好风气。

第二，实现以积极健康、丰富多彩、服务人民为主要要求的文化生活质量的显著提高。只有做到积极健康、丰富多彩、服务人民这三条，文化生活质量的提高才有保证。为此，在繁荣文学艺术上，首要任务是多出优秀作品，以优秀的作品鼓舞人。要坚持为人民服务、为社会主义服务的方向，贯彻百花齐放、百家争鸣的方针，弘扬主旋律，提倡多样化。树立精品意识，实施精品战略，努力创作出一批思想性、艺术性统一，具有强烈吸引力、感染力，深受广大群众欢迎的优秀作品，带动社会主义文艺事业的全面繁荣。要积极开展健康的文艺评论，发挥文艺评论的正确的引导作用。那种淡漠"二为"方向、远离群众实践、迎合低级趣味、"一切向钱看"、鄙薄革命文艺传统、推崇腐朽文艺思潮等倾向都是错误的，应坚决反对。

在新闻宣传上，必须坚持党性原则，坚持实事求是，坚持团结稳定鼓劲、正面宣传为主，牢固把握正确的舆论导向。党报、党刊、国家通讯社和电台、电视台要发挥主导作用，用正确舆论引导人。出版工作要建立健全管理机制，着力提高出版的质量，多出好作品，不出坏作品。要及时反映国内外优秀文化成果，重视出版传统文化精品和有价值的学术著作，不断满足人民群众多层次、多方面的需要。

在发展哲学社会科学上必须以马克思列宁主义、毛泽东思想和邓小平理论为指导，坚持理论联系实际，更好地为党和政府决策服务，为两个文明建设和社会的全面发展服务。要把改革开放和现代化建设的重大理论和实践问题的研究作为主攻方向，积极探索有中国特色社会主义经济、政治、文化的发展规律。要重视基础理论研究，加强重点学科建设，用科学理论武装人。

在工作指导上要一手抓繁荣，一手抓管理，促进文化市场健康发展。文化市场是社会主义精神文明建设的重要场所，决不能成为腐朽文化滋生蔓延的场所。要积极培育和完善文化市场，大力支持健康的文化产品，倡导适合广大群众消费水平的有益的文化娱乐活动，更好地活跃和丰富文化生活。

第三，实现以社会风气、公共秩序、生活环境为主要标志的城乡文明程度的显著提高。公民整体素质提高和城乡文明程度提高是相互联系的。城乡的文明程度主要体现在社会风气、公共秩序、生活环境诸方面。

目前，全国各地正深入开展全方位、多层次的群众性精神文明创建活动。在城市要以提高市民素质和城市文明程度为目标，开展创建文明城市活动。各单位都要围绕优美环境、优良秩序、优质服务，推动城市的精神文明建设。按中央规定，各省、自治区、直辖市要制定规划，到 2010 年建成一批具有示范作用的文明城市和文明城区。另外，要充分发挥工人阶级在精神文明建设中的主力军作用。

在农村要以提高农民素质、奔小康和建设社会主义新农村为目标，开展创建文明村镇活动。要以集镇为重点，以镇带村，制定规划，逐步推进。文明村镇建设要同加强党的基层组织建设、巩固基层政权结合起来，同壮大集体经济实力、增强乡村集体经济组织为广大农民服务的功能结合起来，同计划生育、节约土地、环境建设结合起来。要依据国家法律法规，制定乡规民约，破除陈规陋习，反对非法活动，继续做好科技文化下乡、扶贫工作，充分发挥农村党员干部、教师、知识青年和退伍转业军人在精神文明建设中的作用。

关于形成"一个良好的局面"。

邓小平同志指出：我们不仅经济要上去，社会秩序、社会风气也要搞好，两个文明建设都超过资本主义，这才是有中国特色的社会主义。反过来说，物质文明搞不好，不努力发展社会主义生产力，不改变贫穷落后的面貌，就不是社会主义；精神文明搞不好，导致精神生活贫乏，社会丑恶现象泛滥，人们心灵空虚颓废，也不是社会主义。因此，形成两个文明协调发展的局面是建设有中国特色社会主义的迫切需要。

然而，在全国范围内要形成两个文明协调发展的局面，绝不是一朝一夕的功夫。固然，从改革开放一开始，邓小平同志就强调两个文明一起抓的战略方针，但是，对这一重要方针，在执行过程中出现过不一贯的情况。十三届四中全会以后，以江泽民同志为核心的党中央坚定不移地贯彻"两手抓，两手都要硬"的方针，从多方面加强精神文明建设，使精神文明建设取得积极进展和明显效果。改革开放以来，精神文明建设的主流是好的，在那些精神文明建设搞得好的地方，也出现了两个文明协调发展的局面，但是从全国范围来看，仍然存在"一手硬，一手软"的情况，从而给党的事业造成了严重的损失。因此，要形成这样良好的局面，还需要全党全社会经过艰苦的共同努力才能达到。

2. 近期精神文明建设的阶段性任务。

根据社会主义市场经济初始阶段精神文明建设的目标，并针对当前精神文明建设中干部群众普遍关心的和发展社会主义市场经济所出现的亟待解决的问题，近期精神文明建设的阶段性任务主要有五条：

第一，坚决制止党政机关和干部队伍中存在的消极腐败现象，进一步树立密切联系群众、勤政务实、廉洁奉献的优良党风政风。邓小平同志曾深刻指出，搞好精神文明建设的关键在于领导干部的以身作则。尤其在社会主义市场经济发展的初始阶段，由于新旧体制正在转变，法律还不完善，党政干部队伍中仍然存在着许多消极腐败现象。因此，要把抓好党风政风、加强勤政廉政作为带动整个精神文明建设的一个重要突破口。坚定不移地推进反腐败斗争，把群众关注的大案要案追查到底，严格按照法律程序予以处理，使人们看到"共产党动真格的"，以此推动整个社会风气的不断好转。

第二，坚决纠正损害群众利益的行业不正之风，反对假冒伪劣、欺诈行为，大力培育爱岗尽责、方便群众、优质服务的敬业精神。与市场经济相衔接的各行各业，特别是与群众生活关系密切的"窗口行业"，是属于纠风的重点部位。目前，行业经营中存在的"假冒伪劣、坑蒙欺诈"等不道德行为，严重贬损了行业形象，已成为精神文明建设中亟待解决的一个问题。因此，要通过开展创建文明行业、推广服务承诺制、进行岗位培训等活动，在行业职工中大力倡导爱岗敬业、诚实守信、办事公道、服务群众的职业道德，并运用政治、经济、行政、舆论等手段，规范行业行为，树立行业新风。

第三，坚决扫除黄、赌、毒等社会丑恶现象，反对封建迷信活动，形成文明、健康、崇尚科学的社会风尚。近年来，由于各种原因，一些社会丑恶现象死灰复燃。制黄贩黄、卖淫嫖娼、贩毒吸毒、聚众赌博、封建迷信等行为成为社会公害，严重败坏社会风气，毒害人们的思想，成为影响社会稳定的突出因素，广大群众对此深恶痛绝。因此，要把扫除黄赌毒和反对封建迷信，作为战役性任务来抓，加大打击的力度，使这些丑恶现象减少到最低程度，创造一个扬善惩恶、尚美鄙丑、扶正祛邪的大气候和大环境，努力推动团结进取、健康向上的社会主义新风尚的形成。

第四，坚决禁止制造和传播文化垃圾的行为，从而初步呈现优秀精神产品大量涌现、文化市场活跃有序的繁荣景象。近年来，文化市场中的问题比较突出，淫秽色情、封建迷信甚至有严重政治问题的文化垃圾时有出现，盗版侵权活动在一些地方屡禁不止，成为社会关注的热点问题。因此，要坚决贯彻一手抓繁荣、一手抓管理的方针。一方面，要认真实施"精品战略"，努力提高精神产品的质量，创作出更多反映时代主旋律、思想性和艺术性统一的优秀精神产品；另一方面，要进一步加大文化市场管理的力度，继续深入开展"扫黄打非"工作，充分发挥社会主义文化市场的主渠道作用，让大批健康有益、质量上乘的精神产品占领市场，促进文化市场繁荣健康有序地发展。

第五，坚决治理一些地方社会治安不好和环境脏、乱、差的状况，创建更多的文明村镇和文明城市。我国的精神文明建设是从治理环境脏乱差起步的，并取得了显著成效。但随着市场经济的发展，全国出现了人、财、物的大流动，不少地方社会治安形势严峻，环境脏乱差的问题有所回潮。因此，要从创建更多的文明单位、安全文明小区、文明村镇和文明城市的高层面上着眼，通过社会治安综合治理和开展优美环境、优良秩序、优质服务、优化管理等有效办法，下气力扭转社会治安不好和卫生上的

"脏"、城乡管理上的"乱"、服务质量上的"差"的状况，为人民群众创造一个安全、舒适、方便和积极向上的生活环境。

3. 为实现跨世纪精神文明建设的目标和任务而努力奋斗。

党的十四届六中全会《决议》确定的跨世纪15年精神文明建设的奋斗目标，是以邓小平理论为指导，与社会主义市场经济初始阶段相适应的，既实事求是、切合实际，又能激励全国人民团结奋进的行动纲领。

这一奋斗的行动纲领，具有以下四个特点：一是科学性。它是一个比较科学完备的精神文明建设的目标体系，既与跨世纪经济和社会发展远景目标相配套，又符合精神文明建设自身发展规律的要求。二是时代性。它突出了当今社会的背景和时代特征，既体现了目标的层次性和阶段性的统一，增强了工作的针对性，又立足于两个根本转变，反映精神文明建设面临的机遇和挑战。三是群众性。它把人民是否拥护、赞成、满意作为制定精神文明建设目标的出发点和落脚点，充分体现了广大群众的意愿和要求。四是可操作性。它把宏观指导性和注重实际、目标管理和量化要求结合起来，有很强的操作性。因此，当前摆在各级党委、政府面前的主要任务，就是采取有力的措施，把精神文明建设的目标落到实处。

一是要加强领导，形成机制。一方面要建立起党委统一领导下，党政主要领导亲自抓，各部门分工负责的领导体制和强有力的指导协调机构，动员各部门齐抓共管，全社会形成合力；另一方面要建立起规范化、科学化的工作机制，并根据工作的特点，想要建立起法制健全、运转有序的管理机制和推动人员、经费、设施落实的保障机制，以及检查、考核、监督功能齐全的激励约束机制。

二是要调查研究，精心规划。各级领导要在领会上级文件、指示精神的基础上，深入实际，调查研究，了解和分析本地区本单位精神文明建设的现状，善于把中央的宏观指导与各自的实际结合起来，创造性地进行工作，使精神文明建设有计划、有步骤地不断引向深入。

三是要坚持"重在建设"的方针，在狠抓落实上下功夫。要把跨世纪精神文明建设的宏伟目标落到实处，需要有坚韧不拔的毅力和真抓实干的作风。仅有蓝图而不认真地施工，是造不出精神文明大厦的。因此，要在抓落实上用气力，从而使抓落实工作有热度，即具有强烈的事业心和责任感；有广度，即发动全社会广泛参与；有力度，即具有强有力的措施；有深度，即不做表面文章，用抓经济工作那样的姿态来抓精神文明建设，真正做到扎扎实实、坚持不懈，从而使社会主义市场经济初始阶段的精神文明工作朝着既定的目标胜利前进。

  （选自《社会主义市场经济初始阶段的精神文明建设》一书第二章，厦门大学出版社，1999 年 6 月）

领导者的战略眼光

　　三明市精神文明建设之所以能取得显著成效，成为全国的一个先进典型，原因之一就在于三明市的党政领导对精神文明建设具有战略眼光。

　　在探索建设有中国特色的社会主义文明城市的过程中，三明市的党政领导认真贯彻邓小平同志关于社会主义精神文明建设的战略思想和党中央的战略方针，十几年如一日，常抓不懈；他们不断增强服务意识和群众意识，从精神文明建设与经济建设、为民办实事、提高人民的生活水平的"三结合"中寻找驱动力，把三明的精神文明建设不断引向深入；他们精心研究，逐步建立和完善了高效、强有力的运行保障机制，使精神文明建设真正做到思想上有位置，组织上有保证，计划上有盘子，工作上有部署，人力、物力和财力上有保障；他们通过成立精神文明建设理论研究所和研究会，团结广大理论工作者，加强对精神文明建设理论的研究和实际经验的总结，为市委、市政府领导提供科学决策的依据，从而使三明市的精神文明建设不断跃上新的台阶。

一、战略地位的确立

　　正确的行动来自正确思想的指导。一个地区精神文明建设搞得如何，能否长期坚持并取得成效，关键在于该地区领导对精神文明建设地位、作用的认识是否正确。两个文明建设的关系处理是否得当，能否真正把精神文明建设放在重要战略地位上，这是衡量这个地区领导者是否具有战略眼光的重要标志。

　　三明市精神文明建设是在党的十一届三中全会以后，伴随着改革开放而日益深化的。他们真正确立精神文明建设的战略地位是在 1982 年以后，特别是 1982 年至 1986 年期间，即三明市精神文明建设发展第一阶段的后期和第二阶段的前期。

这期间，我们党对社会主义精神文明建设的认识有重大发展。1982 年秋天，党的十二大把精神文明建设提到了重要位置。1983 年 10 月，邓小平同志在党的十二届二中全会上旗帜鲜明地指出"思想战线不能搞精神污染"，强调"两个文明一起抓"的重要性。1986 年党的十二届六中全会做出《关于社会主义精神文明建设指导方针的决议》，阐述了社会主义精神文明建设的战略地位、根本任务和主要内容及其指导思想，为加强精神文明建设指明了方向。

在这期间，三明精神文明建设也有了长足的进步，经过两三年整治"脏乱差"，城市环境有了较大的改观，广大市民从中尝到了甜头，受到了教育，初步形成了"讲文明、讲礼貌、讲卫生、讲秩序、讲道德"的新风尚，并有力推动了城市改革和经济建设的发展。1984 年，全国"五讲四美三热爱"活动工作会议在三明召开，又为进一步加强精神文明建设提供了有利的契机。

在这种形势下，中共三明市委、市政府的领导，认真学习了邓小平同志关于精神文明建设的论述和十二届六中全会的决议，回顾三明市开展精神文明建设的历程，认真总结经验，从理论和实践结合上，弄清了如下三个关系：

一是两个文明建设的关系。明确两者是互相联系、互相促进的辩证统一关系。如果只抓物质文明建设不抓精神文明建设，或者先抓物质文明建设后抓精神文明建设，不仅直接损害精神文明建设，而且从根本上会阻碍社会主义物质文明建设。因为精神文明既确保物质文明建设的正确方向，又为物质文明提供智力支持和精神动力，使物质文明建设顺利健康地向前发展，轻视或忽视精神文明建设，不但使物质文明建设没有后劲和潜力，而且还可能使物质文明建设偏离社会主义轨道。正如邓小平同志在 1986 年所指出的："经济建设这一手我们搞得相当有成绩，形势喜人，这是我们国家的成功。但风气如果坏下去，经济搞成功又有什么意义？会在另一方面变质，反过来影响整个经济变质，发展下去会形成贪污、盗窃、贿赂横行的世界。"① 所以，在任何时候、任何地方都必须坚持"两手抓，两手硬"。

二是精神文明建设与改革开放的关系。明确越是改革开放越要加强精神文明建设，而越是加强精神文明建设，改革开放和商品经济发展就越顺利。三明市委、市政府领导深刻认识到，改革开放和建立社会主义市场经济体制需要正确的理论导向、良好的舆论环境和强大的精神动力，只有加强精神文明建设，才能为加速改革开放和经济发展提供正确的理论指导和思想基础，才能形成与加快改革开放和经济发展相适应的思想观念和思维方式，才能为加快改革开放和经济发展创造良好的文化条件和社会环境。所以，在改革开放时期，绝不能以牺牲精神文明作为代价来换取经济的发展，相反，要坚定信念，毫不动摇地抓好精神文明建设。

三是精神文明建设与建设中国特色社会主义的关系。明确只有两个文明都搞好，才能逐步建成有中国特色的社会主义。他们深刻体会到，加强精神文明建设，是建设有中国特色社会主义的重要特征，在社会主义现代化建设总体布局中占有重要的战略地位，是关系到社会主义兴衰成败的大事。所以要从这个总体布局的高度，正确认识社会主义精神文明建设的地位和作用，离开精神文明建设就谈不上建设有中国特色的社会主义，从而在思想上实现了两个大的飞跃：

首先是从着眼于本地区局部需要到建设有中国特色的社会主义新型城市的飞跃。他们说：按照马克思主义观点，任何一种社会形态都是由一定的经济、政治和思想文化组成的，其中经济是基础，政治是经济的集中表现，思想文化是经济政治的反映，并给予经济和政治以巨大的反作用。同样，有中国特色的社会主义就是由有中国特色的经济、政治和思想文化组成的，只有这三个方面都得到全面协调的发展，才是有中国特色的社会主义。精神文明建设作为目标，它是以建设有中国特色的社会主义理论为指导的党的基本路线所规定的，是我国社会主义现代化建设总体布局的一个重要的有机组成部分，是社会主义社会的一个不可缺少的重要特征；作为手段，它是为物质文明的发展提供精神动力、智力支持和使其沿着正确方向发展的思想保证。因此，精神文明建设绝不是某一个地区的事，而是全党全民的事业，是关系到我国社会全面进步和社会主义事业兴衰成败的大

---

① 中共中央文献编辑委员会：《邓小平文选》第 3 卷，人民出版社，1993 年，第 154 页。

事。这样，他们就把原先着眼于服务本地区改革开放、发展经济的精神文明建设与建设有中国特色的社会主义有机结合起来了，把精神文明建设作为迈向 21 世纪的最佳战略选择。

其次是从立足于眼前的利益到面向 21 世纪发展需要的飞跃。马克思主义认为，劳动者都是掌握了一定科学技术知识的人。人是生产力中最活跃的因素，劳动者的思想文化素质如何，对生产力的发展至关重要。特别是在当今世界，现代化生产已进入高科技时代，而且现代市场经济发展的一个重要特点，是科技的含量和作用将越来越大，国与国之间的经济较量，实质上是科技水平的较量，是掌握现代科技的人的素质的较量，所以，加强精神文明建设不仅仅是为了本地区眼前改革开放、发展经济创造良好的条件，而更重要的是，通过精神文明建设，培养"四有"新人，造就跨世纪人才，坚持党的基本路线一百年不动摇，到下世纪中叶实现现代化战略目标。这样他们就进一步把立足于眼前需要的精神文明建设与着眼未来有机结合了起来。

三明市领导对精神文明建设在认识上的两大飞跃，为其在思想上牢固确立精神文明建设的战略地位，提供了坚实的基础。但是，仅此是不够的。为了确保精神文明建设战略地位的真正确立，他们还采取无形抓深、有形抓实的办法，实施"五个统一"的重大举措，以保证"两手抓，两手硬"战略方针落到实处。

一是统一筹划目标。他们把三明创建文明城市的目标确定为："既发扬光荣革命传统，又具有现代气息的文明、开明、清明的新型城市。"在这里，文明既包含物质文明，也包含精神文明，其主要内涵是指"政治稳定、经济繁荣、文化发达、民风高尚、环境优美、生活方便"等方面，这样就从城市发展的总体目标上把两个文明有机统一起来。

二是统一制定规划。三明市坚持以经济建设为中心，把物质文明建设和精神文明建设作为文明城市建设的两大战略任务，把精神文明建设的目标列入全市国民经济和社会发展规划，做到既有长远规划、中期计划，又有年度的统筹安排。如三明市在制定全市国民经济与社会发展"七五""八五"规划的同时，都制定了与之相适应的全市"七五""八五"时期精神文明建设规划纲要，通过这些规划以确保该市两个文明建设在目标、任务和措施等方面的紧密结合。

三是统一进行部署。多年来，三明市委、市政府每年都在年初召开有县（市、区）、乡镇党政主要领导和市直各部门负责同志参加的全市两个文明建设工作会议，总结、表彰上年工作，部署新年度的两个文明建设任务。市委、市政府还通过向各县（市、区）和市直部门下达领导双文明责任状等形式，把每年两个文明建设的任务逐级落实到基层，对于重要战线则通过专门会议部署。如1985年以来，三明市每年8月份都定期召开一次全市性的教育、科技工作会议，与教育界、科学界等方面的同志共商教育、科技和振兴经济大计，并对有关的工作进行统一部署。

四是统一安排人、财、物。三明市在人、财、物方面，能根据统一的规划和部署，进行统筹安排，使得精神文明建设的各项事业和活动有必要的人力、财力和物力支持。例如，他们在科技教育方面就舍得花本钱，并逐年增加投入。1986年以来，筹集投入5亿多元，有力地推动了科技教育事业的发展。在平时活动方面经费也有保证，三明市文明委除正常的行政经费外，还统一管理使用城市建设维护费等，使整治"硬环境"的工作得到落实。

五是统一评比。为了推动各项工作的开展，三明市在每年的年中和年度都要对各单位的物质文明和精神文明工作进行检查考核，不仅把完成经济任务的情况，而且把完成精神文明建设任务的成效作为考核领导班子和领导干部政绩的重要内容。从而增强各级领导干部"两个文明一起抓"指导思想的落实。

正是因为三明市领导真正把精神文明建设放在战略地位上，采取"五个统一"的举措，保证"两手抓，两手硬"方针的落实，所以他们能够做到十几年如一日，始终坚持"四个不动摇"。

一是在经济建设任务繁重时，坚持抓精神文明建设的决心不动摇。三明市委不论经济建设任务多么繁重，都能在研究部署经济工作的同时，研究部署精神文明建设工作，而且每当有重大的经济决策出台，每逢改革开放、经济发展的关键时候，都及时研究制定相配套的精神文明建设措施。如1992年，邓小平同志视察南方重要谈话发表后，他们一方面结合三明实际，制定了《加快改革开放、加速经济发展的十五条措施》。在三明经济建设和改革开放的各个发展阶段，三明市领导总是这样根据出现的新情况、新问题，及时研究制定加强精神文明建设的对策和措施，从而使三明的精神文明建设年年有新的部署，有骨干性的活动项目，有足够的建设经费，有量化的检查评比，充分体现了三明市将两个文明互相结合、使其协调发展的领导艺术。

二是在一些地方出现思想政治工作的"滑坡"时，坚持抓精神文明建设的方向不动摇。邓小平同志对"两手抓"讲得最多，态度也最坚决，但在一段时间里，由于各种原因，这种思想并没有得到真正的完全的贯彻，其原因是多方面的，但都与反对资产阶级自由化旗帜不鲜明、政治思想战线软弱无力有直接关系。但三明市却没有这种现象。正如中共中央办公厅调研室调查组于1990年5月对三明进行近20天的实地考察后所指出的：10年来，这个城市政治、经济、社会长期稳定协调发展，没有出现两个文明建设"一手硬，一手软"和精神文明建设"时好时差""时抓时松"的现象。有人说"沿海搞经济，三明搞扫地"，也有人认为可以牺牲精神文明建设作代价来发展经济。对此，三明人以两个文明建设的丰硕成果给予有力的驳斥，用"咬定青山不放松"的顽强精神顶住各种非议，坚定不移地坚持两个文明一起抓的正确方向。

三是在班子交替、人事变动时，坚持抓精神文明建设的信心不动摇。党的十一届三中全会以来，到1994年底，三明的市委、市政府领导换了三任，这不但没有影响三明市的精神文明建设，反而越抓越有成效。第一任领导班子（地辖市）带领全市人民群众首先确立起了精神文明建设的战略地位，并将精神文明建设作为战略任务，与物质文明建设一起统筹安排，统一部署。第二任市委领导班子建立了市文明委（文明办），实行目标管理责任制，对各级班子和全体党员干部实行两个文明建设同时考核，进一步使精神文明建设落到了实处。第三任市委领导班子提出两个文明一起抓，两副重担一起挑，两种成果一起要，较好地解决了"两张皮"的问题。1995年1月，三明召开了市第五次党代会，市委领导班子进行换届选举。新的市委领导班子建立后，又在深入调查研究的基础上，做出了《关于进一步加强社会主义精神文明建设的决定》，提出精神文明建设要"谱新曲、唱新歌、上新水平"的要求，决心"通过巩固、发展、创新、提高，进一步加强社会主义精神文明建设，更有效地促进改革开放和现代化建设"。总之，后一任领导班子都能做到在前任经验的基础上，不断向前发展，做出新的建树，从而使三明精神文明建设逐步形成一套比较成熟的经验和做法。

四是在取得成效，受到赞扬或遇到挫折、受到非议时，坚持抓精神文明建设的恒心不动摇。由于三明市精神文明建设取得显著的成效，成为全国的先进典型，其成绩和经验经常受到各级领导的肯定和赞扬。从 80 年代初开展精神文明建设到现在，曾有十几位中央领导同志到过三明视察，全国各省市来三明参观取经的人更是络绎不绝。同时，中央和福建省也多次在三明召开有关精神文明建设的会议，三明还连续四次被评为福建省"文明城市"，等等。在表扬声中，三明市委、市政府始终保持谦虚谨慎的态度，认真分析新形势下面临的新情况、新问题，及时召开有关工作会议，指明存在的不足和前进的方向，把三明的精神文明建设不断推向前进。同时，三明市在精神文明建设的发展过程中，也曾经遭受过一些挫折和非议。例如，有的同志以 1990 年清流、尤溪、大田县主要领导受贿案件来否定三明精神文明建设。最近几年沿海市场经济发展比较快，而三明因受山区地理条件所限，市场经济发展与沿海地区比相对较慢，在这种情况下，也出现过三明精神文明建设缺乏普遍意义的议论，等等。面对这种挫折和非议，三明市委、市政府领导并不气馁，而是认真总结经验教训，通过狠抓清流、尤溪、大田等经济案件的处理，以此来教育广大干部，使这些地方发生了很大变化，进一步推动了精神文明建设，同时，用事实说话，顶住各种非议、责难，以坚定的态度把精神文明建设坚持下去。

二、从"三结合"中寻找驱动力

三明市领导者的战略眼光，不仅表现在对精神文明建设的认识上，还表现在他们能够遵循社会主义精神文明建设的规律，找准其发展的内在驱动力。

党的十二届六中全会通过的《中共中央关于社会主义精神文明建设指导方针的决议》，规定了我国社会主义精神文明建设的基本指导方针，即它必须是推动社会主义现代化建设的精神文明建设，必须是促进全面改革和实行对外开放的精神文明建设，必须是坚持四项基本原则的精神文明建设。我国的社会主义现代化建设是以经济建设为中心，其他一切工作都必须为这个中心服务；我国实行全面改革开放，是各族人民拥护的强国富民之路。而我们坚持四项基本原则，走建设有中国特色的社会主义道路，其根本的目的，就是通过解放和发展生产力，提高人民物质和文化生活水平；三明市领导正是在这一基本指导方针的指引下，通过不断探索和总结，从精神文明建设与经济建设紧密结合、与为民办实事紧密结合、与提高人民生活水平紧密结合中寻找精神文明建设的内在驱动力的。

1. 精神文明建设与经济建设紧密结合。

马克思主义认为，物质文明和精神文明两者是互相渗透、互相影响、互相促进的辩证关系。精神文明归根到底是从物质文明中来的，其发展的规模和程度受到经济发展水平的制约，但是社会主义精神文明对物质文明建设有巨大的反作用，能有力地保证物质文明建设健康顺利发展。

中共三明市委、市政府遵循马克思主义关于两个文明辩证关系的原理，不断增强"中心意识"和"服务意识"，在精神文明建设起步阶段，就注意与经济建设的紧密结合，提出了"两个文明一起抓，两副担子一起挑，两个任务一起下，两个成果一起要"的指导思想，并采取一系列措施保证两者的紧密结合。

一方面，他们通过加强精神文明建设，不断引导全市人民解放思想，更新观念，使思想观念、思维方式、价值取向、行为规范、是非标准等进一步适应改革开放和发展市场经济的需要，充分发挥它对促进经济建设发展的舆论导向作用；通过加强精神文明建设，对人民群众加强思想教育，培养爱国主义、集体主义、社会主义思想和艰苦奋斗、无私奉献精神，使其在调动广大干部群众积极性方面起着激励作用；通过精神文明建设，促进科技、教育、文化等社会事业的发展，提高广大人民群众的素质，使其在为经济建设培养更多人才方面起促进作用；通过精神文明建设，创造良好的社会环境和社会秩序，使其在树立文明新风、维护社会稳定方面起保障作用，从而有力地促进改革开放和经济建设的健康发展。

另一方面，他们根据各个时期形势发展的不同需要而有所侧重。如1980—1982年，围绕为改革开放创造良好的环境，他们坚持把治理"脏乱差"、提倡"三优一学"作为精神文明建设的"突破口"。1984年6月，全国"五四三"活动工作会议在三明召开之后，特别是在党的十二届六中全会以来，他们又把进一步增强全民开放意识、树立社会主义商品经济观念作为精神文明建设工作的重点，大力倡导和树立"企业精神"，并把"两德"教育同经济责任制结合起来，实行两个文明"双承包"。1989 年，随着经济建设的发展，他们在精神文明建设中又着重在单体自建的基础上开展了以促进经济工作联抓、共图区域繁荣为主要内容的"六联六建"文明片区活动。1992 年以后，又提出进一步加强科技文化建设、深化"满意在三明"，探索在新形势下精神文明建设的新路子，以适应市场经济发展的需要，为三明经济腾飞创造条件。

精神文明建设与经济建设的这种紧密结合，有力地推动了三明市经济社会的发展。到 1988 年，三明市就提前实现了国民生产总值翻番的目标，与全国 434 个城市及全国 72 个综合改革试点城市中的同类城市相比，在综合指标、工业及经济效益水平等 12 大类 41 项指标中，有 35 项指标高于这些城市的平均水平。1992 年 12 月，在全国 188 个地级城市经济社会发展指标的综合评比中，三明名列第 15 位。1993 年又提前实现国民生产总值翻两番的目标，全市实现国民生产总值 91.32 亿元，工农业总产值 203.32 亿元，财政收入 7.3 亿元，分别比建市时的 1984 年增长 1.8 倍、3.75 倍和 2.8 倍。经济的快速发展，又为精神文明建设的发展提供了越来越雄厚的物质基础，为人民群众更新观念、确立新的生活方式，为造就"四有"新人提供了有利条件，使三明市精神文明建设更加充满时代的气息和生机活力。

2. 精神文明建设与为民办实事紧密结合。

历史唯物主义认为，人民群众是创造历史的根本动力，人民群众发动和参与的程度，决定了革命和建设事业发展的广度和深度。早在民主革命时期，毛泽东同志就深刻指出："人民，只有人民，才是创造世界历史的动力。"[①] 毛泽东同志并为我党制定了一条"从群众中来，到群众中去"[②]的群众路线。邓小平同志也十分尊重群众的意愿，始终把"人民拥护不拥护""人民赞成不赞成""人民高兴不高兴""人民答应不答应"作为制定各项方针政策的出发点和归宿点。

中共三明市委、市政府在开展精神文明建设的过程中，充分发挥群众的主体作用，把坚持为民办实事作为一项十分重要的任务来抓。

---

① 毛泽东：《毛泽东选集》第 3 卷，人民出版社，1966 年，第 934 页。
② 毛泽东：《毛泽东选集》第 3 卷，人民出版社，1966 年，第 748 页。

首先，在思想上不断增强群众观点和全心全意为人民服务的意识，牢记人民群众既是物质文明建设的主体，又是精神文明建设最根本的载体。精神文明建设是群众的事业，只有与为民办实事紧密结合起来，使群众得到实惠，才能调动群众积极参与的热忱，使精神文明建设获得旺盛的生命力。如果脱离为民办实事，人民得不到实惠，缺乏参与热情，精神文明建设就会失去群众基础，就更谈不上搞好。从而有力增强了各级领导把精神文明建设与为民办实事有机结合起来的自觉性。

其次，选好为民办实事的突破口。他们根据群众的迫切愿望，从群众生产、生活中最关心的难点和热点出发，通过精神文明建设，把为民办实事落到实处。如80年代初以整治"脏乱差"为突破口，就是为了解决群众紧迫需要解决的生活环境问题，改变"电话不灵灯不明，治安不宁路不平"的状况，为群众创造良好的生产和生活环境。此后开展的"共建"活动，每一个内容也都尊重群众的意愿，尽可能让群众在"共建"中得到"实惠"。为此，他们突出了经济工作联抓，社会治安联防，环境建设联搞，使群众有繁荣感、方便感、安全感和舒适感。陈大镇工农共建文明片区就是从改善群众的生产生活环境入手，集资兴建中心小学、自来水厂、文化活动中心、卫星地面接收站和闭路电视系统，铺设了柏油路，为全镇解决了上学难、娱乐难、饮水难、行路难等问题，受到全镇群众的热烈拥护。

再次，每年抓住重点办一批实事。三明市在量力而行的前提下，每年都集中一定的人力、物力和财力，有重点地为群众办几件实事。据统计，近几年来，三明市委、市政府为民办了100多项较大的实事。其中，1992年，就办了10件实事：（1）兴建东牙溪水库的主体工程；（2）市区液化气用户达2.1万；（3）市场物价上涨幅度低于省定提价目标2个百分点；（4）房地产开发施工面积达20万平方米；（5）兴建老年人活动中心；（6）新建江滨路；（7）建立市第一医院直线加速器治疗中心；（8）兴建广播电视大楼；（9）建设计生服务大楼；（10）列东小学新建教学楼等。1993年他们兴建市急救中心、煤气发生炉和三明体育馆等为民办了9件实事。1994年又有新的发展，通过新建广播电视大楼、加强市民文明学校建设等为民办了包含"硬""软"件在内的15件实事。各县（市、区）在开展精神文明建设中，也为人民群众办了大量的实事好事，如永安市委、市政府在 1993 年就为民办了 12 件实事：（1）建设五个小区，加快旧城改造和新区建设；（2）建设青少年活动中心等 3 个文体娱乐设施；（3）建设 5 个商品市场；（4）完成四路两桥工程，建设公交发车站；（5）改善幼儿教育和农村中学办学条件；（6）开展 4 个邮电建设项目；（7）大抓绿地建设，做好垃圾、粪便处理工作；（8）建设 4 个农村医疗点；（9）把苍蝇、蟑螂密度控制在国家标准之内；（10）建设永安殡仪馆；（11）续建北区水厂二期工程；（12）在新安路等 3 个街道增设隔离栏杆，防止车辆乱停放，降低城市噪音。大田县仅 1991、1992 年两年就筹集建设资金 3000 多万元，积极兴办了 25 件人民群众关心的实事，使县城整体服务功能大为提高。如满园春农贸市场通过改造，新增面积达 3456 平方米，增加摊位 262 个，兴建第二农贸市场面积达 26789 平方米，促进了第三产业和个体经济的发展。目前，大田城区规划面积达 10.85 平方千米，是原来的 3 倍，人均占有道路面积 10 平方米，人均住房面积 17 平方米，城区自来水普及率达 96％，水冲式分厕达 100％。1991 年 11 月，原省长、现省委书记贾庆林在大田县视察时指出：大田县建设，是全省建设至少是山区县城建设的榜样。同样，各基层单位在实践中也非常重视把精神文明建设与为民办实事有机结合起来。比如三明市邮电局自 1990 年以来，结合精神文明建设为企业员工办了 20 多件实事，如新建了职工食堂、澡堂，建成了职工健身房、舞厅，组成了职工篮球队、舞龙队，购置上饶豪华大客车作为邮政员工上下班班车，购置职工住房近 300 套约 2 万平方米，较好地解决了职工住房难问题，每年召开老年职工运动会，组织离退休职工到外地休养，采取措施提高招聘职工工资福利待遇，办好第三产业，增加职工福利等，从而大大改善了群众的工作、生活环境。现在三明市区人均道路达 6.4 平方米，人均住宅面积达 10.1 平方米，已开发水电 74 万千瓦，自来水普及率达 95％，煤气、液化气普及率达 91％。全市已实现电话交换程控化、传输数字化，市区每百人拥有电话 15.7 门，电视综合人口覆盖率达 90％，市区建成区绿化覆盖率达到 32.1％，人均公共绿地面积达 6.1 平方米。三明市先后被授予"国家卫生城市""全国城市环境综合整治先进城市""全国园林绿化先进城市""全国园林绿化十佳城市"等称号。

由于三明坚持把精神文明建设与为民办实事相结合，受到广大群众的热烈欢迎和支持，使广大群众在实践中深刻体会到精神文明建设是自己的事，是为群众谋福利的事，从而极大地激发了群众参与的积极性和主动性，增强了精神文明建设的号召力、凝聚力和吸引力。同时使群众在参与中受到教育，促进了全民素质的不断提高，推动精神文明建设的不断发展。

3. 精神文明建设与提高人民生活水平紧密结合。

邓小平同志在视察南方时的重要谈话中深刻指出："社会主义的本质，是解放生产力，发展生产力，消灭剥削，消除两极分化，最终达到共同富裕。"① 这里所讲的共同富裕，既包括物质生活方面，也包括精神生活方面。党的十四大报告指出：判断各方面工作是非得失，归根到底，是以是否有利于发展社会主义的生产力，是否有利于增强社会主义国家的综合国力，是否有利于提高人民的生活水平为标准。因此，坚持精神文明建设与提高人民群众生活水平相结合是社会主义本质的内在要求，是推动精神文明建设向前发展的强大动力，也是衡量精神文明建设能否取得成功的重要标准。

中共三明市委、市政府按照社会主义本质要求，坚持把精神文明建设与提高人民生活水平有机结合起来。一方面，通过精神文明建设，围绕经济中心，服务改革开放，不断促进经济建设快速发展，加速实施"小康工程"，为提高人民生活水平打下物质基础。这几年，三明市随着两个文明建设的发展，城镇居民生活水平有显著提高。1993 年，年人均收入达 2832 元，超过我省城镇居民年人均收入，1994 年又比上年增加 1100 多元。农民收入也有明显增加，1993 年人均达 1378 元，比 1984 年增长 2.8 倍，1994 年农民人均纯收入比上年又增加 268 元，达到 1646 元。另一方面，通过精神文明建设，加强思想政治工作和"两德"教育，努力用科学的理论武装人，不断提高人民群众的政治思想素质。同时，通过大力加强科技教育和文化事业建设，提高全市人民文化素质。目前，三明市国民经济增长依靠科技进步因素已占 36% 以上，全市小学"四率"连续几年保持省颁一类标准，初中教育质量有明显提高，市区已普及高中阶段教育。文化设施日益完善，市区先后建成青少年宫、工人文化宫、图书馆、博物馆、群艺馆、体育馆、科技活动中心、妇女儿童活动中心、老人活动中心、广播

① 中共中央文献编辑委员会：《邓小平文选》第 3 卷，人民出版社，1993 年，第 373 页。

电视中心等，现在全市城乡建有文化活动中心 159 个，文化娱乐经营点达 1660 个，群众性文化、艺术活动异常活跃。体育活动也取得显著成绩，全市 9 个县有 6 个县被评为全国体育先进县，近年来先后为省队、国家队输送 100 多名运动员。精神文明建设与提高人民生活水平相结合的发展，让三明人物质生活水平得到不断改善和发展的同时，精神文化生活也更加健康活跃，丰富多彩。

　　坚持"三结合"，使三明精神文明建设具备了强大的内在驱动力。它有效地解决了"两张皮"的问题，使两个文明建设有机结合起来，起到互相促进、互相推动的作用；它有力地把精神文明建设真正变为群众的切身需要，极大地激发广大人民群众参与的积极性和自我教育的自觉性，有力推动了"四有"新人的培养；它有利于按照邓小平同志所揭示的社会主义本质的要求，使精神文明建设沿着建设有中国特色的社会主义方向健康地发展。从三明的实践看，能否坚持"三结合"，对精神文明建设的影响极大，用三明市党政主要领导的体会来说，搞好"三结合"，才能加快改革开放和经济建设步伐。通过"三结合"，可以使精神文明建设围绕社会主义市场经济和提高人民生活水平这个根本问题，提供良好的社会舆论环境和社会心理准备，引导人们进一步解放思想，更新观念，树立"三个有利于"的标准，使人们围着经济转，经济围着市场转，政策围着利益转，工作围着效率转，从而有力地推动改革开放和经济建设的发展；搞好"三结合"，才能在激烈的市场竞争中取胜。因为搞好"三结合"，就可以更好地发展教育科学文化事业，全面提高人的素质，大力发展社会生产力，把经济发展和社会进步转移到主要依靠科技进步和提高劳动者素质的轨道上来，使之在激烈的市场竞争中，达到以智取胜；搞好"三结合"才能把精神支柱立起来。只有搞好"三结合"，才能更好地抓住思想教育这个环节，在广大干部群众特别是青少年中深入进行爱国主义、集体主义、社会主义和艰苦创业的教育，树立正确的人生观、价值观和理想信念，搞好"三结合"，才能促进精神文明建设更好地出人才、出成果、出效益。总之，搞好"三结合"，可以使两手抓住整体规划和奋斗目标，这样才能更好地建设有中国特色的社会主义，这也是三明市精神文明建设的成功所在。所以，1993 年 4 月，丁关根同志视察三明时，对此给予了很高的评价。他说："三明的精神文明建设搞得这样好，就是因为精神文明建设紧紧地为经济建设这个中心服务，为人民办实事，使人民生活水平提高，这三个方面相结合是非常重要的事情。只有在这样条件下，精神文明才能持久搞好。"

三、建立强有力的运行保障机制

社会主义精神文明建设，既包括思想道德建设和教育科学文化建设两大方面，又包括个人的文化科学修养、政治道德修养、审美情趣、思维能力、精神境界的提高和社会的精神生产、精神生活、习俗风尚的发展与改造两大层次的任务，是一项规模宏大、结构复杂、多因素、多功能、目标多样的社会系统工程，因而必须运用系统论原理作指导，来构建精神文明建设这一系统工程的运行机制，以便把各方面的力量、各部门的工作、各单位的自建、各区域的联建，以及各种活动方式等组成一个统一的有机整体，全面建设精神文明，实现两个文明建设的相互促进、协调发展。

1. 运行保障机制的建立和主要内容。

所谓"机制"，原是指机器的构造和运作原理，后来许多学科借用这个词来说明某一系统的机体结构之间的内在关系，以及由此引起的系统行为功能的实现方式。精神文明建设作为一项社会系统工程，也具有一定的功能，其运行机制，就是它的内在的运作方式，包括精神文明建设各个组成部分的相互关系及其互相作用的实现形式。能否建立起强有力的精神文明建设运行保障机制，直接影响精神文明建设的成效。鉴于这个问题的重要性，三明市委、市政府领导特别重视对这个方面的探索。经过十几年的努力，建立起一套比较完善的精神文明建设运行保障机制，其内容主要包括以下几个方面：

第一，组织领导机制。三明市领导清醒地意识到，由于社会主义精神文明建设有两方面的重要内容，有两大层次的繁重任务，并渗透在整个物质文明建设之中，体现在政治、经济、文化、社会生活的各个方面，因此，要保证这个涉及全社会的系统工程的顺利进行，使精神文明建设在各个领域正常运转，就必须首先建立起一个上下配套、组织严密、职责明确、相互配合、团结协作的组织领导机制。

三明市建立起来的组织领导机制，最高层是市精神文明建设领导小组，组长由市委书记担任，第一副组长由市长担任，市委、人大、政府、政协分管领导担任副组长，成员由市委宣传部、文明委（文明办）等 28 个与精神文明建设关系比较直接的单位领导组成。该领导小组每年年初与这些成员单位签订齐抓共管协议书，根据各自的职能把精神文明建设的任务分解下去，明确职责抓好落实，并建立了例会制度，定期研究精神文明建设的重大问题。县（市、区）、乡镇及基层企事业单位也相应建立了精神文明建设领导机构，做到党政主要领导亲自抓，分管领导具体抓，党委、人大、政府、政协等几套班子共同配合抓，使精神文明建设能够做到既有统一领导、责任明确，又各司其职、互相支持，形成了齐抓共管的领导格局。

三明市精神文明建设领导小组下设专门办事机构。市、县级的办事机构为精神文明建设委员会；乡镇企业设立精神文明办公室，并配备专职干部。机关各部门则由人秘科或办公室行使办事机构的职能。市、县文明委既作为市（县）委的一个工作部门，行使市（县）委精神文明建设领导小组办事机构的职权，又作为市（县）政府的一个职能部门，担负城乡精神文明建设的组织、协调、检查、督促的职责。这样，全市从上到下，从线到面，就形成了一个组织严密、专兼结合、职责明确、坚强有力的精神文明建设的组织领导机制。

第二，目标管理机制。社会主义精神文明建设的根本任务，是适应社会主义现代化建设的需要，培养社会主义"四有"新人，提高整个中华民族的思想道德和科学文化素质。这是一个十分复杂而又艰巨的任务，不可能一蹴而就，因此三明市领导在探索其机制时，十分注意建立长规划短安排，以量化为基础的目标管理机制。首先，实行双文明的目标管理。他们将长期的任务阶段化，把阶段任务数量化，然后层层分解落实到具体单位和各位领导的人头上。如 1993 年，市委、市政府向各县（市、区）和各部门下达的领导双文明责任状就有 13 项任务，其中精神文明建设方面 5 项。其次，建立领导任期责任制和各部门齐抓共管制度。他们按照"三挂钩"（即精神文明建设年度工作目标同各县、市、区几套班子领导工作分工和工作目标挂钩；同机关各部门业务工作挂钩；同各类专业队伍职能挂钩）、"三同步"（齐抓共管责任制与各级领导年度工作目标责任书同步下达；与干部目标责任制同步考核；与先进单位、先进个人同步表彰）的原则，健全完善了领导任期目标责任制和部门齐抓共管责任制，使精神文明建设的责任落到实处。再次，建立文明单位管理制度。为使全市文明单位建设活动经常化、制度化、规范化，他们在实践基础上制定了《文明单位建设暂行管理办法》，对文明单位的性质、评选文明单位的范围、标准和数量控制、评选单位的申报、审批及命名程序和做法、文明单位的表彰和奖励，以及文明单位管理原则、平时活动管理和考核等都做了明确的规定，从而保证了文明单位的质量。

第三，建立工作运行机制。三明市委、市政府领导认识到，精神文明建设的目标经过分解之后，原来的"虚"的任务就转化为各部门、各单位和个人的"实"的工作。为了便于具体操作，就必须建立适合于精神文明建设规律的工作运行机制。（1）抓好双文明建设规划的落实。他们始终坚持把精神文明建设纳入国民经济与社会发展的总体规划，做到既有长远目标、中期规划，也有近期计划和年度安排。通过这些规划安排，保证了两个文明建设在目标、任务和措施等方面的紧密结合，并把它落到实处。（2）抓工作方式，搞好"三结合"，解决"两张皮"问题，把改革开放的重点、经济工作的难点、群众关心的热点，作为精神文明建设的切入点。（3）选准活动载体。十多年来，他们把开展全市性的"岗位学雷锋、行业树新风、满意在三明""六联六建""创文明城市、建文明单位、做文明市民""为民办实事"等系列活动作为群众性精神文明活动的主要载体，常抓不懈。（4）改进方法，注意在"实、精、深、广、细"五个环节上下功夫，克服形式主义。"实"就是从实际出发，实事求是，注意实效，让群众得到实惠；"精"就是活动少而精，精心设计，精心组织，精心指导；"深"就是立足于提高人的思想道德素质和科学文化素质，教育要有深度；"广"就是覆盖面要广，做到点面结合，城乡结合，在社会各个领域发挥作用；"细"就是作风细致周密，有计划、有组织、有总结、有评比，促进活动不断创新，有所发展。

第四，建立竞争激励机制。三明市领导在实践中体会到，要保证精神文明建设的正常运转，就必须引进竞争机制。为此，他们年年开展创建文明城市、文明县城、文明单位的竞赛活动。在开展文明单位评选时采取"四挂钩"制度，即评选文明单位与评选先进党组织挂钩、与评选精神文明积极分子挂钩、与企业等级挂钩、与单位环境建设挂钩。并实行"一票否决制"，即评选考核文明单位，规定了若干条标准，只要重要的一条达不到标准就不能被评为文明单位；未被评为文明单位的党组织不能被评为先进党支部，并取消该单位评选先进单位和单位领导评模受奖的资格；党员家庭不是"五好家庭"的，就不能被评为优秀党员；而且，每年度都进行精神文明建设的检查、考核、评比、表彰活动，把每年检查、考核的结果作为领导班子、领导干部政绩和提拔的重要依据。同时，他们还每年组织文明单位的复查考核评选活动，对原有的文明单位，复查达标的，继续命名，对工作滑坡的提出整改措施，限期未达标的取消称号，仅1992年就取消了14个文明单位，从而增强了各地各单位的争创意识。

第五，建立监督制约机制。三明在建立竞争激励机制的同时，还建立一套监督制约机制。他们利用行政监督、社会监督、舆论监督、群众监督等多种渠道，采取行政、经济、通报表扬或批评、电视宣传或曝光等多种手段以确保精神文明建设各项工作按质按量按期完成。例如，他们在每年一度开展文明县城、乡镇、文明单位、文明村（户）评选命名工作中，实行"五公开、二监督"的评选方法，即公开评选标准、公开申报单位、公开评选办法、公开评选结果、公开取消文明称号的原因。同时，请职能部门参与评选和监督，又接受社会广大群众评议和监督。

三明对于各种不道德、不文明的现象，敢于曝光，以此引起有关部门、单位和个人的关注，促进整改。如1993年，有段时间三明火车站出现购票难和管理混乱的问题，当年5月19日在《福建日报》曝光后，该站领导立即采取了一系列措施，票房由过去的二班制改为三班制，实行全日售票，并增加售票窗口，加强了行业管理，得到了群众的好评。又如，三明供电局某职工因未购票到电影院看电影被查拒，就采取拉闸断电进行报复，此事曝光后，局领导立即责成其检查，给予记过处分，并做出取消其一年奖金、延长一年转正的处理。该局还以此为突破口，在全局开展了"在用户面前，我是公仆"的局风教育，取得了显著成效。

近几年，三明市还通过健全各种规章制度，推行以法治城、以制度管人，他们先后制定和颁布了一系列加强城乡环境、卫生、交通、公共秩序、行业作风和创建活动等方面的规范和公约守则，如《文明市民公约》《公共场所行为准则》《市容市貌和环境卫生管理暂行规定》《文明单位管理办法》《文明楼院管理办法》《各行各业的道德规范》等，使精神文明建设和管理有法可依，有章可循，也使人们在工作和日常生活中有所依据，有所规范，有力地促进了精神文明建设。

2. 运行保障机制的特色。

就全国而言，三明是较早注重和建立精神文明建设运行保障机制的城市。从近几年这个机制的运行情况看，它是符合精神文明建设发展规律的，起到了保证三明市精神文明建设常抓不懈、长盛不衰、不断发展、不断完善的作用，是一种比较成熟的有自身特色的运行机制。

第一，这个机制能够保证各级党政"一把手"亲自抓精神文明建设，使三明各个层次、各个条块的精神文明建设都由有权威性的领导者进行统一指挥、调度。如现在三明市的精神文明领导小组组长由市委一把手担任，市长任第一副组长。而且，由分管精神文明建设工作的副市长兼任市文明委主任，由市委宣传部部长兼任市文明委党组书记，这样，文明委就成为一个有责有权的办事机构，就能更好地保证市文明委行使精神文明建设领导小组办事机构的各种职权。

第二，这个机制作用的范围能够覆盖整个社会，所有部门、单位及个人都受其制约。从组织系统的决策层看，由市委、人大、政府、政协的有关领导组成市精神文明领导小组并担任正副组长，其成员由宣传部、文明委、建工局、教育局、文化局、科委、科协、政法委、公安局、体委、计生委、卫生局、爱委会、环保局，以及工会、团委、妇联等28个有关领导组成。这样，不仅把市里几套班子，而且把市直机关各部门的领导力量都广泛调动起来，实现精神文明建设的齐抓共管。从领导小组的办公室文明委看，在归属上是属于党政部门双重领导，它所管的范围既有"硬件"又有"软件"，内容十分广泛；从管理机制看，是以量化为基础的目标管理，每年将精神文明任务，定出若干量化指标，层层分解，纳入领导班子及每个领导成员的年度和任期责任制，以责任书的形式予以确定。在基层企事业单位，则采取"双承包"方式要求企事业领导不但承包生产任务，同时也承包精神文明建设任务。所以，这个机制从它的组成、所管辖的范围、所起的作用都具有极大的广泛性。这种运行保障机制对全国其他地区精神文明建设也具有普遍借鉴意义。

第三，这个机制能够保证各级党委、政府把改革开放的重点、经济工作的难点、群众关心的热点，作为精神文明建设的切入点，找到两个文明建设的最佳结合点，有力地解决"两张皮"问题。三明在这一机制的作用下，充分发挥精神文明建设的导向作用、激励作用、促进作用、保障作用等，有力地推动了改革开放和经济建设的健康发展，并使精神文明建设产生了更大的社会效益、经济效益和环境效益。

正是由于三明建立起来的"两手抓，两手硬"运行保障机制具有这些特色，才使精神文明建设逐步走上经常化、制度化、规范化的轨道，保证精神文明建设常抓不懈，不断发展，不断创新，日益深化，取得显著成效。

四、把握决策科学化的金钥匙

三明市领导在实践中还意识到，要把精神文明这个复杂而艰巨的系统工程建设好，除了要解决好思想认识、发展动力和运行机制外，还必须提高领导艺术水平，实现领导决策的科学化。所谓"决策"一词，首先出现在管理科学中，意指做出将要付之行动的决定，是人们为了达到一定目的而制定和选用执行的方案。决策有正误之分，有经验型与科学型之别。只有来源于客观实际、符合客观事物发展规律的决策，才是正确的科学的决策。只有正确的科学的决策，才能使各项事业获得成功。

为此，三明市委、市政府领导加强了对邓小平建设有中国特色的社会主义理论和党中央有关精神文明建设文件的学习，成立了市委咨询委员会和精神文明建设研究所、研究会；定期召开"科学月谈会"，把握了以中国特色社会主义理论为指导，从实际出发，加强理论研究，实现领导决策科学化的金钥匙，有力地促进了三明市精神文明建设的发展。

1. 以建设有中国特色社会主义的理论作为决策科学化的指导思想。

精神文明建设的发展，需要正确理论的指导。只有在正确理论的指导下，才能不断增强工作的预见性、科学性和创造性，才能实现领导决策的科学化。为此，三明市委、市政府领导在社会主义精神文明建设中，始终坚持对邓小平同志关于建设有中国特色的社会主义理论的学习和研究，并以此为指导，紧密结合本地区改革开放的实际，不断做出精神文明建设的新决策，采取新举措，从而把三明市精神文明建设引向深入。

回顾十几年三明精神文明建设的历程，广大干部群众认识到，该市精神文明建设所做出的每一个新决策，每出台一个新举措，每取得一个新成就，都是在邓小平建设有中国特色社会主义的理论指导下完成的。例如，1982年我们党召开了十二大，会上邓小平同志做了"走自己的路，建设有中国特色的社会主义"的重要讲话，在这个重要讲话思想的指导下，会议把建设高度文明作为党在新的历史时期的重要目标，强调要努力建设高度的社会主义精神文明。三明市领导通过学习邓小平同志建设有中国特色的社会主义理论和十二大精神，弄清了精神文明建设与四个现代化、精神文明建设与物质文明建设、精神文明建设与中国特色社会主义等关系，提高了对建设中国特色社会主义理论的理解和精神文明建设重要地位的认识。于是在1983—1984年，他们就在治理"脏乱差"取得显著成绩的基础上，不失时机地做出"两个文明建设一起抓，三项建设（思想建设、文化建设、环境建设）一起上"的决策，把三明市的精神文明建设推向新的发展阶段。又如，1986年9月，党的十二届六中全会做出《中共中央关于社会主义精神文明建设指导方针的决议》，《决议》除了进一步阐述了社会主义精神文明重要性，还指出了发展社会主义精神文明要"坚持一切着眼于建设"的指导方针，这一方针在党的十四大江泽民所做的报告中又做出了进一步的肯定和强调。三明市领导通过学习和研究，不仅进一步提高了对精神文明建设战略地位的认识，更加自觉地坚持"两手抓，两手硬"的指导思想，而且加深了对精神文明建设要"重在建设"的方针的认识，从而在思想上树立起以立为本，把"建设"作为工作的出发点和落脚点，并把它贯彻到三明市精神文明建设的各项工作之中；在内容上，狠抓了思想理论、道德风尚、科技文化、党风廉政、民主法制、城乡环境、社会细胞和活动载体等"八大建设"；在方法上，坚持在"实、精、深、广、细"上下功夫，力戒各种形式主义，从而使三明市的精神文明建设不断上新的台阶。

2. 以精神文明建设理论研究所为龙头的研究机构作为科学决策的智囊团。

科学决策的一个重要特征是决策的"谋"和"断"两大环节往往是相对分开的。"谋"的过程主要是由领导者主持下的智囊团参谋系统来完成的，然后由领导者运用科学的思维方法进行决断。"谋"与"断"的关系，前者是基础，后者是结果，"谋"研究得越充分，越得力，"断"就越准确，越科学。因此，加强理论队伍的建设，充分发挥智囊团的参谋作用，对实现领导决策科学化至关重要。

基于这种认识，三明市领导把理论队伍建设摆在重要地位，于 1985 年 2 月在全国地市级城市中率先成立了精神文明建设理论研究所，随后各县（市、区）也成立了精神文明建设理论研究室，创办了《文明之声》理论性刊物。1987 年县（市、区）分别成立了精神文明建设研究会。到目前为止，全市精神文明建设研究会有 18 个，会员 2000 多人，已成为市委、市政府实行科学决策的有力的参谋和得力的助手。

三明市领导对精神文明建设理论研究所的工作十分重视，赋予调查研究、总结经验、办好市民学校和理论刊物等重任，使之与市委的咨询委员会一起，成为三明市进行精神文明建设有关决策的主要参谋和智囊机构。三明市委、市政府领导经常针对改革开放和精神文明建设中出现的新情况、新问题，给研究所下达研究任务，研究所就带着任务深入实际，开展理论研究工作，并将研究的结果及时向市领导反馈，为决策科学化服务。如三明市在开展精神文明建设活动中，为优化"社会细胞"，从创建文明市民、文明家庭开始，逐步发展为创建文明楼院、文明单位、文明窗口、文明街巷、文明乡镇等创建系列活动，有力地推进了创建活动的发展，但是，如何解决各自建单位、部门之间的横向联系，使创建活动从点到面，向立体化方向发展就成为摆在三明决策者面前亟待解决的问题。于是市里领导就把这个任务交给精神文明建设理论研究所研究。研究所接到任务后，除了进行大量的理论研究外，还深入实际开展一系列的调查工作，在这个基础上，于 1987 年初总结了该市三元区富兴堡街道创造的区域共建的经验。该街道地段内共有 72 个单位，分属 20 个系统，分布在方圆 6 公里范围内。为了在该街道内统一搞好精神文明建设，1986 年街道委员会就邀请各单位领导召开联席会议，本着"人民城市人民建，大家的事请大家办"的原则，成立了"精神文明建设协调委员会"，地段内单位不分大小，各占一席。委员会内设办公室，由街道办负责日常事务，下面按居委会分设 6 个小组，把过去"老死不相往来"的单位联结起来，增强了协同作战的能力，形成了区域共建的新局面。这样做的好处：一是疏通了街道与地段内各单位的纵向联系，形成了以街道为核心的精神文明建设统一领导的格局；二是加强了街道地段内各单位间的横向联系，有利于调动各单位把所在地段精神文明建设作为整体利益来考虑的积极性；三是这种协调组织的形成，体现了开放精神，有利于各单位取长补短，既有力推动各单位内部的精神文明建设，又有效地促进整个地段精神文明建设的发展。所以，研究所总结的三元区富兴堡街道共建的经验，立即得到市领导的高度重视，认为这种区域共建是精神文明建设的一种好形式，并做出广泛推广的决策。后来在推广中不断得到完善，逐步形成了以"六联六建"为主要内容的文明片区的共建形式，这种形式是三明市群众性精神文明建设中的创举，也是提高文明城市创建水平的一个重要举措，受到中央领导的肯定。1990年，李瑞环同志视察三明市时，认为共建是个好经验，并挥笔写下了"贵在坚持，好在共建"的题词，这对全国群众性精神文明建设活动的发展产生了重大的影响。

3. 以广泛开展精神文明建设理论研究作为决策科学化的重要环节。

凡是科学决策都必须在科学理论的指导下，严格按照决策的原则、程序和方法进行理性思维。党的十二届六中全会通过的《中共中央关于社会主义精神文明建设指导方针的决议》对精神文明建设的地位、作用、指导方针和任务做了理论性阐述。会后，全国理论工作者在这方面也做了不少研究工作，对于推动精神文明建设发展起到了积极的作用。但是由于改革开放在不断深入，市场经济在迅速发展，给精神文明建设带来许多新的情况和新的问题，在一定程度上使精神文明建设方面的理论研究滞后于形势发展，这就影响到各个地区领导实现决策科学化。

三明市领导对精神文明建设理论研究高度重视，他们把理论研究作为实现决策科学化的重要环节来抓。在市委、市政府领导的重视和支持下，市里由精神文明建设研究所牵头，与市精神文明建设研究会等单位一道每年召开一次理论研讨会。研究所从1985年成立到1994年已开了10次理论研讨会。1991年以前的理论研讨会主要是围绕精神文明建设的地位、作用和任务，培养"四有"新人的途径和方法，创建中的自建和共建，商品经济与精神文明建设，城乡精神文明建设的异同点和互动关系等方面进行的。1992年以来，理论研讨会的主要精力放在探索市场经济条件下精神文明建设的新路子问题上。各县（市、区）也根据自身的不同特点进行相应的理论研讨。据统计，仅1993年全市12个县（市、区）就召开了理论研讨会13场次，收到调研论文500多篇。同时，三明市还多次同兄弟城市共同发起召开不同类型的精神文明建设理论研讨会和经验交流会，以吸取兄弟城市精神文明建设理论研究的成果和成功经验。这些研讨会的理论研究成果对三明市各级领导进行科学决策起到了积极作用。

同时，三明市领导十分重视对理论研究成果的推广运用。他们把每次研究成果都收集汇编成册，广为传播。1990年以来，先后编辑发行了各种专题理论研讨会的论文集、专著十多本，其中《共建与优化》《旗帜、风范、人生》《企业转型中的文明建设》《回顾与探索》《美育与精神文明建设》《三明精神文明建设探讨》等，受到三明各级领导和省内外有关专家的好评。市精神文明建设理论研究所还根据市领导的要求，把有关精神文明建设的基本理论和理论研讨会的成果编写为《理论篇》《常识篇》《榜样篇》《法制篇》《行为规范篇》《爱国篇》等课本，作为市民文明学校的教材，对广大城乡群众进行宣传教育。这样，精神文明建设理论研究的成果，不仅为三明各级领导进行科学决策提供依据，还为广大市民教育提供精神食粮，对三明市精神文明建设起到有力的推动作用。

（选自《面向二十一世纪的选择——三明市精神文明建设研究》一书第二章，厦门大学出版社，1995年5月）

三、研究新的历史条件下
理想信念、思想道德
和价值观建设问题

新形势下理想信念教育概述

江泽民同志最近反复指出，要紧密结合干部群众在思想认识和工作、生活中出现的新问题，加强理想信念的教育，不断增强全民的凝聚力，并且强调要将其作为思想政治工作的核心内容，在加强和改进思想政治工作中，要始终抓住这个核心不放松。因此，弄清信念、信仰和理想的内涵及其功能，探索理想信念树立的基本途径，对于在新的历史条件下，形成共同理想信念，促进社会主义精神文明建设有着重要意义。

一、信念、信仰和理想

在新的历史时期，进一步弄清信念、信仰、理想的含义和内在的联系及其与我们的关系，有助于提高我们培养和树立正确理想信念的自觉性。众所周知，哲学本身的发展经历着由本体论到认识论、历史观，再到价值观的逐步深化过程。从哲学视角观察，信念、信仰和理想均属于价值观范畴，所不同的仅仅在于它们所反映的内涵和形式。

1. 信念是指人们对某种现实或观念抱有深刻信任感的精神状态。

它是人们在生活实践中实际体验了怎样想和怎样做才最有价值的基础上自然形成的，其内容是对现实或观念所做的价值判断和推论。因此，信念所揭示的内容总是与人们"应当"有的态度和"应当"采取的行动有关。一般来说，信念可以表现为人们对一时一事的现象持有的某种价值观念和态度，但当它成为一定的总体性、普遍性的价值观念和态度时，信念就成为信仰。如对马克思主义的信念，就是中国先进分子在观察马克思主义与中国工人运动相结合中，体会到了它是无产阶级的解放学说，从而对它产生了深刻的信任感而形成的。后来随着斗争的深入，马克思主义的真理性，以及它对革命和建设所起的巨大作用被越来越多的人所认识，从而逐步成为工人阶级和广大人民群众所认同的价值观念，这样对马克思主义的信念，就转化成为对马克思主义的信仰。

2. 信仰是人们关于普遍、最高价值的信念。

一方面它具有信念的基本特征，另一方面它又不是一般的信念，而是一种特殊的最高形式的信念。这种信念把某种价值观放在思想和行动的统摄地位上，成为价值意识活动的调节中枢，它可以使人们的整个精神活动以最高信念为核心，成为人生的"精神支柱"。可见，人不能没有信念和信仰，没有信念和信仰的人生就等于没有灵魂。但它的确立，并不在于对某种抽象观念的追求，而在于对人类自身的本质力量和发展方向的把握。信仰不像个别信念那样，可以通过个别方面的实践形成和改变，它实际上是由人们的全部社会条件、经历、知识及能力所决定的。信仰主要受社会历史条件的制约，受社会文明发展和传播的影响。所以，要确立科学的、正确的、先进的信仰，需要经过长期的自觉的探索、总结和反省才能够形成，并且需要以科学的世界观、方法论和正确的价值观、人生观及人类全部科学文明的成果为基础。

3. 理想是价值意识中的最高范畴，它是以一定信念、信仰为基础的价值目标体系。

这种目标体系是以关于个人或社会的未来形象为标志，为人的价值追求提供着自觉的典范或样板。因此，理想的培育、确立和追求，是人的精神生活的最高层次，它的实现是人生最高的社会价值。

理想从主体角度，虽然可以分为社会理想和个人理想，但二者应该而且在一定条件下是可以获得统一的。所谓社会理想是指我们应当建设一个什么样的社会；所谓个人理想是指我们要走什么样的人生道路。自古以来，就有许多志士仁人将社会的理想作为自己一生奋斗的目标，这样就把社会理想与个人理想有机结合了起来。由于理想目标的实现必然有个发展过程，需要经历若干不同的阶段，这就显出理想的阶段性、层次性来。如我们信仰的理想，最终要实现共产主义的崇高目标，是社会理想的最高层次。而当代中华儿女为之奋斗的建设有中国特色的社会主义社会就是现阶段的共同理想。

现在有些人认为，共产主义理想像天上的星、水中的月，可望而不可及。这事实上是对共产主义的理解缺乏全面性引起的，与把共产主义仅仅看成一种理想的社会制度有关。其实，共产主义理想包含着极为深刻的内容，主要有三个方面的含义：一是共产主义思想体系，即马克思主义理论体系，这一理论反映了自然界、人类社会和思维发展最普遍的规律，是无产阶级和广大人民群众认识世界和改造世界的强大思想武器。二是在共产主义思想体系指导下的共产主义运动。正如马克思、恩格斯所指出的："我们所称为共产主义的是那种消灭现存状况的现实的运动。"① 也就是说，共产主义是一种由于资本主义生产方式的危机所产生的无产阶级反抗资产阶级的解放运动，是一种由资本主义的条件所形成的无产阶级改造社会的现实运动。三是指共产主义的社会制度。它是在共产主义理论指导下无产阶级改造现实社会运动的最终结果。

因此，共产主义作为一种理想的社会制度，它是共产主义运动所追求的目标。它的实现，要经过一个长期的艰苦的奋斗过程，不可能一蹴而就，只能分阶段有步骤地去完成。而社会主义和共产主义是在同一思想体系指导下，同一社会形态的两个发展阶段。目前，我国虽然处于社会主义初级阶段，仍在进行中国特色社会主义的建设，但它却是我国各族人民在中国共产党领导下，实现共产主义过程中的一个不可逾越的阶段。我们为建设有中国特色的社会主义而奋斗，实质就是为共产主义远大目标的实现创造物质和文化的基础和条件。基于这样的认识，我们就会自觉地把远大的理想信念与当前的发展目标和本人担任的任务、职责结合起来，立足本职，胸怀远大目标，努力投身于改革和建设，在平凡的工作中为实现共产主义理想添砖加瓦。

二、振兴中华不能没有崇高的理想信念

弄清理想信念的作用，有助于我们加深对培养和树立正确理想信念重要性的理解。从理想信念的价值功能看，它是我们振兴中华的精神支柱。理想信念对于一个民族的发展方向、凝聚力和精神状态起着至关重要的作

① 中共中央马克思恩格斯列宁斯大林著作编译局：《马克思恩格斯选集》第1卷，人民出版社，1995年，第87页。

用。一个社会没有共同的理想，就像一盘散沙；一个社会团体没有共同的理想，就会四分五裂；一个人没有正确的理想，就会迷失方向。因此，要振兴中华不能没有崇高的理想信念，即共产主义和社会主义的理想信念。这是因为：

1. 它是我们战胜敌人、克服困难的强大精神支柱。

共产主义、社会主义的理想信念，为我们提供了其他任何理想信念都无法比拟的科学的世界观、人生观与价值观。民主革命时期，我们面对的是凶残而强大的敌人，艰苦而恶劣的环境，不论在浴血奋斗的战场上，还是在视死如归的刑场上，坚定的共产主义理想信念总是激励着千百万的革命者进行坚韧不拔、前赴后继的英勇斗争。邓小平同志指出："为什么我们过去能在非常困难的情况下奋斗出来，战胜千难万险使革命胜利呢？就是因为我们有理想、有马克思主义信念，有共产主义信念。"[①]

2. 它是我们团结和动员广大人民群众夺取胜利的强大的思想武器。

没有理想信念就没有凝聚力。邓小平在回顾三年解放战争时指出：在我的一生中，最高兴的是解放战争的三年，那时我们的装备很差，却都在打胜仗，这些胜利是在以弱对强、以少对多的情况下取得的。这样一往无前的胜利行进，主要靠的是用坚定的信念把人民团结和动员起来，为人民自己的利益而战斗。战争时期如此，现在我们建设有中国特色的社会主义同样也是如此。我们今天所从事的事业是前无古人的伟大事业，遇到的困难是前所未有的，前进中的曲折和反复也是难免的。在这种情况下特别需要增强全国人民的凝聚力和向心力。为此，就必须用共产主义、社会主义理想信念去说服、教育和团结人。正如邓小平同志所说，"我们才能团结和动员最广大的人民群众，叫做万众一心。""没有这样的信念，就没有一切。"[②]

3. 它是我们振兴中华、坚持正确方向的力量之源。

新中国成立以来，尤其是改革开放以来，我国社会主义现代化建设已取得了巨大的成就，但是我们当前面临的困难和问题还很多。世纪交替之际，国际形势错综复杂，我们正处在改革的攻坚阶段和发展的关键时刻，

---

① 中共中央文献编辑委员会：《邓小平文选》第3卷，人民出版社，1993年，第110页。
② 中共中央文献编辑委员会：《邓小平文选》第3卷，人民出版社，1993年，第190页。

思想意识形态的斗争将会长期存在，有时甚至很激烈。在这种尖锐复杂的国内外形势下，如何坚持我们振兴中华的正确方向呢？最根本的一条就是坚持社会主义和共产主义的理想信念。因此，邓小平同志指出："中国要坚持社会主义制度，要发展社会主义经济，要实现四个现代化，没有理想是不行的。"① 同时，他在谈到中国作为一个穷国之所以能在世界政治格局中有一席之地时又指出：最根本的原因是我们坚持了共产主义理想，坚定不移地走有中国特色的社会主义道路。也正因为这样，当东欧剧变、苏联解体时，我们才能稳住阵脚，埋头苦干，坚持正确的前进方向，发展我们的事业。离开了共产主义的理想信念，我们就不可能沿着有中国特色的社会主义道路前进，中华民族的振兴就会变为一句空话。

正是由于理想信念直接关系到党和国家的前途和命运，所以我党一向重视理想和信念的教育。早在建党初期，我们党就把理想信念教育作为党的建设的重要内容；在第二次国内革命战争时期，就提出了"政治工作是红军的生命线"，用革命的理想信念武装广大红军指战员，从而使红军在条件极为艰苦的情况下，粉碎了敌人的多次"围剿"；在抗日战争和解放战争时期，我们党又通过思想政治工作，使党为之奋斗的崇高理想信念得到广大群众的认同，成为组织群众、武装群众的强大的思想武器；新中国成立后，面对新的形势和任务，我们党又提出了"思想政治工作是一切经济工作的生命线"，更加明确地把理想信念教育作为思想政治工作的核心，极大地激发了广大人民群众为社会主义、共产主义而奋斗的积极性；党的十一届三中全会以后，随着改革开放的不断深入，邓小平同志反复强调思想政治工作必须以理想教育为核心。最近江泽民同志还多次强调共产党能否做到"三个代表"，关键是能否坚定自己的理想信念，并始终如一地为实现这个理想信念而不懈地奋斗。正是由于我们党和广大人民群众有了这个精神支柱，从而保证我们革命和建设事业不断取得胜利。因此，我们要永远高举共产主义、社会主义理想信念这一光辉旗帜，并自觉地为其奋斗终生。

---

① 中共中央文献编辑委员会：《邓小平文选》第3卷，人民出版社，1993年，第124页。

三、培养和树立崇高理想信念的基本途径

理想信念是价值观的最高形态，它的培养和树立是一项需经长期艰苦努力的极为复杂的系统工程。它的培养和树立，除了我们必须坚持以经济建设为中心，深化体制改革，不断促进生产力的解放和发展，通过改革和建设的成就使广大群众在实践中亲身体验到社会主义、共产主义事业发展给他们带来的美好前景，从而增强理想信念教育的说服力外，还必须加强和改进以理想信念为核心的思想政治工作。

1. 认真学习马克思主义，打好理论基础。

科学理论是树立崇高理想信念的指南。我们加强思想政治工作，进行理想信念教育，最重要的是引导广大干部群众认真学习马列主义、毛泽东思想，特别是要用邓小平理论武装全党，教育人民。批判各种非无产阶级思想，抵制各种资产阶级思潮的侵袭。通过学习，使广大干部群众深刻认识到共产主义理论的丰富内涵和它所揭示的人类社会发展的总趋势。认识到树立科学世界观、人生观和价值观的重要性和紧迫性，认识到人类社会发展的客观规律，从而使广大党员、干部和群众将共产主义、社会主义的理想信念，建立在对社会发展规律的深刻了解上，从而为广大干部群众形成共同的理想信念打下牢固的理论基础。

2. 深入开展"三个三"教育，打好政治基础。

所谓"三个三"，即爱国主义、集体主义和社会主义；党的基本路线、基本方针、基本纲领；"三个代表"。这"三个三"是我们建立共同理想的基石。在加强和改进思想政治工作中，要通过深入开展"三个三"教育，使广大干部群众从历史发展和现实成就中认识到，只有社会主义才能救中国，只有社会主义才能发展中国。认识到建设有中国特色的社会主义是实现共产主义远大目标的必经阶段，认识到在中国这样的经济文化比较落后的大国，建设有中国特色的社会主义的艰巨性、复杂性和长期性，并立志无论遇到多么复杂的情况，多么艰难的局面，都要坚定地、清醒地、自觉地为建设有中国特色的社会主义而奋斗，从而为广大干部群众树立起共同的理想信念打下牢固的政治基础。

3.自觉投身"三大革命实践",打好思想基础。

"三大革命实践"是树立共同理想的最好课堂。因为实践最能磨炼人;实践是检验真理的唯一标准,在实践中人们最容易发现自身的缺点和不足,以利于增强思想改造的针对性;实践是群众改造客观世界的活动,在实践中可以从群众的身上汲取丰富的思想营养。因此,我们在加强和改进思想政治工作时,必须注意引导广大党员干部投身于"三大革命实践",自觉地在建设有中国特色的社会主义实践中磨炼自己,自觉地向广大人民群众学习,使他们从中认识到只有在与群众和实践的结合中,才能有效地改造主观世界,实现人生的最高价值,才能树立科学的世界观、人生观和价值观,这样才能为我们形成共同的理想信念打下牢固的思想基础。

4.充分发挥各级领导的表率作用,打好示范基础。

示范的感化作用是巨大的,榜样就是无声的命令。能否用正确的理想信念武装全党,凝聚人民,首先取决于党的各级领导干部,特别是高、中级领导干部是否真正树立起正确的理想信念,是否能以正确的理想信念指导自己的行动,处处起表率作用。凡要求群众做到的,自己首先要身体力行;凡禁止群众做的,自己要带头一尘不染。这样,各级领导的模范带头作用就会产生无穷的感召力。因此,我们在加强和改进思想政治工作中,必须贯彻党中央提出的"从严治党"的方针,把好"三道关":首先是思想关。广大党员特别是党的领导干部,要刻苦学习马列主义、毛泽东思想和邓小平理论,认真开展理想信念的学习和教育,树立正确的世界观、人生观和价值观。当前就要以"三讲"教育和"三个代表"的学习为契机,把坚定领导干部的理想信念作为首要和突出的问题解决好。二是入党关。要求入党者必须坚信共产主义,凡是不愿为共产主义奋斗终生、不愿为建设中国特色社会主义而奉献的人,就不能入党。三是提干关。凡是提拔的党员干部,必须具备有坚定的共产主义理想信念和为建设有中国特色社会主义而献身的志向,否则就不能给予提拔重用。通过这"三关",使广大党员干部能始终按"三个代表"的要求,做学习的带头人、工作的带头人、反腐倡廉的带头人,这样就能以自己坚定的共产主义、社会主义理想信念,去带领、帮助、引导广大人民群众形成共同的理想信念。

[原载《福建论坛(文史哲版)》2000年第6期]

必须把理想信念建立在科学的基础上

加强和改进思想工作，要始终抓住理想信念教育这个核心不放松。那么，怎样才能增强理想信念教育的有效性呢？最根本的是用马列主义、毛泽东思想、邓小平理论武装广大干部群众，尤其是党的中高级领导干部，要把理想信念建立在科学的基础上。

一、全面弄清理想信念的科学内涵，
是确立理想信念的前提

把共产主义看成一种理想的社会制度是片面的。共产主义理想信念包含着十分丰富而深刻的科学内涵。

一是指共产主义思想理论体系，即马克思主义理论体系。马克思主义是观点和学说不断丰富发展的理论体系，它是无产阶级的世界观和方法论，是关于自然、社会和思维发展普遍规律的学说，是无产阶级和广大人民群众认识世界和改造世界的强大思想武器。马克思主义思想源远流长，是以有史以来全部优秀文化成果为其发展根基的。空想社会主义、资产阶级古典政治经济学和古典哲学是马克思主义的三个主要的、直接的理论来源，19 世纪一系列自然科学的新发现，是马克思主义发展的自然科学基础。马克思主义不是简单地继承和综合人类优秀文化遗产，而是依据时代发展和当时工人阶级解放斗争的需要，针对新的实际所进行的巨大的理论改造和划时代的理论创新，是人类文明的结晶和升华。因此，我们在任何时候都必须坚持和巩固马克思主义的指导地位。能否这样做，是直接关系到我们党和国家前途命运的问题。

二是在马克思主义思想理论体系指导下的共产主义运动。正如马克思、恩格斯在《德意志意识形态》中所说的，"我们所称为共产主义是那种消灭现存状况的现实的运动"。也就是说，共产主义是一种由资本主义生产方式的危机所产生的无产阶级反抗资产阶级的解放运动，是一种由资本主义的条件所形成的无产阶级和广大人民群众改造现实社会，争取全人类解放的运动。这种运动必须是在马克思主义科学理论指导下，通过分阶段有步骤进行的长期发展的历史过程。以中国为例，经过了旧民主主义革命和新民主主义革命阶段，继而才能进入社会主义革命和建设阶段。然后由社会主义向共产主义迈进。今天我们处在社会主义初级阶段进行建设有中国特色的社会主义，正是共产主义运动发展的一个必经阶段和具体体现。我们为建设有中国特色的社会主义而奋斗，实质上就是为共产主义远大目标的实现创造物质文化的基础和条件，从本质上说，也就是为共产主义事业而奋斗。所以，共产主义是我们远大的理想目标，而建设有中国特色的社会主义就是我们现阶段的目标，是全党和全国人民的共同理想。

三是指共产主义的社会制度。它是在马克思主义理论指导下，无产阶级和广大人民群众改造现实社会运动的最终结果。共产主义制度是人类最美好的社会制度，是社会发展的高级阶段。但这种社会制度的实现不是从天上掉下来的，不能在一个早晨就神话般地突然出现在我们面前，也不是靠等待、靠偶然的机会信手拈来的，而是需要我们几代人经过长期前赴后继艰苦卓绝地奋斗才能完成的。因此，我们追求这种理想制度，并非为个人或小集团的贪图享受，而是为了子孙后代，为了全体人民大众乃至整个人类的解放和幸福。

由此可见，如果能够对我们的理想信念有个全面而深刻的理解，而不是把共产主义仅仅理解为一种美好的社会制度。而且对理想的追求不是为了达到个人、家庭或小集团的利益的话，就绝不会产生"大""远""空"的错觉，也绝不会因共产主义的实现需要长期艰苦奋斗而丧失信心。相反，会更加自觉地把远大的理想信念与当代的共同理想，与本单位目标和本人所担任的任务有机结合起来，积极投身于建设有中国特色的社会主义实践，在平凡的工作中为实现共产主义理想信念添砖加瓦。

二、彻底认清社会主义代替资本主义的历史必然性，是树立理想信念的核心

认识社会主义必然代替资本主义的社会发展规律，是我们树立共产主义理想信念必须解决的核心问题和理论基础。

1. 社会主义代替资本主义的提出不是主观臆想，而是以科学为依据的。

马克思、恩格斯创立的唯物史观，第一次揭示了人类社会发展的规律，指出人们的存在决定社会意识，物质生产决定精神生产，经济基础决定上层建筑，生产力和生产关系、经济基础和上层建筑的矛盾运动推动社会前进，从而揭开了整个人类社会历史发展之谜。而资本主义的产生和它向更高社会形态转化的历史必然性，正是这个社会发展规律具体的生动的体现。马克思和恩格斯的伟大在于没有把研究停留在对普遍规律的一般认识之上，而是在创立唯物史观后，又深入研究了资本主义制度的本质特征、社会矛盾和它的阶级关系，以及雇佣劳动奴隶制的剥削秘密，从而创立了剩余价值学说和无产阶级历史使命的学说，彻底弄清了劳动和资本的关系，揭示了资本主义必然灭亡、社会主义必然胜利的规律，给全世界无产阶级和广大人民大众指明了前进的方向。

2. 当今资本主义还在发展，这并没有改变历史发展的总趋势。

从第二次世界大战结束至今，资本主义世界出现了一段较长时期的相对稳定局面。在科技革命的推动下，其经济也出现迅速发展的局面。面对这种新的形势，有些人对马克思主义关于社会主义必然代替资本主义的科学论断产生了疑问，甚至提出马克思主义是否过时了的问题。这种看法是站不住脚的。

首先，我们观察历史发展趋势必须站在历史的高度，决不能只根据一些暂时的或表面、局部的现象来判断。例如，我们看长江，只有从整体观察，才能看清它是经过弯弯曲曲，最终由西向东流入大海。如果只截取其中一小段，好比长江三峡中的一小段来判断水流方向，就会得出错误的结论。同时，我们从整个历史的高度来看资本主义的必然灭亡也不是笔直的，而是一个停滞与发展两种趋势交错发展的曲折过程，因此，产生上述

误解的人，必须在认识上走出这样的误区，即资本主义的必然灭亡，就一定在经济上越来越衰退，危机越来越严重，人民生活越来越恶化，阶级矛盾越来越尖锐，不能再有任何发展的逻辑。实际上列宁对此早就做了否定的回答。他在谈到资本主义腐朽趋向时说："如果以为这一腐朽趋势排除了资本主义的迅速发展，那就错了。……不同程度地时而表现出这种趋势，时而又表现出那种趋势。整个说来，资本主义的发展比以前要快得多。"

其次，我们要清醒地看到，二战后资本主义经济的发展并没有改变历史的总趋势。这是因为，马克思主义关于社会主义必然代替资本主义的科学论断是建立在对资本主义社会的基本矛盾及其运动规律科学分析的基础上的，而并不是以资本主义的直线衰退为前提的。根据马克思主义观点，决定社会发展趋势的，绝不是一段时间内经济的增长或衰退，归根到底是社会的基本矛盾运动决定社会发展的趋势。二战以后，资本主义发达国家经济由于种种原因，有了很大发展，人民生活水平也有较大的提高，但是资本主义的基本矛盾——生产社会化和资本主义私人占有制之间的矛盾并没有解决。资本主义的经济和社会危机并没有消失，工人阶级的雇佣奴隶地位并没有改变，工人阶级同资产阶级的矛盾也没有消除。相反，资本主义的这些矛盾比过去更深化了，所以我们决不能为资本主义发达国家一时发展的表面现象所迷惑。

3. 战后资本主义的某些"改变"和"调整"是出于社会主义的压力。

在社会主义出现以后，因为世界上知道马克思主义的人越来越多，知道资本主义生产奥秘的人也越来越多，而且有了真正代表人民利益的社会主义政权存在，迫于这些压力，发达的资本主义国家在发展的手段上不得不改变过去像原始积累时期那样赤裸裸地烧杀掳掠、明目张胆地欺压人民，他们为了维护自身的利益，纷纷调整与人民群众的关系，采取运用科技发展带来的财富，运用从世界市场获取的巨额利益，尽可能地向劳动者提供社会福利。而且他们为了缓和与人民群众的矛盾，维护巩固其自身的统治，也十分注意从社会主义那里取得某些参照和借鉴。这一历史现象告诉我们，马克思主义的广泛传播和社会主义国家的产生、发展和壮大，给资产阶级的一个严重警告，其实质是表明资本主义在发展总趋势上是走向衰弱，资产阶级的日子并不好过。所以，他们不断更换反革命两手，提出不同解救的药方，尽管如此，也无法从根本上改变资本主义最终灭亡的命运。同时也告诉我们，资本主义的灭亡不是直线的，也是一个长期的、曲折的历史过程。对此，我们思想上必须要有充分的准备。绝不应该被资本主义的一时发展所迷惑，就否定资本主义灭亡的必然性，从而动摇我们的信念。

三、正确认识社会主义发展的曲折性，是坚定理想信念的关键

20 世纪 80 年代末 90 年代初，东欧剧变、苏联解体，世界社会主义运动遭受重大挫折。面对这种情况，人们难免产生疑问和困惑，甚至有人认为，社会主义失败了，马克思主义所揭示的社会发展规律不灵了。这种看法也是错误的。

1. 任何事物发展的规律都是通过迂回曲折开辟道路的。

马克思主义认为，事物的发展总是沿着曲折的道路前进的，其总的方向、趋势是前进的、上升的，但是具体道路又是曲折的。社会主义代替资本主义的发展过程也不例外，其中出现这样或那样的挫折甚至暂时的失败是不足为奇的。这是因为社会主义是前无古人的崭新事业，是一场伟大的社会试验工程，它同任何科学试验一样是不可能一次成功的；因为 20 世纪的社会主义都产生于经济文化比较落后的国家，所遇到的困难是空前的，如客观国际环境是十分严峻的，它长期处在实力强大的资本主义汪洋大海之中，始终面临着被资本主义国家扼杀、遏制、演变的威胁。在经济上与资本主义发达国家反差大，要赶上资本主义发达国家，体现出优于资本主义，需要经历很长的历史过程，而且缺乏足够的理论准备和实践经验。因此，在前进过程中不可避免地会遇到许多难以预料的困难和风险。从某种意义上说，社会主义代替资本主义的伟大过渡才刚刚起步。

2. 东欧剧变、苏联解体，绝不是整个社会主义制度的失败。

恩格斯曾指出，重大历史事件都是一种"合力"的结果。"苏东"的剧变就是由于这些国家长期积累的各种矛盾和危机，在新的条件和环境下恶性发展和总爆发的结果，是多种因素综合的结果。

从直接原因看，主要有两个方面：一是西方资本主义国家的"和平演

变"得手。二是这些国家内部把"改革"变为"改向",从指导思想上完全背离和抛弃了马克思主义的结果;从深层次的根源看是政治体制僵化造成经济发展缓慢和执政党严重脱离群众造成的。

苏联模式是斯大林基本上按照马克思主义经典关于未来社会的设想建立起来的。由于当时历史的局限性,加上作为第一个社会主义国家,经验不足,以及理解上的教条主义,因而对科学社会主义产生了不少曲解。东欧社会主义国家也都沿袭这一模式。应该说,这一模式在本质上是社会主义的,它的形成有其历史的合理性,曾经在使苏联由落后的农业国迅速变成工业国,以及打败希特勒法西斯斗争中发挥过重要作用,但到后来逐渐僵化了,在整体上已成了"苏东"社会主义发展的障碍,因而必须进行全面的改革。但是由于这种模式在本质上是社会主义的,所以改革应该是社会主义的自我完善,而不能变为"改向","改向"则必然从根本上摧毁原来的社会主义制度。

由此可见,"苏东"的崩溃,仅仅是苏联这种特定模式的失败,而最根本的原因在于这些国家领导犯了背离马克思主义和社会主义原则的错误,把改革变为"改向"。这些深刻教训,告诉我们坚持僵化的苏联模式不行,放弃社会主义原则乱改也是绝路一条,社会主义国家执政党只有坚持社会主义基本原则,又实行改革开放,才能推进社会主义沿着正确方向健康发展,不断壮大,最终战胜资本主义。

3. 社会主义经过曲折的锻炼将会变得更加强大。

20世纪社会主义的崛起,开创了人类历史的新时代,推动了世界历史的发展和人类文明的进步。它在探索建立一种崭新的社会制度方面取得了巨大成就,积累了宝贵经验。它使人类逐步摆脱了"战争怪圈",有力地维护了世界和平。它为埋葬野蛮的殖民体系发挥了巨大作用,为推动历史进步和人类文明的发展做出了贡献。所以,社会主义作为现实的社会制度虽然只有80多年的历史,还处在初级阶段,从人类历史长河看是十分短暂的,却已经显示出强大的生命力。只要我们坚持"一个中心、两个基本点"不动摇,坚持"三个代表"不动摇,努力搞好自己的工作。在国内要抓住经济建设这个中心,把社会主义建设好,用事实来证明社会主义优于资本主义,从根本上铲除对社会主义搞"和平演变"的土壤;在国际上要全面认识和处理好同资本主义国家,特别是同发达资本主义国家既矛盾斗争又借鉴合作的关系，要善于利用资本主义来建设社会主义。这样，从总体看，从长远的发展趋势看，由于资本主义制度所固有的矛盾依然存在，不可能有本质上的改变，而社会主义在经受严重曲折之后，从中取得了教训，向着更加健康的方向发展，实力将逐步增强，双方力量对比就会不断发生变化，从量变到质变，社会主义必然要取代资本主义，这是不以人们意志为转移的客观规律。

由此可见，我们只有在加强和改进思想政治工作中努力用马列主义、毛泽东思想、邓小平理论武装干部，教育群众，把理想信念建立在马克思主义科学理论的基础上，就会坚定我们的理想和信念，矢志不渝地为共产主义事业，为建设有中国特色的社会主义而努力奋斗。

（原载福建省委党校《理论学习月刊》2000 年第 12 期）

关于理想信念教育的几点思考

最近几年，江泽民同志反复强调，要加强对干部群众的理想信念教育。这种强调有很强的针对性，它对于在新形势下加强和改进思想政治工作，引导广大干部群众树立崇高的理想信念和科学的世界观、人生观、价值观，推进社会主义两个文明建设都有着深远的影响。

一、理想信念教育必须放在突出的位置上

江泽民同志在中央思想政治工作会议的重要讲话中指出：要把理想信念教育作为我们党的"思想政治工作的核心内容"。之所以这样，是由于它在思想政治工作中所处的地位和作用，以及当今国内外形势的特点决定的。

1. 突出理想信念教育，是加强和改进思想政治工作的根本任务。

所谓理想信念，就是人们向往、追求和奋斗的根本目标。从它的功能上看，是管发展方向、凝聚力和精神状态的，是人们前进的精神支柱、思想灵魂和动力源泉。一个民族、一个国家如果没有崇高的理想信念，就会像一盘散沙；一个社会团体如果没有共同的理想，就会四分五裂；一个人如果没有正确的理想信念，失去了精神支柱，就会迷失方向。正是由于理想信念是直接关系党和国家前途命运的大事，所以，我党一向重视理想信念的教育，这是我党思想政治工作长期形成的优良传统和优势。在革命战争年代，我们所处的环境十分恶劣，不仅物质条件极其困难，而且还有敌人的白色恐怖，随时都有牺牲的危险。然而，我们党正是靠着理想信念教育和实践，实现了由小到大、由弱到强的发展。今天我们从事建设有中国特色的社会主义事业，是前无古人的伟大创举，它要遇到的困难是前所未

有的，其艰巨性是可想而知的，甚至曲折和反复也是难免的。在这种情况下，我们要把事业顺利地推向前进，就必须突出作为思想政治工作核心内容的理想信念教育，只有这样，党和国家跨世纪伟大目标才能实现。

2. 突出理想信念教育，是加强精神文明建设、全面提高人的素质的根本保证。

精神文明建设是一项艰巨而复杂的社会工程，说到底，它是人本身的建设。正如十四届六中全会《中共中央关于加强社会主义精神文明建设若干重要问题的决议》所指出的，精神文明建设的根本目标是："以科学的理想武装人，以正确的舆论引导人，以高尚的精神塑造人，以优秀的作品鼓舞人，培养有理想、有道德、有文化、有纪律的社会主义公民，提高全民族的思想道德素质和科学文化素质。"邓小平同志早在 1987 年 2 月 28 日会见加蓬总统邦戈时，就提出要把人民教育成为"四有"公民，干部教育成为"四有"干部，作为社会主义精神文明建设的根本目标。同时，邓小平同志认为，在"四有"中理想与纪律特别重要，尤其是理想信念更为根本。他说："为什么我们过去在非常困难的情况下奋斗出来，战胜千难万险使革命胜利呢？就是因为我们有理想，有马克思主义信念，有共产主义信念。""我们干的是社会主义事业，最终目的是实现共产主义。这一点，我希望宣传方面任何时候都不要忽视。"因此，理想信念是"四有"的核心和灵魂，对其他"三有"起着基础和动力的作用。一个有崇高理想的人，必然追求崇高的道德，自觉加强纪律修养，并以强大动力去攀登科学文化的高峰。因此，加强社会主义精神文明建设就必须把理想信念的教育放在核心的位置上来抓。

3. 突出理想信念教育，是适应国际国内形势发展的根本举措。

当前，我们所处的国际环境正发生着极为深刻而复杂的变化。一方面，国际形势风云变幻；另一方面，对外联系日益密切，各种信息日益畅通，从而使我们遇到了许多前所未有的新情况、新问题。当今世界虽然多极化趋势继续发展，国际局势总体上趋向缓和，但西方敌对势力从来没有放弃对我国实行"西化""分化""弱化"的图谋，他们总是千方百计地采取各种形式、手段和途径对我国进行意识形态渗透。从国内看，在改革开放和发展社会主义市场经济条件下，整个社会生活也正在发生广泛而深刻的变化。我们实行公有制为主体、多种所有制经济共同发展的基本经济制度，发展社会主义市场经济，有利于进一步发展生产力，促进我国经济的快速发展。同时，也必然带来社会成员经济利益的多样化、社会生活方式的多样化、社会组织形式的多样化、就业岗位和就业方法的多样化，从而使人们的思想观念、价值取向、行为方式、人际交往、社会生活等都发生复杂的变化。面对这种变化了的国内外形势，有一部分干部群众就认为，理想信念不那么重要了，对社会主义经过长期的发展最终必然代替资本主义的认识产生动摇，有的对西方敌对势力的渗透丧失警惕，有的被资产阶级裹着的糖衣炮弹所击中，成为金钱、情色的俘虏。严峻的现实告诉我们，突出理想信念教育，防腐防变，是摆在全党和全国人民面前的一项重大而紧迫的课题。因此，为适应新的发展形势，推进社会主义现代化建设，实现经济和社会全面发展的需要，我们必须把突出理想信念教育真正作为加强和改进思想政治工作的核心内容切实抓好。

二、突出理想信念教育必须以干部为重点

政治路线确定之后，干部就是决定的因素。党和国家的干部，尤其是中高级领导干部思想政治的素质及其表现如何，直接关系到党和国家的前途命运。因此，把领导干部作为理想信念教育的重点，正抓住了问题的关键。

1. 它是贯彻"三个代表"重要思想的迫切要求。

江泽民同志在广东考察工作时提出的"三个代表"的论断是对我们党工人阶级先锋队性质的新的概括和发展。

大家知道，党是由广大党员和党的干部组成的，其先进性也是通过他们的"三个代表"来体现的。特别是通过党的各级领导，胸怀共产主义远大理想，从人民的利益出发，制定正确的路线方针政策，竭力为国家和人民的根本利益而奋斗来体现的。如果我们党和国家的领导干部，丧失了共产主义、社会主义理想信念，整天想着如何搞权钱交易，迷醉情色之中，把党和人民的利益抛到九霄云外，这样就会严重脱离群众，背离"三个代表"，使党变质。"苏东"剧变，就是这些国家共产党的领导犯了背离马克思主义，背离共产主义和社会主义原则的错误，把改革变为"改向"造成的。而胡长清、成克杰等党的高级领导干部的蜕化变质，其根本原因也在

于他们放弃了世界观的改造，背弃了共产主义理想信念。这些深刻的教训告诉我们，把党政干部，尤其是领导干部的理想信念教育作为重点的必要性。

2. 它是领导干部的地位和作用的迫切需要。

党政干部，特别是中高级干部，是我们党的事业的领导者、指路人，是党的各项路线方针政策的执行者、指挥员，是党的思想政治工作的教育者、排头兵。他们要担负重任，除了要把党的基本理论、基本路线、基本纲领说明、说透、说顺，使广大群众能够理解外，更重要的还在于他们的身体力行，充分发挥其人格的力量和魅力。

邓小平同志曾经指出，搞精神文明，关键是领导干部的以身作则。要使群众树立起正确的理想信念，领导干部自己首先必须有科学的理想信念。"欲影正者端其表，欲下廉者先其身。"这样，就能以自己的模范作用和人格力量，吸引人、凝聚人、感化人、说服人。群众就会听你的话，向你学，跟你做，有力地推进我国革命和建设事业的顺利发展。因此，领导干部的地位和作用也告诉我们，突出领导干部理想信念教育的重要性。

3. 它是由当前干部队伍的现状决定的。

党的十一届三中全会以来，我们党为加强干部队伍建设采取了一系列重大措施，从总体上说，我们的干部队伍主流是好的。但是也要看到，在改革开放新的环境里，由于市场经济的负面效应和资产阶级腐朽文化的影响，以及历史上遗留下来的封建主义残余的影响，使我们有些党政干部不相信马克思主义而信各种邪教和歪理邪说。他们对共产主义理想信念产生动摇，对建设有中国特色社会主义事业信心不足，甚至忘了党的宗旨，严重脱离群众，以权谋私，违法乱纪，从而堕落成腐败、犯罪分子。因此，引起广大群众的严重不满，降低了党和政府在人民群众中的信任度。

出现上述问题的关键在于理想信念的丧失。一个干部一旦没有理想信念这一精神支柱，就会失去前进的方向和动力，什么坏事都可以做得出来。若再不采取有效措施，听之任之，就有失去民心的危险。这种严重性说明了在当前形势下把领导干部作为理想信念教育重点的紧迫性。

三、实施理想信念教育，必须发挥理论的基础性作用

无论对党的干部或群众来说，理论上成熟都是政治上成熟的基础。因此，在理想信念教育中必须充分发挥理论的基础性作用，只有这样，才能把道理说明、说透、说顺，才有利于说服人、掌握人，有利同各种错误观点进行积极的斗争，从而把广大干部群众的理想信念建立在科学的基础上。当前结合干部群众的思想实际，必须从以下几个方面发挥理论的作用。

1. 从思想上弄清共产主义理想信念的丰富内涵。

现在，有些人把共产主义理想仅仅理解为一种美好的社会制度，而它的实现离我们十分遥远，根本无法享受到，所以采取冷漠的态度，其实这是一种误解。马克思主义认为，共产主义理想信念有着十分丰富而深刻的内容，主要包含着三个方面：一是共产主义的理论体系，即马克思主义理论体系，它是无产阶级的世界观方法论，是关于无产阶级斗争的性质、目的和解放条件的学说，是反映自然、社会和思维发展规律的真理，是无产阶级和广大人民群众认识世界、改造世界的强大的思想武器；二是在马克思主义理论体系指导下的共产主义运动，这个运动是个长期发展的历史过程，今天我们所要建设的有中国特色社会主义就是其历史发展过程中的必经阶段；三是指共产主义的社会制度，它是在共产主义理论指导下，无产阶级改造现实社会运动的最终结果，这种美好社会制度要经过几代人或几十代人前赴后继、艰苦卓绝的斗争才能实现。从这里不难看出，我们的理想信念是科学真理。它不是镜中的花、水中的月，可望而不可即，实际上与我们今天从事的事业息息相关。我们追求这种理想绝不是仅仅为了个人或小家庭的享受，而是为了子孙后代，是以整个人民大众的发展和幸福为宗旨的，这是一切共产党员和先进分子最高尚的抉择。

2. 从规律上弄清社会主义代替资本主义的历史必然性。

几千年来，广大劳苦大众为了追求自由幸福，反对压迫奴役，进行了漫长的英勇斗争，但在马克思主义诞生之前，所有这些斗争，基本上都是在黑暗中的探索。自从马克思主义诞生之后，社会主义才由空想变为科学。马克思、恩格斯运用辩证唯物主义和历史唯物主义在深刻分析人类社

会，特别是资本主义社会基本矛盾的基础上，揭示了人类社会发展的规律，指明，封建社会代替奴隶社会，资本主义社会代替封建主义社会，社会主义经历一个长期发展过程后必然代替资本主义，这是社会历史发展不可逆转的总趋势。

在这种科学社会主义理论的指导下，1917年爆发了俄国十月革命，建立了第一个社会主义国家，人类历史从此掀开了崭新的一页。到了20世纪中叶，社会主义运动在世界范围内蓬勃发展，一大批社会主义国家先后建立。社会主义的产生和发展，有力地促进了世界的发展和人类文明的进步。特别是它在探索建立一种崭新的社会制度方面取得了巨大成就，积累了宝贵的经验。它使人类逐步摆脱了"战争怪圈"，维护了世界和平的观点。它为埋葬野蛮的殖民体系发挥了巨大作用，为推动历史进步做出了重大的贡献。因此，不论从理论还是从实践上看，社会主义代替资本主义是人类历史发展不可抗拒的规律。

3. 从全局上弄清社会主义发展的曲折性。

马克思主义认为，任何事物发展的规律都是通过迂回曲折开辟道路的，其总的方向、趋势是前进上升的，但具体道路又是曲折的。所谓波浪式前进或螺旋式上升，指的正是这种发展过程是前进性和曲折性、上升性和回归性的辩证统一。

社会主义更不能例外。因为它既是前无古人的崭新事业，又是一项伟大艰巨而又极为复杂的社会试验工程，这种试验绝不是一次就能取得成功的；因为在20世纪诞生的社会主义都是出在经济文化比较落后的国家，它们长期处于实力强大的资本主义汪洋大海之中，始终面临着被扼杀、颠覆、演变的威胁；因为它与历史上一切革命都有着本质的区别，以往的革命通常以夺取政权标志革命的完成，而对于以消灭剥削、压迫，实现世界大同为己任的社会主义，更艰巨的任务还在夺取政权之后，其革命任务的完成在时间上要比资本主义长得多。因此，社会主义在前进中出现这样或那样的挫折是不足为奇的，甚至像出现东欧剧变、苏联解体这样严重的事件也是不值得大惊小怪的。

马克思认为，任何重大历史事件都是一种"合力"的结果。同样，"苏东"剧变就是由于这些国家长期积累的各种矛盾和危机，在新的条件和环境下恶性发展和总爆发的结果。深刻教训告诉我们，坚持僵化的"苏联模式"不行，放弃马克思主义和社会主义原则也是绝路一条。社会主义国家执政党只有既坚持社会主义基本原则，又实行改革开放，才能推进社会主义社会沿着正确方向健康发展。中国共产党第二代、第三代领导集体，科学地继承了马列主义、毛泽东思想，形成了邓小平理论和"三个代表"重要思想。在这些理论的指导下，把两者有机结合起来，使有中国特色的社会主义建设取得了突飞猛进的发展。因此，我们有充分的理由说，只要社会主义国家认真吸取"苏东"剧变的经验教训，执行正确的路线方针政策，就会逐步发展壮大起来，创造新的辉煌，并经过长期的努力奋斗，最终必然战胜资本主义。

4. 从本质上弄清资本主义发展并未改变历史发展的总趋势。

根据马克思主义的观点，我们观察历史发展必须着眼于事物的本质，绝不能被一些暂时的表面的现象所迷惑，把资本主义的腐朽性与其发展绝对对立起来。列宁早就提醒我们："如果以为这一腐朽趋势排除了资本主义的迅速发展，那就错了。不，在帝国主义时代，个别工业部门，个别资产阶级阶层，个别国家，不同程度地时而表现出这种趋势，时而又表现出那种趋势，整个说来，资本主义的发展比以前要快得多。"①

其实，马克思主义关于社会主义必然代替资本主义的科学论断并不是以资本主义经济发展的状况为依据的，而是建立在对其社会基本矛盾及其运动规律科学分析的基础上的。我们的确要承认，二战后的资本主义，尤其是发达资本主义国家有较大的发展和变化，主要表现：在经济上保持了较长时期的相对稳定的发展，在产业和劳动力结构上出现了信息化、服务化和科技化的趋势，在社会关系上推行"社会福利"、限制贫富差距扩大的税收和社会再分配等政策、在资本国际化上利用新科技革命推动了经济的全球化趋势，等等。产生这些发展变化的因素是多方面的，主要是科技的迅猛发展，为当代资本主义生产力的发展提供了一定的空间；它们从多次爆发的经济危机中汲取了经验教训，从而被迫在社会关系上做些改革；而社会主义运动的影响与斗争也推动他们从中汲取某些参照和借鉴。

尽管如此，当代资本主义国家以生产资料私有制为基础的生产关系与

---

① 中共中央马克思恩格斯列宁斯大林著作编译局：《列宁选集》第2卷，人民出版社，1998年，第842页。

社会化的生产力之间的基本矛盾不仅依然存在，而且更为错综复杂，其表现形式也出现了一些不同于以往的新的趋势和特点。如资本主义经济所固有的"生产力无限制发展"和有限市场的矛盾在作为现代"经济核心"的金融中表现得日益尖锐；它凭借在经济全球化中的主导地位向第三世界转嫁社会矛盾等，使南北之间的矛盾变得更加尖锐；它们虽然采取一些限制贫富差距的措施，但贫富两极分化仍然十分严重；它把分配就业作为调节经济的政策目标，但其失业率依然居高不下；作为其社会矛盾在文化领域的反映，西方发达国家消费主义蔓延，物欲膨胀，等等。因此，当代资本主义，特别是发达国家的发展和变化，绝不会消除其社会所固有的基本矛盾，绝不会改变其历史发展的总趋势，也绝不会改变社会主义代替资本主义的规律性。当然，这种代替也是一种复杂的漫长的历史发展过程，对此，我们既要充满必胜的信心，又要做长期奋斗的思想准备。

由此可见，只有充分发挥理论的基础作用，才能及时解除干部群众的误解和困惑，把理想信念建立在科学的基础上，从而提高理想信念教育的针对性、适时性和有效性。

［原载《福建论坛（文史哲版）》2001年第1期］

加强科技道德建设的思考

20世纪科技的迅猛发展，极大地改变了人类的物质生活和精神生活，提高了人们的生活质量，推动了社会的全面进步，但也为人类带来了各种各样的问题，比如科技伦理道德问题就日益突出。因此，加强科技伦理道德建设在当今有着重大意义。

一、加强科技道德建设是科技界的一项紧迫任务

这种紧迫性，除了加强科技伦理建设是贯彻江泽民同志为核心的党中央提出的"以德治国"战略方针，落实《公民道德建设实施纲要》的需要外，还表现为以下三个方面：

从理论上看，加强科技道德十分必要。科技是认识和改造世界的重要工具。如果科技掌握在道德高尚的人的手里，就能把握住科技研究的正确方向，就会如实地把每项科学技术运用中产生的积极与消极作用，以及如何防止消极影响等告诉大家，就会运用科技的发展为人类和平事业和国家进步做出贡献。相反，科技一旦被缺乏道德的人掌握，负面作用必将更加突出，本文试就科技道德建设提出几点思考。

（一）认知的调整

就微观系统而言，认知调整的对象当然是包括当前的学术研究者和学术研究后备力量这两部分，而调整的成效就依赖于我们对宏观和中观系统的处理，因为个体总是从这两大环境的了解和对比中而做出相应的认知。从认知心理学的角度看，我们应该考虑从外在信息上下手，提供一些信息来刺激个体的大脑神经里的认知判断系统。就学术方面而言，主要提供以下方面的信息：公平性、规范的实际可操作性和时效性，评判、标准的合

理性和对越轨行为的揭露及惩处力度等。以下就从宏、中观系统进行具体论述。

1. 宏观系统控制上，主要是从行政、法律和经济支持三方面入手。

第一，在行政与学术之间寻找并制定明确的有章可循的规则。第二，对学术失范情况进行立法，从而使学术纠纷达到有法可依，使学术规范不仅仅停留在单一道德控制的机制上，从而建立一个道德与法律相辅的多元控制机制。第三，对国家学术经费的投入份额和具体投向应有相对合理的标准。虽说学科的发展也总是在失衡中不断达到平衡，但要注意这失衡的比例，特别要注意对容易受忽视的基础理论学科的投入，而不能过于偏向应用学科。

2. 中观系统控制上，主要是从学术规范的制定和学术成果的评估及奖惩这两大子系统入手，充分发挥相关学术组织在规范制定、成果评估及做出奖惩的功能。

首先，在规范制定方面应尽量与国际学术规范接轨，在学术研究中尽量体现前人的研究成果，同时对别人成果的引用上要加上规范的引文和注释。其次，评价及奖惩方面。这主要包括对学术作品的评估和对学术研究者的评估做出相应的奖惩：其一，学术作品的评估，应加大同行评议的力度及出版组织审稿的力度。其二，对学术研究者的评估，则应制定一套合理的标准，以便做到奖惩分明。在评估中应注重作品的质量而不应以数量为重，在具体惩罚措施上要加大力度，对这一问题，有些学者提出建议，如一旦发现有学术成果的剽窃行为，要取消其职称、职务及其他相应的学术和行政待遇。这是严了点，但也是必要的，来几起"严打"更能起到"杀一儆百"的作用。就像对北大教授王铭铭的曝光处理一样。其三，应寻找一套多元的评价机制，以便能适应已包含复杂成分的学者圈。现在学者所扮演角色的多元化，即身兼数职，还有非学者的学术化，如政治、经济等领域里的一些人出书立著，以及学者圈内新旧规范在学者自身上的交替，这也同样会出现角色混杂的情况。总之，应该有一套适应多元、复杂成分的评判控制系统来对具体的种属和个体做出正确的评判。

总而言之，通过宏观、中观系统的控制，如果个体看到越轨的成本很大，而且其他个体能遵守规范，同时社会和组织也能做出公正、合理的评判和奖惩，那个体就更容易自愿地按规范操作，并把注意力由重"术"转向重"学"上来。这样也就能在宏观、中观上对学术腐败进行外在机制上的截流，从而遏止这种腐败文化对新来者的传染和腐蚀。

（二）自律习惯的培养，创新、综合能力的培养

因为我们要向新的规范和标准看齐，所以一方面要加强当前的学术研究者对新规范的学习、接受及多元能力的开发。另一方面要更注重学术研究后备力量自律习惯的培养和创新，因为他们才是更高层次规范和能力的代表者。以下着重从这一点谈起：

1. 自律习惯的培养。

一方面，意志力、自我控制力的培养。这要从早期教育开始，这里无法具体论述，但至少要清楚的是儿童早期规范的教育、学习是十分关键的，它将形成一种遵从习惯的规范，并影响着日后对其他新的规范的遵从。另一方面，就当前而言，最关键的是对新的学术规范的学习和内化。这里有几个建议可以参考：（1）了解新规范。专门的关于学术规范课程的学习。（2）实践新规范。老师、导师的严格要求，使对规范的遵从成为习惯。（3）强化新规范。倡议每个大学生特别是研究生，至少写一篇关于"如何整治学术腐败"的文章，这也许会有帮助，主要是通过这方面治理的思考来加强学生对学术规范的遵从意识。总之，这方面我们完全可以向国外的一些著名学校学习，比如哈佛大学，把对学术规范的遵守作为新生入学的头等大事来抓，让学术规范深深地根植于学生的思想中，使他们在学术研究过程中时刻记住这些规范。

2. 创新、综合能力的培养。

可以有以下几个方面的建议：（1）课堂上进行创新思维能力的引导和训练，而不再用灌输的方法进行教育。（2）掌握一些创新的系统方法并进行训练，比如系统思维方法、逆反思维方法、发散性思维方法，等等。（3）外在引诱创新。从外在机制中，特别是通过利益机制对个体进行刺激从而引发其开发内在潜能的动机，使其创造能力得到调动。但是不能让其仅仅为私利服务，否则就是从根本上违背科技的研究方向，发生伤害别人，危害国家和民族利益的后果。可见，加强科技人员的道德建设是多么必要。

3. 从科技发展看加强道德建设的重要性。

现代科技的发展，尤其是生命和信息科技的发展，在给我们带来极大福利的同时，也提出了不少与道德有关的新的棘手问题。如克隆人技术将打破人类原有的生儿育女方式，倘若克隆人的科技活动允许自由进行的话，许多意想不到的社会问题可能接踵而至：伦理关系混乱，性别比例失调，希特勒的优生理论就会沉渣泛起。又如，由于因特网具有资源共享，以及传播的即时性、交互性、开放性等特点，它的发展既能开阔人们的视野，为人们提供多彩多姿的生活方式，同时又是国内外敌对势力利用网络与我们争夺群众、争夺青年的阵地。他们所散布的网上暴力、网上色情、网上犯罪，也使我们的思想道德建设面临着严峻的挑战。因此，高新科技的发展，特别需要加强科技道德建设。

4. 从科技界现状看，加强科技道德建设迫在眉睫。

由于受市场经济负面效应的影响，科技界违背科技道德的越轨行为也比较突出。其主要表现为：（1）研究上的浮躁。有的科技人员在研究中既不注意掌握第一手材料，也不深入问题之中，往往习惯于套用既定的大而空的结论去概括新的现象，把很好的题材做成八股文章。（2）无端占有他人研究成果。如在引用他人成果时不注明出处，在没有参与的文章上署名。（3）拼凑成果。他们有的采取一稿多投、将一篇文章或一部专著化为多篇发表。有的在科研中伪造标本，捏造、篡改、拼凑数据等。在编教材上有的搞七拼八凑，低水平重复。（4）抄袭、剽窃别人的成果。当前这种现象十分严重，"天下文章一大抄"，几乎成为学术界的公害。（5）假冒、虚报科研成果。有的为了个人评职称，争取科研立项和评奖的需要，恣意谎报成果数量，以及采用对评委送礼拉关系等方法骗取职位、课题立项和成果奖等。（6）搞伪证。如曾经有科研机构和人员给"水变油"做技术论证，欺骗舆论，支持伪科学的案例。

上述这些不道德行为，严重阻碍了科技事业的发展，如果听之任之，其后果将不堪设想。因此，在当前科技界加强道德建设是一项十分紧迫的任务。

二、科技道德规范的主要内容和基本要求

要加强科技道德建设，就必须弄清科技道德的内涵和规范的基本内容。所谓科技道德就是科技工作者在其职业活动中自觉地调节同行之间，

以及他们与社会集体和国家之间相互关系的行为规范体系。主要有以下几个方面：

1. 爱国为民，乐于奉献。

这既是科技工作者最基本的道德规范，也是科技发展的方向保证和精神动力。

爱国为民就是要求每个科技人员的科研活动要立足于为祖国的繁荣和人民的幸福服务。当今就是要为建设有中国特色的社会主义，为改革开放和发展社会主义市场经济服务，为提高广大人民群众物质文化生活质量和经济社会的可持续发展服务。同时，要求树立坚定的民族自尊心和自信心，反对民族虚无主义、崇洋媚外和骄傲自大、因循守旧倾向，以实际行动报效祖国，为人民利益献身。

2. 求真务实，恪守"三严"。

首先，要求科技工作者在科研活动中必须端正思想路线，坚持一切从事实出发，尽可能掌握丰富的、真实的第一手材料，使科学研究建立在坚实的基础上。其次，要求必须运用去粗取精，去伪存真，由此及彼，由表及里的科学方法和"三严"的态度，在求"真"上下功夫。

3. 刻苦钻研，不畏艰辛。

科研是一项非常艰苦的工作。因此，科技工作者要对人类有所贡献就必须具备刻苦钻研、不畏艰辛的高尚品德。不仅要刻苦学习古人、前辈的科学成果和经验，还要善于学习和汲取外国，特别是西方先进国家的科技成果和经验。要深入事物内部去进行刻苦的研究，发扬一不怕苦，二不怕死的大无畏的革命精神，在已有成果的基础上向前迈进。

4. 团结互助，乐于协作。

在今天"大科学"时代，从事科技活动就必须依靠群体，甚至是多国的群体研究才能完成。例如，"人类基因组计划"于 1990 年在美国启动，由美国、英国、日本、法国、德国和中国共同加盟的多国科技人员群体共同研究的成果，如果没有这样庞大的群体就不可能经过 10 年，即在 2000年完成了"人类基因组工作框架图"。所以，团结协作是当今科技道德的一个重要规范。

5. 勇于创新，敢于攀登。

江泽民同志说过："创新是一个民族进步的灵魂。"（1996 年 4 月在接见"863 计划"实施十周年工作会议代表时讲话的要点）科技具有继承性，但继承并不是重复，而是要在继承的基础上不断创新。科技是无国界的，要发展就要引进国外的先进技术，但不能是简单的模仿，必须在消化外来先进技术的基础上进行创新和突破。要做到这点，就必须敢于攀登科学的高峰。我国是一个发展中国家，经济文化还比较落后。为了改变这种状况，就必须有超越别国先进科技的决心和勇气，而创新和攀登则是最有力的超越手段和途径。

6. 与时俱进，平等切磋。

当今时代，是一个充满竞争、机遇、挑战与希望的时代。要么使科技研究不断突破，追上世界科技发展的步伐；要么停止不前，被世界迅速发展的"大科技"浪潮所淘汰。因此，在现代科技迅速发展的今天，必须具备与时俱进的道德品质。同时，与时俱进的过程也是一个百家争鸣的过程，所以，在探索研究的过程中，必须发扬民主，允许发表不同的意见，鼓励和支持同行之间活跃学术思想，提倡不同学派和不同学术观点之间的切磋和争鸣，使真理越辩越明。

以上六个方面仅仅是我国科技道德规范的主要内容，它既是中国传统美德的积淀，也融合了西方优秀科技道德的积极因素，是传统美德的升华。今后，随着经济全球化的进程，随着我国社会主义市场经济的发展，也随着科技实践活动的深入，我国科技道德规范将进一步得到丰富和发展。

三、加强科技道德建设的基本途径和方法

必须承认，我国改革开放以来，科技界的道德建设有所加强，但是，我们也应该看到，在科技人员中的不良行为、腐败现象还比较严重。为了科技事业的健康发展，充分发挥科技在推动我国现代化建设中的作用，我们必须大力加强科技道德建设。

1. 深入开展科技道德研究。

随着我国市场经济的发展和科技的进步，原有传统的科技道德观和规范已不能完全适应新形势的要求，因此，要下力气加强研究，从而逐步建立起适应社会主义市场经济需要的有中国特色的科技道德体系。

一是深入挖掘传统道德的资源。我国古代对科技道德的要求是比较严的。如封建社会可以向国家输钱捐官，但进士一类学衔却不容染指，更不容易通过权位与金钱得到状元一类的荣誉。所以，认真研究这些有益的资源，从中汲取精华，将有利于促进我们的科技道德建设。

二是借鉴国外经验。据一些专家对外考察的资料表明，世界上有很多国家都很重视提倡良好的科学实践和反对科学中的不端行为。对前者他们要求科学家要有社会责任感，努力保证研究成果的质量；对后者则注意把防范与惩罚结合起来。他们在处理方面还同法律进行比照，一旦认定出现不端行为，就会有相应的制度和法律给予惩处。这些成功的做法很值得我们学习和汲取。

三是研究科技道德建设与社会主义市场经济相适应。市场经济是一把双刃剑，它对人们的思想和道德的影响是双重的。因此，必须深入研究市场经济这把双刃剑对道德建设的影响，充分发挥其正效应的作用，注意防范、抵制、克服其负面作用，从而保证科技道德建设与社会主义市场经济相适应。

四是研究高新科技发展对科技道德建设提出的新课题。高新科技的发展，既给人类极大福利，也提出了不少新的棘手的问题。而且随着知识经济的兴起和经济全球化的进程，这些问题还可能凸显。因此，我们必须认真研究高新科技的发展对科技道德建设提出什么要求，会出现哪些新的特点，加强其建设要建立怎样的规则，制定哪些制度和法规与之相配合，等等，从而建立较为完善、富有成效的科技道德体系。

2. 强化科技道德教育。

一是抓学习。凡科技人员所在单位都必须认真组织科技人员学习马克思主义关于科学道德的论述。学习党中央"以德治国"的战略方针，学习《公民道德建设实施纲要》，学习战斗在科技战线上先进人物的高尚品德。通过学习，使科技工作者深刻认识到加强科技道德建设的必要性、重要性和紧迫性，提高遵守科技道德的自觉性；明确科技道德的基本规范和要求，划清引用和抄袭、借鉴和剽窃、共享成果和占有别人成果等界限，提高严格自律的能力；增强科技人员的社会责任感，坚决抵制科技活动过程中的不端行为，真正做到让科技服务于人民。

二是抓培训。各级各类学校，尤其是有研究生点的学校都必须开设科技道德课，把科技道德培训作为基本的教育任务。从小学高年级学生刚接触学习电子计算机开始，就必须讲解有关网络道德的初步知识，中学要开设"网络道德"常识课，大学要专门开设"网络道德"课程，使他们懂得文明上网的重要性。特别是有硕士、博士点的大专院校、科研院所，还要在他们学习"网络道德"课程的基础上，学习"科技道德教程"，使他们全面了解科技道德的基本内容和规范，认清科研实践过程应该严格遵守的道德，并要结合自己所学的专业和未来所从事的科技活动的实践，深刻认识科技活动中不端行为的危害，提高自身从事科技事业的道德素质，为以后参加科技实践打下坚实的思想基础。

三是抓传帮带。老科技工作者的传帮带在方法上要坚持三个结合，即在向年轻科技人员传授知识的同时，首先进行科技道德教育；在帮助年轻科技人员进行科研活动的同时，帮助他们坚持进行严格的科学实践；在带领年轻科技人员进行科学攻关、创新和攀登的同时，监督他们在科技实践中彻底抛弃不端、越轨行为，做得好的及时给予表扬，对于不良行为要进行善意的批评指正，以保证中青年科技人员的健康成长。

3. 加强制度法规建设。

第一，制定全国性的统一的科技道德规范。而各个科研院所、大专院校都要以此为依据，结合自身的实际，提出本单位的科技道德建设的要求。同时，还必须结合不同的研究对象（如基因、生态、信息网络等）具体地制定出伦理道德规范，对不同的研究领域应该有不同的道德规范和要求。

第二，制定职称评定、科研立项评审、科研成果评价等制度。一是制定全面、合理、科学的评审标准。如在职称评定标准中不仅要有成果数量的要求，更要有质量的要求。二是道德责任。要求评审组织者和评委出以公心，避免个人利益、团体利益及其人际关系等因素影响评审工作。三是明示原则。坚持公开、公平、公正的程序，反对"暗箱"操作。四是保密义务。评委在评审过程中不能知道受评者的姓名，参评的评委要采取适当的方式回避关系人，同时，禁止将评审结果私自告诉参评人员，对违反者必须给予处理。

第三，对与科技关系密切的出版社、报刊社也要制定相应制度。一是质量规定。禁止出版、刊登"低质量"的"人情书""关系稿"；禁止金钱交易、收钱卖"书号"、花钱买"版面"。二是遵守知识产权规定。作者必须尊重他人科研成果，凡是引用他人成果的要注明出处，继续他人思想研究的，必须做出交代。三是审查制度。编者不仅要审查作者论著的方向性和逻辑性，看行文是否一致，词、句、字是否有误，更主要的是审查其内容，看其真实性、创新性和进步性。

第四，建立奖罚制度和法规。一是要建立奖罚分明的制度。对于优良的科技行为必须实施表扬和奖励，而对于不良的科技行为必须给予惩罚。二是建立与科技规范相配套的法规。一方面要制定与各种科技制度、条例可比照的法律规定。凡认定有不端行为的，就应当有适用的法律给予惩处。另一方面还要对网络管理、黑客袭击、克隆人、基因工程、研制"超级生物武器"等方面加以立法，用强有力的法律武器对其进行制约。

4. 狠抓社会舆论监督。

社会舆论监督的方式很多，广播电视、报纸刊物和信息网络揭露等都是社会舆论监督的有效形式和载体，必须加以充分利用。

一是正面宣传引导人。对于科技战线上道德高尚的先进人物、科技活动中的优良行为的典型事迹，要大力宣传。通过这种正面宣传以弘扬正气，树立良好的学术道德形象，使科技工作者前进有方向，努力有榜样。

二是反面曝光警示人。对于科技活动中出现的典型的越轨、造假腐败行为要及时进行曝光、揭露。让广大学人受到教育，使他们在学术活动中谨慎从事，做到选题之前尽可能全面检索中外文献，立论必须持之有据，引文必须注明出处，做求真务实的科技人员。

三是揭露护假告诫人。当前学术上打假的难度之一就在于作假者所在单位替作假者遮掩。这些单位由于怕自己单位的学术声誉受损，抱着"家丑不可外扬"的原则，尽量保密，能遮掩就遮掩。一旦学术上的作弊行为被揭露，有些单位既不敢公开，也不愿对作假者采取有实质意义的处理，其结果，只能进一步助长作假者的不端行为，无法达到教育他人的目的。因此，必须对于遮掩作假者的典型单位，影响恶劣的个别领导进行揭露，以动员全社会共同负起学术打假的重任。

5. 发挥科技战线各级领导的表率作用。

作为科技战线的各级领导（含博导、硕导）要带头做到"三不"：

一是不浮躁。浮躁是科研创新的大敌。科技战线的各级领导一定要带头深入实际，掌握第一手材料，分析真伪信息，在正确评价和使用科研成果上下功夫，为部属做出榜样。

二是不造假。一定要坚持求真务实的态度，在科研成果上不搞拼凑、剽窃、抄袭；尊重他人研究成果，不在没有参与的成果上署名，不把别人成果占为己有；不利用自己的职权和影响，索取不应有奖励、职位和课题立项。

三是不护假。要充分认识学术上造假腐败现象的危害性，认识当前学术腐败蔓延的严重性，自觉地挑起学术打假、防假的重任。对本单位出现学术造假现象要认真对待，严肃处理。这样，以自身高尚的品德做榜样，加上对部属的严格要求，就能带领、帮助和引导广大科技工作者树立起良好的科技道德。

（原载《科学与文化》2003 年增刊）

社会主义市场经济条件下
领导干部的价值观建设

价值观是人们对客观事物有用性的认识和评价所持的一种根本观点，它体现着人们的价值取向，决定并制约着人的欲望、动机和行为方向，是人们行为的出发点和归宿点。价值观建设是精神文明建设的一个重要内容，是提高全民族素质的一个根本性举措。那么，在改革开放和发展社会主义市场经济的新形势下，领导干部的价值观发生了哪些变化？应该如何加强领导干部的价值观建设？对此，党中央一直十分关注，江泽民同志在纪念中国共产党成立 75 周年座谈会上发表的重要讲话中，就把各级领导干部价值观建设作为"努力建设高素质的干部队伍"，实现跨世纪大业，建设有中国特色社会主义所亟待解决的重大课题。因此，我们今天探讨领导干部价值观建设的问题，具有十分重要的理论与现实意义。

一、发展社会主义市场经济使领导干部价值观
发生深刻的变化，其主流应充分肯定，
但对消极方面的变化也不能忽视

笔者最近在福建省改革开放较早、市场经济发展较快的沿海几个城市的调查结果表明，确有部分领导干部的素质，特别是思想政治素质不适应党的事业的要求，人生观、价值观发生了偏离、扭曲和错位。这主要表现为四个方面：一是价值目标短期化。有的领导干部缺乏远大的理想和目标，为了表现在有限任期内的个人政绩，只顾眼前，不顾长远，搞短期行为，急功近利。二是价值取向利己化。有的领导干部只顾个人或小团体的利益，不顾大局，只讲索取，不讲奉献，搞以权谋私，权钱交易。三是价

值实现手段实用化。他们不是靠踏踏实实、兢兢业业、无私奉献地工作，做出成绩来表现自己的价值，而是靠弄虚作假、瞒上欺下、阿谀奉承、吹吹拍拍，以实现其个人价值。四是价值评价标准功利化。他们重利轻义，认为"只要能发展经济，挣到钱，怎么干都不为过"。平时斤斤计较个人得失，并把所谓"五子登科"，即以"票子"（钞票）、"位子"（名位）、"车子"（豪华轿车等高级交通工具）、"房子"（高级装饰的套间或公寓）、"孩子"（或妻子工作）是否都得到满足作为评判人生价值的最高标准。

调查结果还表明，凡在放松学习与改造，思想政治建设和制度建设被弱化、舆论宣传误导、选人用人不当等情况下，价值观变化的消极方面就有较多的"市场"；在贫富差距拉大、收入差距较明显的情况下，有些领导干部就容易产生心理失衡、心态扭曲，而这时，价值观消极方面的变化就容易占"上风"，等等。

上述变化的原因，除了与新旧经济体制转换，社会利益格局调整，体制尚未完善，制度尚不健全，效率与公平尚未有机统一有关；也与在改革开放的条件下，难免泥沙俱下，鱼目混珠，资本主义的腐朽思想文化必然乘虚而入，它同我国历史上遗留下来的剥削阶级腐朽思想文化相结合，不断对人们进行腐蚀有关。此外，最主要是因为市场经济本身所固有的求利性、竞争性、自主性和等价性等，这些特性具有两重性，其负面作用容易使一些意志薄弱者重利轻义，产生拜金主义、享乐主义和极端个人主义，在权力、名利、金钱、色情、人情这五个关面前打败仗，甚至成为犯罪分子。它们像癌细胞那样，若不及时切除，就会迅速扩散，损害党和国家的肌体。所以，我们在充分肯定这几年领导干部价值观变化的主流是好的、是积极的同时，更要看到它的消极变化，对这种消极变化绝不能熟视无睹，掉以轻心。

二、广大干部，尤其是领导干部能否树立马克思主义价值观，直接关系到党和国家的前途命运，对此我们必须保持清醒的头脑

首先，加强领导干部价值观建设是时代的要求、历史的呼唤。当今世界处于以和平与发展为主题的时代，国际上除围绕着经济和科技展开的竞

争日趋激烈外，两种对立的价值观的斗争也十分尖锐。西方敌对势力，他们害怕中国的发展和进步，总是千方百计用资产阶级利己主义的价值观来影响中国人民，特别是我们的领导干部，企图实现其和平演变的野心。因此，从国际斗争看，不但要求我国在经济上要加大步伐，努力抢占发展的制高点，不断增强综合国力，使之成为维护世界和平的坚强堡垒，而且要求各级领导干部加强马克思主义价值观建设，在任何时候都要讲政治，永远高举社会主义旗帜，树立马克思主义世界观、人生观与价值观，不断巩固党的执政地位。从国内看，我们党和国家正处在建设中国特色社会主义的重要历史时期。我们所进行的改革开放和建立社会主义市场经济体制是一种社会结构的深刻变革，这种变革必然带来思想和价值观念的深刻变化。如果全国人民，尤其是领导干部在价值观方面没有相应的变革，并对体制改革给予强有力的支持，那么，我国的改革开放和建立社会主义市场经济体制就不可能取得成功。所以在这关键的历史时期，加强各级领导干部的价值观建设，就显得尤为重要和紧迫。

其次，加强领导干部价值观建设是领导干部在党和国家政治、经济生活中的特殊地位和作用决定的。我们党现在是一个拥有 5700 多万名党员、40 多万名县级以上领导干部的大党，肩负着领导 12 亿人口的大国进行社会主义现代化建设的重任。我们党的各级领导干部是群众中的先进分子，是党和国家的代表与精华，具有引导、控制、感召、凝聚、组织协调和带头示范等特殊作用。领导干部分布在各地，他们既是决策者和组织者，又是党和国家大政方针的贯彻者和实施者。因此，领导干部素质如何，能否以马克思主义价值观为指导，在各方面，尤其是在政治方向、政治立场、政治观点、政治纪律、政治鉴别力和政治敏锐性等重大问题上以身作则，直接关系到社会主义现代化建设事业的兴衰成败。

再次，加强领导干部价值观建设是社会主义精神文明建设的迫切需要。精神文明建设是个系统教育和管理工程，它要揭示精神文明"应是什么"和"应该怎样"建设的问题，而这两个问题便是价值观要回答的课题。社会主义精神文明建设的根本任务是使我国人民有理想、有道德、有文化和有纪律。要实现这个根本任务，就必须以马克思主义价值观为指导，否则要塑造有远大共产主义理想和高尚道德情操的新人是不可能的。而且，加强领导干部价值观建设又是精神文明建设成功的关键。邓小平同志曾经讲过，搞精神文明，关键是领导干部以身作则。只有领导干部树立了以人民为主体的价值观，处处模范带头，才能使精神文明建设不至于停留在表面形式上；才能带动一批人，带好一个单位，成为全方位建设的"普照之光"；才能使精神文明建设深入人心，成为广大干部群众自觉的、主动的、积极的行动。

过去人们较少谈到价值观的问题，除了在理论认识上存在偏颇之外（包括过去我们自己的理论建设和舆论宣传缺乏对价值观的正确理解），还有实践上的原因：在单一的计划经济条件下，利益主体比较单一，价值观问题容易被忽视；而在市场经济条件下，利益主体多元化，导致人们社会生活价值取向多元化，价值观问题也就日益凸显出来了。实践证明，如果人们只停留在对客体"是什么"的世界观方面的真理性认识（事实认识），而不进一步追求"应该怎样"或"不应该怎样"的价值观方面的评价性认识（价值认识），那么在市场经济活动中就不能把主体的利益和需要作为内在尺度运用于所认识的客体。这样，就无法解决新时期精神文明建设所要解决的深层次理论问题，也不可能把社会主义精神文明建设不断引向深入。

综上所述，价值观问题是一个十分重要的理论问题和现实问题。无论是从实践还是理论上看，加强各级领导干部马克思主义价值观建设，对于大力加强党的建设，提高广大干部特别是领导干部的素质，推进社会主义精神文明建设，都具有十分重要的意义。

三、必须以邓小平价值观理论为指导，大力加强社会主义市场经济条件下领导干部的价值观建设

邓小平同志关于价值观的理论博大精深。他提出的"领导就是服务"[①]的著名论断，就是领导干部价值观理论的点睛之笔。邓小平的这一思想深刻表明，加强领导干部价值观建设的核心就是加强领导干部的公仆服务意识的建设。邓小平这一理论要求和我们调研地区（单位）的实践经验表明，在新的历史时期，领导干部价值观建设必须从思想认识和具体实践两

---

① 中共中央文献编辑委员会：《邓小平文选》第 3 卷，人民出版社，1993 年，第 121 页。

方面入手。

首先，从思想认识上看，必须明确领导干部正确价值观的基本内容，坚决反对和克服把全心全意为人民服务视为"过时论""吃亏论"和"高调论"等错误观点。

在调查中许多同志认为，领导干部要树立马克思主义价值观必须明确这样几个方面的本质内容：一是领导干部就是人民的"公仆"，必须一切从人民的根本利益出发，绝不能把"公仆"变为"主人"。二是领导就是服务，必须为官一任造福一方，绝不能把权力私有化、商品化、家长化。三是领导干部就是"孺子牛"，必须为人民鞠躬尽瘁，绝不能沾染官僚主义习气，滋长以权谋私和特殊化的作风。四是领导干部就要先苦后乐，必须先天下之忧而忧，后天下之乐而乐，做到艰苦奋斗，高风亮节，绝不能为金钱、美色所诱惑。同时，要把上述认识化为行动，还必须排除和克服"过时论""吃亏论"和"高调论"等错误观点的干扰。

"过时论"认为，全心全意为人民服务，在市场经济条件下，由于各种经济成分并存，"人民"的概念已经模糊不清，社会各阶层的利益主体不相同，差别很大，难以判别哪些是人民的利益，所以应该把全心全意为人民服务改换成为"公民"服务。这种似是而非的观点，实际上是把"凡具有一个国家的国籍的人就是这个国家的公民"这一法律概念，混同于是指"在国家生活中的政治地位的人民"这一政治概念。在我国，公民的范围比人民更广泛，不仅包括全体劳动人民，而且包括那些被剥夺了政治权利的具有中国国籍的人。而人民，作为唯物史观的范畴，是指对社会历史发展起决定作用的阶级、阶层和集团的总和，包括体力劳动者和脑力劳动者在内的广大劳动群众是人民的主体。这种性质在社会主义市场经济条件下并没有丝毫改变，所谓为"公民"服务，说穿了，就是主张为个人或少数人利益服务。

"吃亏论"认为，随着市场经济的不断发展，人们之间的利益矛盾与日俱增，物质差别也越来越明显，强调全心全意为人民服务，就是为他人做"嫁衣"，吃亏的是自己。这种观点从根本上是与党的宗旨相悖的。毛泽东同志曾经指出："我们共产党人区别于其他任何政党的一个显著标志是一切从人民利益出发，全心全意为人民服务。"① 毛泽东同志概括的这一标志，集中体现了工人阶级无私奉献的精神和集体主义原则。我们党的领导干部是工人阶级的代表，理所当然要代表人民的根本利益，全心全意为人民谋利益。我们今天搞的是社会主义市场经济，是以公有制为基础的，目的在于利用市场这种体制的手段，实现资源优化配置，发展和活跃社会主义经济，满足人民群众日益增长的物质和文化生活的需要，所以不能把发展社会主义市场经济与为人民服务的价值对立起来。至于为人民的长远利益而做出一些牺牲，那是一种光荣，正体现特殊材料制成的共产党人的本质特征和高尚品格。

"高调论"认为，市场经济已经把人们为个人利益而奋斗的精神动员起来了，再让领导干部在这种为个人利益而竞争的氛围中全心全意为人民服务，这是"唱高调"。这种论调貌似有理，其实不然。市场经济的主体性、利益驱动性和竞争性等虽然给社会经济发展带来了生机与活力，但如果不是以人民为本位，就容易产生我们所反对的拜金主义、享乐主义和极端个人主义。我们不是不要个人利益，也不是不尊重个体价值，而是认为，党的领导干部的正当的个人利益和个人价值，都只能在把它融合于全心全意为人民服务的事业之中，通过为人民做贡献而实现才有意义。因此，"全心全意为人民服务"既不是"高调"，也不是空洞的大道理，它既是实现党的奋斗目标和人民根本利益的一种需要，也是实现个人利益和价值的一种途径，绝不是什么唱高调。所以，对党的领导干部来说，人民的利益与个人的利益在本质上是统一的，不能将其对立起来。

总之，在改革开放、发展社会主义市场经济中，不但不能丢掉全心全意为人民服务的优良传统，而且在新的历史条件下，更应将它发扬光大。

其次，在解决思想认识问题的基础上，还必须坚持"五个结合"，才能有力促进各级领导干部的价值观建设。

1. 坚持学习与改造的有机结合。

实践的坚定性来自理论的彻底性。革命理论的掌握不可能是自发的，面对社会主义现代化建设的伟大任务和不断发展变化的形势，以及层出不穷的新情况、新问题，领导干部更要勤于学习和善于学习。根据江泽民同

① 毛泽东：《毛泽东选集》第3卷，人民出版社，1966年，第1094页。

志的指示精神，最重要的是认真学习马列主义、毛泽东思想，特别是邓小平理论（包括价值观理论）。在学习中，要坚持理论联系实际，反对"以干代学"，或只把学习当作口号，回避自己的思想实际，搞形式主义；同时注意把学习的成果用于指导实践，在改造客观世界的同时，努力改造自己的主观世界。

通过学习和改造的有机结合，才能真正做到江泽民同志所强调的"讲学习、讲政治、讲正气"，克服拜金主义、享乐主义和极端个人主义倾向，纠正在价值观上的扭曲和错位，正确处理好奉献和索取、权力和公仆、奋斗和享受的关系，真正树立邓小平倡导的关于以"全心全意为人民服务"为核心的人民主体价值观，即以人民为最高价值主体和评价主体；以人民利益为出发点和归宿点的"三个有利于"为根本的价值标准和评价标准；以坚持四项基本原则、坚持改革开放、服务于经济建设这一中心为价值实现的基本途径和基本手段；以最终达到全体人民的共同富裕、实现共产主义为最高价值理想和最高价值目标，并为此而努力奋斗。

2. 坚持教育与制度建设的有机结合。

这里所讲的教育，是指思想政治教育和道德情操教育。这是我党政治工作的优良传统，通过这两个方面的教育，提高人民的思想觉悟和道德情操，充分调动人民的内在积极性，这是我们党用以提高人民素质的有效方法和重要手段。

坚持教育，最根本的是坚持党的基本路线，坚持江泽民同志所讲的"以科学的理论武装人，以正确的舆论引导人，以高尚的精神塑造人，以优秀的作品鼓舞人"。在实施教育过程中，还要充分发挥先进典型的示范作用。要大力宣扬在发展社会主义市场经济条件下，恪尽职守，廉洁自律，忠于党的事业，为人民无私奉献的先进典型，如通过大力宣扬孔繁森、李润五、李国安、吴天祥等人物的先进典型，强化教育力度，净化社会风气，陶冶人们的道德情操，塑造人们的美好心灵。

同时，我们要看到，思想道德教育是属于"软制约"，不是万能的，要使领导干部树立起正确的价值观，还必须跟属于"硬制约"的制度建设（包括法制）结合起来。因为较之领导干部的思想作风建设，领导干部的组织制度、监督制度和惩处制度的建设更带有根本性和稳定性。因此，在对领导干部加强教育的基础上，要大力加强各项制度建设，既要强化党委中心组学习、党内民主生活、党和国家有关各级领导干部廉洁自律等制度建设，又要强化监督监察制度和对各种违法乱纪腐败行为的惩处等法制建设。这样，通过"软"和"硬"制约的结合，将会更有力促进领导干部的价值观建设。

3. 坚持讲党性和讲政策的有机结合。

讲党性是对领导干部行为的一种规范，讲政策则是为这一规范的实现提供必要的保障，两者是统一的。共产党人的党性是无产阶级先进性和马克思主义世界观、价值观的集中体现。作为一个领导干部，就必须率先垂范，坚持这种党性原则。但是我们要求这样做，并不否认领导干部在政策允许范围内应得的个人利益和实现个人价值。当前我们正在建立社会主义市场经济体制，必须按照经济规律办事，提倡正当的物质利益，所以，每个领导干部在经济领域都要按现行的经济政策办事，享受和取得在政策允许范围的物质利益。不仅如此，各级组织还应该主动关心领导干部，帮助其解决实际困难，及时解除其后顾之忧，以充分调动其积极性，使其更好地为人民服务。否则，只讲党性，不讲政策，势必违背客观规律，严重挫伤领导干部的积极性，树立正确的价值观也会失去物质保证。

4. 坚持权力与责任的有机结合。

如何对待权力是领导价值观的核心问题。作为各级领导干部，其手中的权力是来自党和人民的。因此，要用这个权力全心全意为人民这一价值主体服务。领导干部的权力和责任是成正比的，权力越大，责任和义务就越大。所谓"不给好处不办事，给了好处乱办事"，这是对党和人民极不负责的态度。有些人信奉"有权不用，过期作废"的信条，滥用权力，搞歪门邪道，胡作非为，祸国殃民，这是党纪国法绝对不容许的。领导干部应具有坚定的理想和信念，立党为公、掌权为民、廉政勤政、高风亮节、艰苦奋斗、乐于奉献，这是权力与责任有机统一的必然要求。若把权力和责任割裂开来，必然陷入资产阶级价值观的泥坑，导致权力的腐败。

5. 坚持选拔人才与培养人才的有机结合。

实现四化，干部是决定因素，尤其是各级领导干部素质如何，有无正确的价值观作指导，直接关系到事业的全局。但是领导干部素质的高低，是否树立了正确的价值观并不取决于他的职位，而决定于"选拔"和"培养"两个环节。俗语说"根深才能叶茂"，选拔那些忠于党的事业，愿为人民事业无私奉献的优秀干部尤其是年轻优秀干部到领导岗位，这是加强领导干部价值观建设，提高干部队伍素质的基础。所以，我们一定要按照党的政策，正确执行干部队伍"四化"方针和德才兼备原则，坚持任人唯贤，反对任人唯亲，杜绝那种所谓"不跑不送原地不动，只跑不送平级调动，又跑又送往上调动"的"跑官""要官""买官"的不正之风。要坚决将具体衡量标准上的"印象型""听话型""守成型"变为"实绩型""开拓型""改革型"，真正把坚持以马克思主义世界观、价值观为指导的、能自觉讲政治、有开拓创新精神的优秀干部，提拔到领导岗位上来。

但是，仅仅把住选拔关是不够的。因为干部的成长是个动态的过程，职位的变化和提升，并不意味着干部素质就会自然而然地提高，还要在实践中进一步锻炼和培养。培养的主要方法，除了前面说过要加强学习和教育外，还要有目的有计划地让领导干部下基层与群众结合，在艰苦的工作实践中磨炼。只有把选拔和培养有机结合起来，才有可能使领导干部树立起马克思主义价值观，更好地为人民这个价值主体服务。

（本文由董承耕、林庄合作完成，原载《福建论坛》1996 年 9－10 期合刊、《西京论苑》1997 年第 3 期、《福建学刊》1997 年增刊，获全国思想政治工作研讨会优秀论文一等奖、福建省社科优秀成果二等奖）